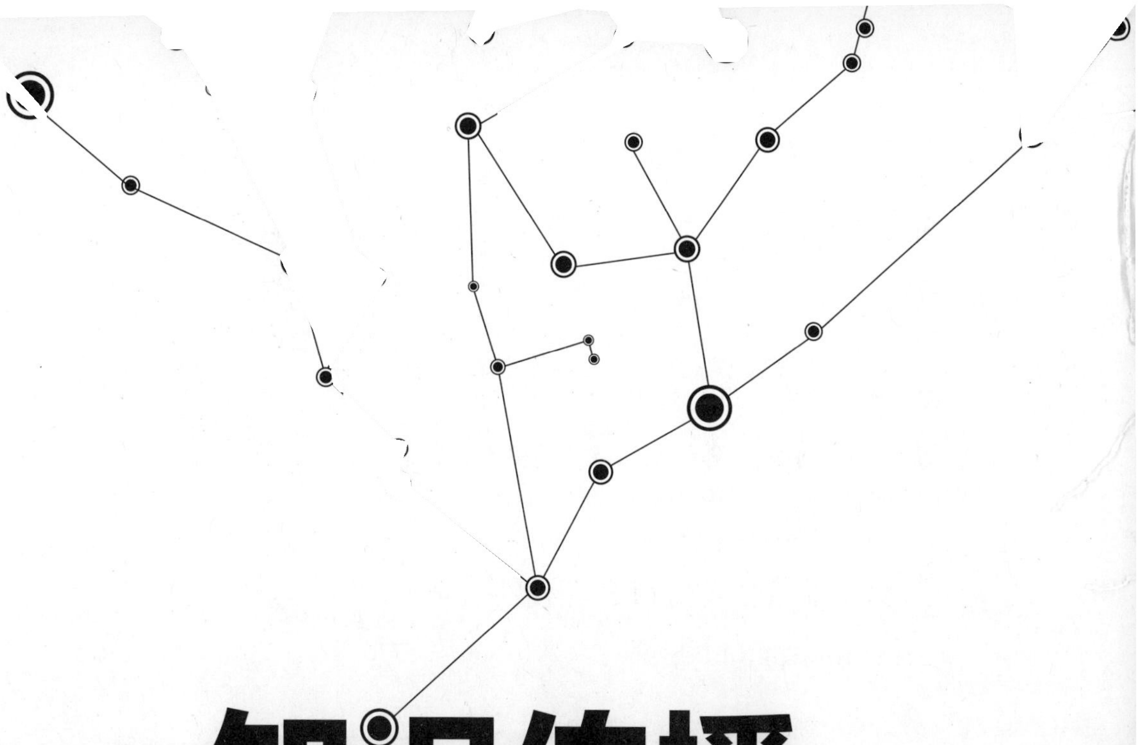

知识传播

有效性理论及其路径

罗雪◎著

中国发展出版社
CHINA DEVELOPMENT PRESS

图书在版编目（CIP）数据

知识传播：有效性理论及其路径／罗雪著．—北京：中国发展出版社，2016. 11

ISBN 978-7-5177-0628-1

Ⅰ. ①知…　Ⅱ. ①罗…　Ⅲ. ①知识传播—研究　Ⅳ. ①G2

中国版本图书馆 CIP 数据核字（2016）第 305770 号

书　　　名：知识传播：有效性理论及其路径
著作责任者：罗　雪
出 版 发 行：中国发展出版社
（北京市西城区百万庄大街 16 号 8 层　100037）
标 准 书 号：ISBN 978-7-5177-0628-1
经　销　者：各地新华书店
印　刷　者：北京市密东印刷有限公司
开　　　本：700mm×1000mm　1/16
印　　　张：16
字　　　数：230 千字
版　　　次：2016 年 11 月第 1 版
印　　　次：2016 年 11 月第 1 次印刷
定　　　价：49.00 元

联 系 电 话：（010）88919581　68990692
购 书 热 线：（010）68990682　68990686
网 络 订 购：http：//zgfzcbs. tmall. com//
网 购 电 话：（010）88333349　68990639
本 社 网 址：http：//www. develpress. com. cn
电 子 邮 件：370118561@ qq. com

序 言

在工业时代，日益细化的劳动分工引起专业知识的不断积累，导致了机械化生产的革命。该时期，生产力的发展主要依赖于资本、人力与土地等硬资源，即可以用于生产活动的有形资源。同时，大众媒介的兴起使得知识传播呈现一致性、单向性等特征，这种点对面的传播模式一方面造成了传播内容的局限性，另一方面也制约了受众能动性的发挥，导致认知维度的传播效果在社会结构的制约下往往只能实现知识在社会中的局部扩散。当时，由于知识创新主要以提高分工细化程度为导向，并且知识主体在传播渠道的限制下可以交流的范围较窄，使得知识传播的效果局限于少数个人或组织等知识主体对自身资源进行优化与利用的知识创新或者社会局部范围内的知识扩散。

随着信息时代的到来，劳动分工的持续细化在带来社会资源日益丰裕的同时，也使得各类资源之间的依赖性越来越强，合作引发的资源整合成为提高生产效率的主要方式。然而，硬资源的整合需要借助以人类智能为基础的软资源，而软资源之间的整合取决于相互之间的重叠程度。由于合作实现的关键在于双方软资源的耦合度，使得当今以知识为代表的软资源在推动生产力发展中的重要性日益提升。与此同时，信息技术发展带来了媒体环境的巨大改变，不断涌现的各类新媒体及互联网工具不仅为社会成员之间的互动提供了连通渠道，也给予了受众发挥能动作用的平台。在社会连通性日益增强的今天，知识扩散与创新等认知维度效果的发生范围得到极大的拓展，社会较大范围的知识传播也进一步为成员之间的广泛合作奠定了基础。

知识传播作为当今社会生产力发展的基础性环节，较早受到管理学科的关注。该领域的学者大多探讨知识传播过程中促进组织绩效提升的管理因素，例如激励与合作制度、核心业务流程等，并未进行组织层面以创新为目标的知识传播路径研究，然而路径研究恰恰是其他研究的前提。因此，本书从传播效果的视角探讨个体、组织与网络层面知识传播的有效性理论与路径，将传播领域中的认知传播效果从静态的“现实图景”扩展到动态的知识同构、知识创新和知识扩散三类，不仅可以为管理学领域中组织知识创新研究提供新视角，更重要的是，还可以为将来各个层面的动态认知效果研究提供参考性的理论框架和实践路径。

中国传媒大学教授、博士生导师

2016年11月

前　言

当今社会已经步入信息社会的成熟阶段，知识的传播变得“唾手可得”，人们使用功能各异的媒介便捷并迅速地获取、分享与构建知识。然而，这种看似轻而易举的知识传播行为背后却蕴含着人们认知过程的变化——人们不再单接收大众媒介构建的“主观现实”，而是借助媒介与环境的互动共同构建现实。在以往的认知效果研究中，“议程设置”和“框架”理论研究人们对大众媒体中强调的特定议题及其属性的认知；“沉默的螺旋”探讨人们对大众媒介中呈现的意见一致性的认知；“知沟”理论揭示不同社会经济地位的个体对大众媒体中构建的“主观现实”的认知差异。也就是说，大众媒介构建的“主观现实”是待人们去发现的静态图景。

与之前研究中考察的静态认知相比，当今人与环境之间借助媒介实现的动态认知，将知识传播的效果从原先的个体认知扩展到群体创新，甚至社会共识。简单地说，个体间借助媒介广泛而频繁的互动使得知识传播不仅可以提高个体认知水平，还有助于聚集知识、催化创新以及参与协商、形成共识等目标的实现。既然信息时代的知识传播效果在认知层面蕴含着多维含义，那么有效地达到各个维度效果或者特定目的的实践方法是什么？或者说实现有效性知识传播的路径是什么？以上述问题为指引，本书将分别从个体、组织与网络层面普遍存在的“知沟”现象入手，探讨信息时代认知差距形成的原因，并构建有效性知识传播三个层面的理论框架与实践路径，以实现知识同构、创新与扩散等缩小或加强“知沟”效果的传播目标。

本书共分为四个部分。第一个部分为绪论，其三个章节依次进行知识分类、“知沟”解读、传播有效性等方面的阐释。首先，该部分通过梳理哲学、心理学等领域中对个体认知过程的研究，总结出知识的三类属性，即知识的同质性与异质性、内隐性与外显性以及先验性和后验性。在完成知识分类基础上，探讨各类知识在个体、组织和网络层面进行传播时，如何单独或与传播网络共同导致“知沟”效果形成。随后，本书对实现个体层面的知识同构、组织层面的知识创新以及网络层面的知识扩散三种具有缩小或加剧“知沟”效果的传播目标进行说明，以解释各个层面知识传播有效性的含义。

第二部分为理论篇，其三个章节分别对人际传播、组织传播和网络传播的有效性理论模型和框架进行构建。在人际传播层面，知识传播有效性模型采用知识细化程度的差距代表个体间异质知识造成的“知沟”，并将描述知识细化程度的数学工具粗糙集与博弈论中的信号传递模型相结合以模拟知识传播过程，从而提出缩小个体“知沟”、实现知识同构的路径。在组织传播层面，知识传播有效性框架将厘清组织隐性与显性知识的传播过程中，组织能力与知识、网络之间的关系，并提出加强组织内外“知沟”、实现知识创新的路径。在网络传播层面，知识传播有效性框架根据专业网络用户和业余网络用户不同的认知特点，分别探讨适合的话语体系和传播网络，并提出缩小网络群体间“知沟”、实现知识扩散的路径。

第三部分为方法篇，其三个章节主要对理论篇模型与框架构建过程中运用的工具进行解释。其中，前两个章节分别介绍代表个体知识细化程度的知识库的建立过程，以及实现同化式知识同构、顺应式知识同构的博弈过程。后一个章节对群体知识传播中网络与内容的分析方法进行介绍。其中，网络分析方法将包括网络结构特征以及节点角色分析，而内容分析则简要介绍当前话语分析技术的分词规则。

第四部分为案例篇，其三个章节将理论篇中的模型运用到现实传播场景中，并采用方法篇中介绍的研究工具与方法分析实现知识传播有效性的具体路径。在人际传播层面的案例分析中，作者通过模拟招聘场景中的人际交流过程以获得实现知识同构的知识细化路径以及重构路径。在组织传播层面的案例分析中，我国媒体在国际化发展过程中需要根据自身知识资源的特征选择内部化或组合化的传播策略，遵循构建集中化知识和封闭型网络或者多样化知识和结构洞型网络的路径，从而实现渐进式或者突破式知识创新。在网络传播层面的案例分析中，知识类节目在社交媒体中进行知识传播需要根据网络用户的认知特点进行告知型内容或者叙事型内容的策划，并培育实现外向扩散型或者内向扩散性网络，从而实现专业群体知识向业余群体扩散的目标。

目　录

绪　论

理论篇

方法篇

案例篇

绪　论

第一章

知识、认知论与知沟

第一节 知识与认知

人们对知识和认知的研究有着悠久的历史，然而该研究领域在20世纪中期之前多局限于哲学认识论的范畴。20世纪70年代，由于知识经济的不断发展，该类研究近年来迅速扩展到传播学、管理学等领域，在各个层面形成与知识相关的交叉学科研究。在微观层面研究中，知识产生并运用于个体认知过程中；在中观层面研究中，知识不仅包括组织机构的文件或数据库，还根植于组织的日常程序、惯例及规范中；而在宏观层面研究中，网络群体中的知识共享主要发生于成员之间，这些共享知识可以被存储、整理后并转化为群体公共知识。对"知识"概念的理解，虽然在不同情景和层面中存在着较大的差异，但是其根本来源在于个体或者群体的认知，因此本节将首先阐述知识的主要属性。

1. 知识的异质性和同质性

现代认知心理学家们认为主体对信息进行选择和加工并形成知识的过程与其内在的认知结构密切相关。现代心理学家皮亚杰（Piaget）将认知结构称为"认知图式"①。该概念首先由康德提出，他认为知识是依据先验的图式对没有内在联系的信息进行整理与改造的产物。心理学家斯腾伯格（Sternberg）于1985年进一步提出有关个体认知结构的三种成分：元成分、操作成分和知识获取成分②。知识获得成分的功能在于对外部情境中的信息进行筛

① ［瑞士］皮亚杰，英海尔德：《儿童心理学》，吴福元译，商务印书馆1980年版，第5～6页。
② 童清艳："信息时代媒介受众的认知结构分析"，载于《新闻与传播研究》，2000年第4期。

选、比较和综合，该功能具体由选择性编码、选择性比较、选择性综合三个环节构成。操作成分的功能在于将外部信息在原认知结构中进行匹配，支持主体完成内外知识的筛选、比较和综合过程。元成分在认知过程中的功能则表现为制订计划、策略选择以及对认知过程中其他两种成分进行调控，它构成认知发展的重要基础。元成分不断激活操作成分和知识获取成分，而后两者同时为元成分提供反馈性信息，使元成分对他们的运作绩效做出评价，从而促使认知结构中各元素的运作不断趋于协调，认知水平由此得到提高。认知结构内部各元素的“默契”和协调程度决定着主体对来自外界的知识和信息的认知方式和认知水平。在认知结构相关概念基础上，耶恩（Jehn）将主体在观点、经验等认知结构方面的差异称为知识的异质性①。也就是说，具有高度的知识背景差异的主体之间将拥有不同图式或看待世界的方式。

2. 知识的内隐性和外显性

受皮亚杰认知理论的影响，英国犹太裔哲学家迈克尔·波兰尼在其著作《个人知识》中将隐性知识定义为：在人类的实践交往中，存在的非语言的、潜在的、缄默的认知整合结构或认知运行，即把不连贯的部分变成理解的整体的一种领悟②。因而，他将知识分为两种：常见的书面文字、图或公式表示的知识为言传的显性知识，而非系统阐明的知识，如我们行为中蕴含的意义，则为意会的隐性知识。隐性知识的提出，使得知识不再是孤立的、静态的、被动的概念，而是和人息息相关的、动态的、发展的体系。此外，从主体层次的维度可将隐性知识分为两个层次：一是个体的隐性知识，其主要特征是其内隐于个体头脑中的私有性，并常常以个人的直接经验、思维模式等

① Jehn, K. A., Northcraft, G. B., & Neale, M. A. Why differences make a difference: A field study of diversity, conflict, and performance in work groups. Administrative Science Quarterly, 44, 1999, 741 - 763.

② 刘仲林：“认识论的新课题——意会知识——波兰尼学说评介”［J］，载于《天津师范大学学报》，1983 年第 5 期。

为表现形式，因而与认知主体无法分离；二是组织的隐性知识，指在特定的行业背景、组织制度与文化中，烙上了组织印记的个体隐性知识的集合，例如组织常规，包括组织所倡导的行事风格、成员之间心照不宣的决策流程及其蕴含的思维逻辑等。总而言之，隐性知识在人类的知识库中处于十分重要的地位。对于个体来说，意会认知在人的知识获取中具有占优地位，隐性知识是人脑中支配个体行为的核心资源，是显性知识的基础。在组织内部，隐性知识内嵌于在组织成员之间的社会关系网络中，并且难以向组织外部外传播，因而成为组织竞争优势的来源①。

3. 知识的先验性与后验性

西方哲学史上，根据先验性与后验性对知识进行划分的思想来自于休谟二分法则，即事实与价值的知识。其中，事实的知识是从经验得来的，它提供关于世界的信息或内容并可以通过经验区别真假，该种类型的知识被称为后验知识。与之相比，价值的知识来源于理性的推理演绎，由于它们的真或假不依赖于经验，这种知识被称为先验知识②。对于事实与价值的关系，或者说感性经验如何形成知性范畴，恩格斯认为“单纯观察所得的经验，是不能充分地证明其必然性的。客观真理不是一般感性经验的归纳，也不是理性范畴的推理，而是人类社会历史实践的结果”③。基于哲学领域对于认知论的研究，皮亚杰所提出的认知图式解释了感性经验通过实践活动在人类意识中固定为理性范畴的心理机理。他认为，认知并不是像旧唯物主义中所述从感觉到概念的直线程序，而是在主体针对客体的实践活动中不断进行自我调节更新原有图式以适应外界环境的循环过程。

① Hamel G. Competition for competence and interparter learning within international strategicalliances [J]. Strategic Management Journal, , 12, 1991. pp. 83 – 103.

② 官鸣：“论认知结构——从康德到皮亚杰”，载于《学术问题研究》，2006 年 02 期。

③ 中央编译局：《马克思恩格斯全集》第二十卷，人民出版社 1995 年版，第 573 页。

第二节　传播视角的知沟

"知识沟"的概念最早由蒂奇诺（Tichenor）于20世纪70年代提出，他认为："大众媒体是公众获得公共事务知识的来源，但是由于社会中的某些群体具有适合变革的行为模式和价值观，导致领先变革的群体与对变革反应较为迟钝的群体之间出现知识鸿沟"[①]。随后，相关研究继续探讨"知沟"现象产生的原因，并指出社会经济地位高的人比社会地位低的人更快地获取信息。然而，该类宏观层面的知沟研究所聚焦的知识占有不平衡现象，关注的是大众媒介所传播的公共和科技知识，因而采用的是以传者为中心的研究视角。瑞典学者诺瓦克（Norwak）突破传统"知沟"研究视野的局限性，将影响知沟形成的因素扩展到受众方面：除了社会经济地位等特征以外，还总结出个体特性，例如个体寻求信息的动机强弱及其所处的社会结构，如紧密群体，如家庭、工作团体，和松散群体，如俱乐部、协会、学校、组织共两方面的因素。[②] 对于个体特征等受众因素的研究使得微观层面的"知沟"现象，即个体在"工作生活常识"上的差距，逐渐获得关注。美国学者艾玛特（Ettema）曾对心脏病知识推广活动的传播效果进行调查，发现寻求信息的动机是决定知识鸿沟扩大或缩小的重要决定因素。[③] 美国学者罗杰斯（Roger）认为知识沟仅仅是大众传播的产物，其发生的情境也应包括人际传播以及人

① Tichenor P J, Donohue G A, Olien C N. Mass media flow and differential growth in knowledge [J]. Public opinion quarterly, 34 (2), 1970. pp. 159 – 170.

② Kjell Norwak, From Information Gaps to Communication Potential [J], Current Theories in Scandinavian Mass Communication Research. Vol. 6, 1977. pp. 87 – 124.

③ Ettema J S, Kline F G. Deficits, differences, and ceilings contingent conditions for understanding the knowledge gap [J]. Communication research, 4 (2), 1977. pp. 179 – 202.

际传播和大众传播相结合的情况。他在研究中提出的“扩散网络”① 理论，指出社会交往在“知沟”现象形成中的重要作用，即个体在决定是否采纳某项创新时，一般会参考社会关系网络中已经采纳了该创新的人的意见。实际上，从下文的叙述可知“知沟”现象广泛存在于知识在个体之间、群体内部或者外部等范围的传播过程中（如表1所示）。

表1　　　　三个层面的“知识”形成原因

<table>
<tr><th>“知沟现象”
知识传播层面</th><th colspan="4">“知沟”的形成原因</th></tr>
<tr><td>人际传播</td><td colspan="4">知识水平差距（异质与同质知识）</td></tr>
<tr><td>组织传播</td><td colspan="2">知识水平差距
（隐性与显性知识）</td><td colspan="2">传播网络</td></tr>
<tr><td>网络传播</td><td>知识水平差距
（先验与后验知识）</td><td colspan="2">传播网络</td><td>传播动机</td></tr>
</table>

1. 人际传播中的“知沟”

人际传播层面的经典研究“符号互动理论”认为，个体之间通过符号语言进行具有社会性意义的沟通，而有效沟通的前提是双方所使用的符号处于同一个意义场中，所谓“意义场”即“由一群经历和参与共同社会经验与行为过程的个体约定俗成的共同意义或符号系统。”② 从认知的角度来解读“有效的人际传播”，可以描述为：一个人只能共享他目前所知道即属于其知识结构的一部分知识，一个人也只能获取以其现有的知识结构所能理解的知识，共有知识对知识共享的效果有着显著的影响③。皮亚杰（Piaget）进一步将人

① 【美】E. M. 罗杰斯，殷晓蓉译：《传播学史——一种传记式的方法》[M]，上海译文出版社2005年版，第24页。

② 【美】乔治·赫伯特·米德，霍桂桓译：《心灵、自我和社会》[M]，译林出版社2012年版，第317页。

③ Yung－Ming Li，Jhih－Hua，Jhang－Li. Knowledge Sharing in Communities of Practice：A Game Theoretic Analysis [J] . EuropeanJournal of Operational Research，207（2），2010. pp. 1052－1064.

际传播过程划分为同化与顺应两种情境：所谓同化，就是把外界的信息纳入到原有图式中来，使得原有图式进一步完善的过程；所谓顺应，是当环境发生变化导致原有图式与新信息不能相容时，建立新图式以适应环境的过程①。针对个体认知结构在传播过程中的作用，奥苏伯尔（Ausubel）提出的认知结构迁移理论指出："概括水平越高、包容范围越广、知识层次结构组织越严密的认知结构越有助于吸收新知识，即有助于有效的人际传播"②。因此，从认知结构成分的角度来解读人际传播的"知沟"现象，可知个体间的知识结构的异质性是导致其发生的主要原因。并且，改变个体间异质结构的途径有两种：当原有结构越完善，元成分在制订认知策略时，越倾向于同化策略，驱动操作成分和获取成分，选择符合原有认知范畴的新知识，并将新旧知识进行比较，继而吸收新知识；然而，当主体间认知结构出现差异时，信息接收方在处理异质性信息过程中，其认知结构中的元成分倾向于顺应策略，驱动操作成分和获取成分，选择区别于原有认知范畴的新知识，并将新旧知识进行整合，从而更新原有认知结构。

2. 组织传播中的知沟

知识是组织的关键战略性资源，其中稀缺的、复杂的、难以模仿和替代的隐性知识是企业形成持续竞争优势的主要因素。同时，组织内成员由于已烙上带有组织印记且难以传播的隐性知识，而与外部成员之间形成知识占有差异。20 世纪 90 年代认知心理学提出分布式认知，为研究组织隐性知识导致组织内外群体知识差异的这一命题提供了新的视角和新思路。分布式认知将关注点从在头脑中进行认知活动的个体转向"在社会关系情境中参与认知活动的个体及个体间关系为基础的功能系统"③。一方面，分布式知识内嵌于

① 车丽萍："论皮亚杰认知学说与信息加工过程的内在一致性"，载于《前沿》，1995 年第 5 期。

② Ausubel DP et al . Educational : Psychology : A cognitive view . 1978. p265.

③ 乔纳森，郑太年等译：《学习环境的理论基础》［C］，华东师范大学出版社 2002 年版，第 146 页。

组织的内外部独特的关系网络中，而不是存在于特定的个体之中，因而难以与其所在的异质性的网络关系相分离；另一方面，该类知识建立在累积经验的基础上，并且通过个体所获得的技能和经验表现出来[1]。根据分布式认知的视角，可以发现个体隐性知识及其所镶嵌在其中的组织内部网络是导致组织内部与外部群体之间知识占有的差距，即组织传播中知沟现象的主要原因。

3. 网络传播中的“知沟”

互联网的出现虽然始于个体之间建立的对等连接，但是其最终形成的虚拟网络却不完全平等，网络中时常出现少数网络节点拥有较多连接的情况。这种“不平等”现象可用社会学家默顿于20世纪60年代提出的“马太效应”进行描述，即个体具有与具有更多网络连接的其他个体建立连接的动机，因而拥有更多网络连接的个体持有更多信息并受到更多关注。到了90年代，物理学家巴拉巴西（Barabasi）通过引入网络增长和择优连接机制构建了无标度网络，对该种“赢者通吃”现象的形成过程进行了模拟。在不均匀联结的特征基础上，互联网等复杂网络中一般会形成具有社区结构的特点，即网络中存在着由不同性质的节点组成的关系丰富的各类簇结构，结构内节点关系稠密，而结构之间关系稀疏。根据社区内部成员之间的联系密度，可以将社区划分为强社区与弱社区[2]。相对于弱社区来说，强社区中的成员由于拥有较为密集的网络连结，从而常常具备较强的交流动机并持有更高的认知水平[3]。在认知水平方面，两类社区成员往往遵循不同的认知过程：强社区成员一般会通过与其他成员的交流获取尽可能多的相关知识，然后进行知

① Nelson R. R., Winter S. G.. An evolutionary theory of economic change [M]. Belknap Press: Cambridge, MA, 1982. p. 189.

② Palla G, Derényi I, Farkas I, et al. Uncovering the overlapping community structure of complex networks in nature and society [J]. Nature, 435 (7043), 2005. pp. 814 – 818.

③ Sohn D, Lee B K. Dimensions of interactivity: Differential effects of social and psychological factors [J]. Journal of Computer - Mediated Communication, 10 (3). 2005. pp. 1083 – 6101.

识的筛选或整合，最终形成基于细致归类的规范性认知；相比之下，弱社区成员则通常依据明显的类别知识或者直观关联，而进行直觉判断，以形成基于初级归类的描述性认知①。在传播动机方面，网络社会认同作为一种新型认同，不再局限于社会成员根据身份、地位、阶层而被动地被归属于某一群体，社会成员在网络上可以独立自主、有意识地根据共同利益和共同目标寻找与自己有相同或相似需求的其他个体，从而拥有更强动机超越个体差异建立联系形成认同。也就是说，网络社会使社会成员实现了一种从被动的心理归属向主动的建构性认同转变②。因而，网络传播层面的“知沟”是由群体的网络结构、传播动机与认知水平三方面因素导致的群体间知识占有差距现象。

① Bertram Gawronski , Laura A. Creighton. Dual Process Theories. In D. E. Carlston (Ed.) . The Oxford handbook of social cognition. New York, NY: Oxford University Press. 2013. pp. 282 – 312.

② 刘少杰：“网络化时代的社会结构变迁”[J]，载于《学术月刊》，2012 年第 10 期。

第二章

知识传播相关研究回顾

知识传播的相关研究虽然没有对知识的研究历史悠久，然而随着知识经济的快速发展以及传播研究中对认知的日益重视，该领域日益成为传播学、管理学等多种学科研究者进行交叉研究的对象。传播学者罗杰斯（Rogers）提出“知识传播是创新扩散的前提条件”[①]。管理学者凯瑟琳·巴托尔（Kathryn Bartol）认为，“知识传播对知识创造、组织学习和绩效完成都是关键的”[②]。对于知识传播的定义，有的学者认为知识传播存在两种过程，即传播包括知识的转移与吸收，以及知识传播活动的参与者，发生的情境，传播的内容及传播的媒介共四方面要素[③]。也就是说，知识传播是可以在涉及各类参与者的多种情景下发生：个体之间的知识传播指的是知识主体所拥有的知识被转换为能被其他主体所理解、吸收和应用的形式；组织内外知识传播可以定义为组织内成员、团队和组织之间通过知识网络、会议、团队学习等传播手段共享各类知识，并通过个体知识的消化、吸收和转化进行知识创新，最终形成组织知识的积累与更新。总体来说，知识传播意味着知识传播的参与者对知识的共同拥有，从而最大限度发挥知识的价值潜能。考虑到学界对知识传播的跨学科研究历史，本章将主要梳理传播学和管理学中的知识传播模型，以为后续的知识传播研究奠定基础。

① Roger, E. M. Communication and development: The passing of the dominant paradigm [J]. Communacation Research, 1976. pp. 497-517.

② Bartol K M, Srivastava A. Encouraging knowledge sharing: The role of organizational reward systems [J]. Journal of Leadership & Organizational Studies, 9 (1), 2002. pp. 64-76.

③ Davenport T H, Prusak L. Working knowledge: How organizations manage what they know [M]. Harvard Business Press, 1998. p259.

第一节　基于个体属性的传播模型

1. 传统的传播学理论

在传播学中，香农（Sharron）的传播理论提出了最基础的传播模式。该理论将传播被描述为单向线性过程，信息由信源发出后，由发射器转化为信号，经信道传递后，接收器把信号还原成信息并传递给信宿。由于信号在信道中传递时，会受到噪声的干扰，所以接收到的信息实际上是“信号加噪声”。也就是说，如果交流失败，其原因可能是因为信源发出的信息与信宿接收的信息具有不同含义。在香农传播模型的基础上，传播学发展了许多更加贴近现实的传播模式，如奥斯古德（Osgood）模式、施拉姆（Schramm）模式、纽科姆（Newcomb）模式、韦斯特利 - 麦克莱恩（Westley - Maclean）模式和格伯纳（Gerbner）模式等。

奥斯古德认为香农传播模型主要描述机械型传播技术下的直线形态而非人际传播的交互模式，从而根据意义理论和心理语言过程提出了个体同时具有发射和接收功能的模式，即在人际传播活动中信息传播和反映的过程是循环反复的。同时，奥斯古德还将符号的“意义”列入考虑范围，使用符号接收、符号解读、符号发送替代传受双方在香农模型中的译码、释码、编码环节。与前两位理论家相比，施拉姆并没有那样将技术和非技术的传播截然分开，他直接从人类传播模式着手，进一步提出两个人“根据积累的经验进行沟通的传播模式”[①]。他在香农传播模型基础上，提出只有

① 昝廷全，应思思：“传播有效性原理的粗传递模型”，载于《中国传媒大学学报（自然科学版）》，2010 年第 12 期。

在信源与信宿经验范围内的共同领域，信息传播才对传受双方均有效。该模式体现了人际传播特别是面对面传播场景下传受双方地位对等的传播观念。但是，在大众传播等更多场景中传受双方往往因为在社会地位与掌控信息资源等方面的差别而出现信息流动不平衡的现象。较早对大众传播过程进行系统分析的理论是由美国传播学者韦斯特利和麦克莱恩（Maclean）于1957年提出的韦斯特利－麦克莱恩传播模式。该模式分析了有意图的传播者、传播媒介以及受众三者之间交互性的传播过程，并提出媒介可以在各种信息来源中进行选择以传达鼓吹者或受众的需要。此模式较为全面地模拟了大众传播过程，但是也存在一些与现实不符的问题：第一，假定传播过程中的主要角色之间的关系是平衡的；第二，夸大了主要参与者对特定事件看法的一致性；第三，过分强调媒介对社会政治事务的独立性。

2. 二元层次的知识传播模型

从单向传播、互动传播到大众传播，理论家随着社会与媒介的变革，不断完善传播模型的构建。虽然经典的传播理论对描述知识传播过程有一定的借鉴作用，但是对该过程中特殊性的解释效力存在着明显的缺陷。这些缺陷主要表现三个方面：第一，忽视了知识传播主体间客观存在的知识影响力，即知识转移的前提条件；第二，无法预测知识传播的效果，因为知识传播的效果不仅取决于物理工具的效率或者信息转换的效果，还依赖于个体收益、群体结构等更为复杂的因素；第三，尚未揭示知识传播的内在规律，即传统的传播模型无法对知识在传播过程中如何发挥作用等问题做出合理的解释。

与传统传播模型类似，早期知识传播研究也遵循二元层次的研究范式，即聚焦知识传播的关系双方，从知识的发送者和接收者属性的角度来探讨个体或组织间知识传播的影响因素。总体来说，影响知识传播的主要因素包括：

知识、知识接收方、知识共享方、情景和关系共五方面[①]。苏兰斯基（Szulanski）研究了组织内部最佳转移实践，提出影响知识传播的因素有：知识的可验证性、知识发送方的利益与关系动机、知识接收方的吸收能力和转化能力以及组织内部关系的紧张程度等因素[②]。常荔和邹珊刚研究了企业间知识传播的影响因素，认为影响知识扩散速度的因素包括："知识的可表达性、知识发送方对知识扩散成本与利益的预期、知识接收方的吸收能力和理解能力、知识发送方和接收方知识结构的差异性和互补性、社会环境因素"[③]。相类似的研究还包括林（Lin）和耿（Geng）从投资决策的角度对知识传播的影响因素进行了归纳，分别为：知识的显隐性、知识源转移能力、知识的应用背景、所转移的知识与接收者的匹配程度、知识转移双方的接触频率和信任程度等。[④] 综观上述文献可以发现，国内外的关于知识传播影响因素的研究相对于传统的传播模型来说，最主要是增加了对传播主体与知识相关的多种个体属性的研究，以期望获得知识转移、创新和扩散等传播目标的决定条件。

第二节　基于策略选择的传播模型

博弈论也被叫作"对策论"，是应用数学的一个分支。由于在博弈论

---

① C. W. Holsapple, K. D. Joshi. An Investigation of Factors that Influence the Management of Knowledge in Organizations. The Journal of Strategic Information Systems, 9 (2000) . pp. 235 – 261.

② Gabriel Szulanski. Exploring Internal Stickiness: Impediments to the Transfer of Best Practice within the Firm. Strategic Management Journal. Volume 17, Issue S2, Winter 1996. pp. 27 – 43.

③ 常荔，邹珊刚："知识管理与企业核心竞争力的形成"，载于《科研管理》，2000 年第 21 期。

④ Xianjun Geng, Lihui Lin, and Andrew B. Whinsto. Effects of Organizational Learning and Knowledge Transfer on Investment Decisions Under Uncertainty. Journal of Management Information Systems, Vol. 26, No. 2, Fall 2009. pp. 123 – 145.

领域做出卓越贡献而获得诺贝尔经济学奖的罗伯特·奥曼（Robert Aumann）教授认为“博弈论就是研究互动决策的理论”。这里的互动决策是指参与行动的各方决策是相互影响的，每个人要考虑他人的决策来做出自己的决策，同时对方也会在做出决策的同时考虑自己的决策。这样迭代下去，双方都会选择对自己最有利的策略。博弈所研究的是双方在相互竞争和对立的环境条件下，每方根据所掌握的信息，在特定规则的约束下，选择各自的策略来达成相应结果或得到收益的过程。博弈论便是采取数学模型的方法来研究如何在对抗条件下进行最优决策问题的理论，是用来研究自然界及人类社会所普遍存在的互动行为中最有效的工具。

博弈根据博弈方的决策类型分为合作博弈与非合作博弈。非合作博弈的参与者的利益与立场严格对立，即一方所得即为另一方相同的损失。这符合二人下棋对弈的情形，但并不适合应用在大多数情况下的实际决策。因此，随着扩展型博弈策略、混合博弈策略等重要概念的提出，扩展了零和博弈的应用范围。合作博弈指的是，如果在博弈中的合作意愿，即承诺、威胁、协议都具有完全约束力并能够强制执行。合作博弈与非合作博弈的重要区别在于前者强调联盟内部的信息互通和存在有约束力的可执行契约。信息互通作为形成合作的首要前提和基本条件，能够促使具有共同利益的单个局中人为了相同的目标而结成联盟。然而，联盟能否获得净收益以及如何在联盟内部分配收益，需要有可强制执行的契约进行保证。

此外，按照博弈双方之间的了解程度也可将博弈分为完全信息博弈与不完全信息博弈。完全信息博弈是在博弈过程中，每个博弈者都对其他博弈者的特征，策略及收益有准确的了解，在这种情况下进行的博弈就是完全信息博弈。不完全信息博弈是指博弈者在对其他博弈者的特征、策略及收益等信息的了解是不完全的情况下进行的博弈。综上所述，博弈论反映了博弈者之间知识水平差异以及是否进行信息传递的合作与竞争关系，因而很好地刻画了系统中个体之间的互动关系。考虑到个体决策过程在知识传播中的重要地位以及人们在知识传播过程中所表现出的权衡收益与支出的心理，博弈模型成为研究知识传播过程中策略选择的有效工具。在博弈论中，“囚徒博弈”“囚徒博弈”和“声誉博弈”作为经典模型，将其运用到知识传播的决策过程中，直观地展示了个体之间的互动关系。

1. 基于“囚徒困境”博弈的知识传播模型

囚徒困境模型指的是两个共谋罪犯被关入监狱，如果两人都不揭发对方，则由于证据不足每人坐牢一年；若一人揭发，而另一人沉默，则揭发者因为立功而立即获释，沉默者因不合作而入狱五年；若互相揭发，则因证据确凿，二人都判刑两年。一般来说，由于囚徒无法信任对方，因此均倾向于互相揭发，而不是同守沉默。该模型解释了在没有沟通的情况下，即便合作对双方都有利，双方均不会选择合作的原因。如上所述，当考察个体处于完全竞争环境下的知识传播的时候，可应用“囚徒困境”博弈模型来模拟：当个体处于竞争环境中，只获得别人传播知识但是自己不传播知识的收益要大于个体既传播知识又获得别人传播知识的收益，而后者的收益又大于既不传播知识又不获得知识的收益，既不传播又不获得知识的收益大于只传播知识不获得知识的收益。由此推断，在基于“囚徒博弈”的知识传播模型中，知识传播双方将倾向于不传播知识。

2. 基于雪堆博弈的知识传播模型

“雪堆博弈”指的是在下雪的夜晚，两人相向而行，被一个雪堆所阻，假设铲除这个雪堆使道路通畅付出的代价为 c，而道路通畅则带给每个人的收益为 b。如果两人一齐动手铲雪，则他们的收益为 $X = b - c/2$；如果只有一人铲雪，虽然两个人都可以回家，但是另一个人逃避了劳动，后者的收益为 $Y = b$，而前者的收益为 $Z = b - c$；如果两人都选择不合作，两人都被雪堆挡住而无法回家，他们的收益都为零（假设收益参数满足下面的条件：$Y > X$

>Z)。在这个模型中，一个人的最佳策略取决于对手的策略：如果对手选择合作，他的最佳策略是背叛；反过来，如果对手选择背叛，那么他的最佳策略是合作。与囚徒博弈相比，这样在雪堆博弈中合作策略仍属于优势策略，因而更容易出现合作决策。因此，在考察个体处于合作利益高于竞争利益的环境下的知识传播过程时，雪堆博弈模型可以应用在模拟传播双方之间的知识交换模式，如吸收能力与知识分享等效果。当个体之间的合作能带来共同利益时，个体既传播知识又获得别人传播知识的收益大于只传播知识不获得知识的收益，但是只传播知识不获得知识的收益大于即不传播知识也不获得知识的收益。也就是说，在基于雪堆博弈的知识传播模型中传播双方将倾向于传播知识。

3. 基于声誉重复博弈的知识传播模型

声誉重复模型指出只要博弈重复的次数足够多，合作行为在有限次重复博弈中就会出现。每一个参与人尽管在选择合作时可能面临被对手出卖的风险并可能得到一个较低的短期收益，但是如果对方是合作类型的话而他选择不合作，就暴露了自己是非合作型的，从而失去了获得长期合作收益的可能。只要博弈重复的次数足够多，未来收益的损失就超过短期被出卖的损失。因此，即使他们在本性上并不是合作型的，在博弈开始时每一个参与人都想树立一个合作形象，使对方认为自己是喜欢合作的，而只有在博弈快结束时，参与人一次性地把自己过去建立的声誉用尽，合作才会停止[①]。从知识传播的角度出发，知识主体努力在重复博弈中建立起自己的好名声，以减少道德风险，从而实现花费较低的边际成本获取较高的边际收益的长期利益最大化目标。

虽然上面叙述的博弈模型均是对人际间知识传播过程中的传播决策进行

① 张维迎：《博弈论与信息经济学》. 上海人民出版社 1996 年版，第 219 页。

模拟，然而合作博弈在解释知识传播动机时思维却可以推广到群体知识传播的过程中。首先，假设群体中个体利益与他人相关，当群体成员之间拥有共同的利益需求时，所有成员在短期内会选择采取合作博弈并积极参与到知识的共享和创造中，但是这种出于利益的决策遇到冲突时极易改变，个体转而选择保护个体利益而拒绝合作和知识传播。如后面章节所述，显性知识在组织与网络中传播时，利益互惠关系以及共同认知是群体成员形成知识传播动机的主要原因。其次，资源可以划分为有形资源，例如设备，资金、人才等以及无形资源，例如经验、技术、管理模式、声誉信望等。其中，有形资源和部分无形资源可以通过市场交易。然而在知识变得越来越复杂、内隐、具有网络嵌入性的今天，知识作为一种重要的生产资源，其传播只能来源于人们在相互信任基础上的自愿合作①。因此，声望与名誉成为群体间成员进行知识传播的必要条件。组织中的隐性知识在传播过程中，信任关系以及价值认同是群体成员形成知识传播动机的主要原因。

第三节　基于社会网络的知识传播模型

由于二元层次的知识传播研究主要关注传播过程中与知识相关的个体属性因素，即二元层次的微观环境，并未将知识传播双方所处社会或组织结构考虑在内。借助于复杂网络理论的发展及其在传播学科中的应用，越来越多的研究者将知识传播问题的研究重点扩展到组织和社会层面的知识传播的效果研究。

① 王晓科："不同理性动机下的企业隐性知识共享博弈"，载于《情报杂志》，2010 年第 11 期。

1. 静态网络上的知识传播

在知识传播研究扩展到组织与社会层面的初期，该类研究主要聚焦知识传播网络的结构特征对知识传播得影响。因此，该阶段的典型研究问题主要包括网络结构属性，例如核心－边缘网络上的邻居结构、连接强度、网络群体中的凝聚力等因素对网络中知识的增长和扩散造成的影响。例如，布恩（Boone）和甘尼香（Ganeshan）在对组织知识传播网络的中心度和密集度进行研究的基础上，“运用学习曲线理论来评估其在对组织知识积累过程中发挥的作用”[①]。

20 世纪 90 年代，瓦特（Watts）和斯托加茨（Strogatz）提出小世界网络[②]，受该研究启发越来越多的学者将复杂网络模型应用到社会和组织层面的知识传播研究中。复杂网络包括多种类型，引用率较高的有规则网络、随机网络、小世界网络和无标度网络。其中，规则网络的特征在于该类网络中的任意两个节点之间均存在联结；最近邻耦合网络是规则网络中较为常用的网络，在该网络中每个节点只和它周围的邻居节点相连；随机网络是规则网络中最为简单的模型，该网络结构中的节点排列成环形，每个节点跟与其他节点以特定概率连接。与之相比，小世界网络的特征是网络中的部分节点与其他节点以特定的概率连接，因此其内部节点连接的随机性介于规则网络与随机网络之间。该种理论家赋予小世界网络的“随机重联”特性常常用于描述特定社会关系，例如，当我们与交往的朋友谈到他的朋友时发现他的朋友和也是自己熟识的人时，现实社会的“小世界”现象则体现在抽象的社会网络模型中。

在运用复杂网络研究社会层面的知识传播问题方面，荷兰学者考恩

---

① Boone T, Ganeshan R, Hicks R L. Learning and Knowledge Depreciation in Professional Services [J]. Management Science, 54 (7), 2008. pp. 1231－1236.

② J Watts and S H Strogatz. Collective Dynamics of ‘Small World’ networks [J]. Nature, 393, 1998. pp. 397－498.

（Cowan）的研究颇具代表性。他在其研究中采用N维向量来表示传播主体的知识结构，其中N表示知识的种类，而维度数值代表主体对知识的掌握程度。专家代表知识维度超过10的少量知识主体。他将主体之间的知识交换等同于“物物交换”[①]，即两个相邻个体只有在互利的情况下才会进行知识传播。也就是说，知识传播行为发生的前提是双方均拥有对方缺乏的知识，若一方在所有维度上的知识量均大于对方，则无法进行知识传播。在此基础上，考恩应用不同网络结构如规则网络、小世界网络、随机网络模拟了个体之间的知识交换过程，以此对比不同网络类型上知识的扩散和增长等传播效果，最后得出小世界网络是兼顾效率和公平的最优网络结构。

除了研究网络结构因素以外，社会与组织层面的知识传播研究也关注节点间连接强弱问题。国内学者宗刚、孙玮和任蓉提出知识在社会网络上的传播不仅仅基于互利互惠的关系，个体间建立信任关系是提升知识共享水平的重要前提[②]。该研究在具有的“小世界”特性的知识传播网络基础上，建立信任机制以对考恩的传播效果模型中的易货交换假设和无条件主动假设进行修正。在改进后的模型中，信任机制假设连接的信任值在节点间交互过程中随着时间的增加或减少而变化。具体来说，节点间初始的信任关系类型为认知型信任，经过一段时间交互后累积的信任关系类型转化为情感型信任。以此假设为基础，知识传播模型分析得出的结论为，当节点间信任值较高时，意味着知识传播网络中节点联系较为紧密，则网络的平均知识水平也相应较高，因而节点间的强联系加速了知识在传播网络中的扩散。

2. 动态网络中的知识传播

90年代末，巴拉巴西（Barabasi）和艾伯特（Albert）提出无标度网络来

① Cowan R, Jonard N. Network Structure and the Diffusion of Knowledge [J]. Journal of economic Dynamics and Control, 28 (8), 2004. pp. 1557 - 1575.

② 宗刚、孙玮、任蓉：“基于信任机制的复杂网络知识传播模型的研究”，载于《价值工程》，2009年第12期。

模拟网络演化机制，即在网络增长过程中，新加入的节点会更倾向于放弃联结度较小的节点，而与联结度更大的节点进行连接①。该模型在小世界模型的基础上增加了对现实社会关系网络的增长特性和优先特性的描述，以模拟现实社会中知识传播的动态过程。在该模型基础上，知识传播相关研究开始关注知识密集型社会网络的演化机制。

国内学者褚建勋的研究聚焦基于复杂网络结构上的知识传播动力机制，并根据结构功能主义将其分解为宏观层面的结构动力学与微观层面的行为动力学两大理论板块，然后借助小世界 WS 模型和无标度网络 BA 模型等复杂网络模型，进行知识扩散与创新的模型构造和实证研究。该研究根据个体间知识传播的三个阶段，即接触知识、接收知识、理解知识，对考恩模型中提出的“物物交换”的行为规则进行修正，提出知识传播网络“三级跳”概念模型，并构建基于小世界模型的知识传播网络，以研究“知识传播速度与网络结构的关系”②。在此基础上，他还将组织学习理论中知识创造的四个转化过程，即社会化、外在化、整合化和内在化，运用到对传播过程的模拟中，并借鉴无标度网络模型中的两种演化机制，即组织内新加入结点的生长机制和“中层”优先连接机制，模拟组织内部的知识创新过程，以提出提高知识扩散与创新的策略。

为考察各种网络结构下知识扩散速度、网络平均知识水平和知识分布均匀程度，国内学者李金华、孙东川根据知识在社会合作网络中的扩散特征，对考恩的知识传播模型进行了改进。他们在研究中指出考恩模型的“物物交换”传播机制具有明显的局限性，难以适用于合作基础上的知识扩散与创新，因此采用合作生产知识产品来代替和量化知识传播过程中知识增长，并引入了柯布－道格拉斯生产函数，以分别考察个体在是否进行知识自我增长情况下的知识传播效率与水平。研究结果表明，网络的随化程度越大，网络

① Barabási A L, Albert R. Emergence of Scaling in Random Networks [J]. Science, 286 (5439), 1999. pp. 509 – 512.

② 褚建勋：《基于复杂网络的知识传播动力学研究》，中国科学技术大学博士论文，2006 年，第 143 页。

中知识的扩散速度越快，知识分布越均匀。但是，如果刻意地突出群体内部的压力作用，即知识增长取决于个人与群体平均知识水平之间的差距，则小世界知识网络中的平均知识水平最佳①。

相对于采用微分方程模拟知识传播过程中动力学行为的研究思路，胡婉丽采用无标度网络模拟现实的组织模型并通过知识扩散实验，研究知识传播成功率、传播的速度、组织规模、知识传播者特征等因素对知识在组织内传播和演化的影响。该研究发现：第一，组织内部知识传播的效率越高，知识越容易扩散到整个组织，但是通常情况下系统拥有知识的个体数量往往趋近于某个确定值；第二，知识在传播速度上明显表现出钟状形态，即开始传播速度较低，随后传播速度逐渐加快，达到最大值后逐渐下降；第三，组织规模对知识传播周期基本没有影响；第四，如果组织内存在拒绝学习者，则知识在组织内传播速度将大幅下降，所需周期明显增加；第五，相比知识抗拒者因观念转变而进化的效应，研究发现遗忘对组织的传播速度的不利影响要超过进化带来的有利影响，因此组织要在传播中强化知识记忆，防止知识遗忘②。

---

① 李金华、孙东川："复杂网络上的知识传播模型"，载于《华南理工大学学报》，2006 年第 6 期。

② 胡婉丽："知识在组织内传播的复杂网络模型：算法及模拟"，载于《运筹与管理》，2008 年第 10 期。

第三章

知识传播有效性问题的提出

20世纪50年代，耶鲁大学心理学家霍夫兰（Hovland）的研究构造的“效果阶梯”指出传播效果包括从认知水平到效果反应，例如偏好、态度等，再到“意动”的效果，即行为或行动等多个方面①。然而，这些方面的效果研究长期以来并没有得到均衡的发展，受众的态度和行为受到大众传播效果研究的特别关注。该时期，受众的态度和行为不仅在政治领域对处于危机中的美国民主政治发展至关重要，同时在商业领域也随着大众营销等研究的兴起而受到拓展，使得大众传播效果研究聚焦受众对信息的接收和反应，以服务于民主理念和市场经济。到了60年代，受社会网络方面研究的影响，拉扎菲尔德等传播学者突破了以往对受众个体层面的研究，开始考察规范和网络等群体层面因素在大众传播效果形成中的中介作用。70年代，战争结束后美国经济的空前繁荣、大众文化的风靡以及电视作为新媒介的兴起等环境变化促使从传播者意图出发的劝服效果研究逐渐消弭，卡茨（Katz）等学者提出的“使用与满足”代表该时期的传播效果研究将受众使用媒介的行为及动机等作为大众传播效果研究的主要对象。

该时期，美国社会政治形态的重大变更与媒介的变化在使得传播效果研究转向受众角度的同时，也促成了研究者开始聚焦大众传播对人们认知环境的影响。此外，70年代认知心理学的产生促使美国心理学界日益将研究重心从外显行为转向内部认知，以探索内部认知机制在行为调节中的作用，即个体在获得、储存和使用知识的运作机制，从而使得个体在思维中“建构世界”的能动作用进入认知研究的视野。在外部环境变化以及认知研究的影响

① ［美］丹尼斯·麦奎尔，崔保国、李琨译：《麦奎尔大众传播理论》，清华大学出版社2010年版，第386页

下，“涵化”“议程设置”“知沟”等“认知”效果研究日益成为传播效果研究的主要问题。其中，由蒂奇诺（Tichenor）提出的“知沟”理论从宏观层面考察由于社会结构差距带来的受众认知差距。80 年代，艾特玛（Ettema）对“知沟”形成的归因扩展到微观层面个体在获取信息的动机和信息对个体的功用性上的差异。

此次传播效果研究的转变虽然将研究者的注意力聚焦于认知效果，但是该时期的认知效果研究将大众媒介看作人们认识“外在现实”、构建“主观现实”的重要渠道。因此，研究中对于媒介的功能的定位是“认识”世界的桥梁，而不是搭建“分享”“构建”意义与知识的平台。虽然，认知效果研究开始重视认知机制等心理因素，但是“在寻求客观真理即真实的、独立于主观判断的真理的过程中，研究者恰恰贬低了他们试图阐释的认知过程的重要意义”①。也就是说，以往认知效果研究更多考察个人认识“外部现实”的静态认知过程和机制，而鲜少在人际互动与意义建构的动态认知过程上进行探讨。所谓动态认知，指的对知识状态变化的认知②。实际上，从动态认知的角度考察传播效果的研究早在70 年代即出现在非对称信息博弈理论的多项研究中。其中，最具代表性的是2001 年诺贝尔经济学奖获得者迈克尔·斯宾塞（A. Michel Spence）提出的信息传播模型，该模型以知识同构为传播目标，通过模拟人际传播与决策过程来衡量知识个体在传播前后认知水平的变化。近年来，在组织传播与网络传播等中观与宏观层面的相继出现类似研究，然而鲜少有研究系统性地考察各个层面基于动态认知的传播效果。故而，本书在分别从宏观、微观和中观层面研究认知方面的传播效果时，为了突出知识在各个层面传播目标的不同，采用了传播有效性③作为主要的研究问题。

---

① 叶浩生：“第二次认知革命与社会建构论的产生”，载于《心理科学进展》，2003 年第 11 期。

② 廖德明：“动态认知逻辑视域下的知识与信念”，载于《毕节学院学报》，2010 年第 1 期。

③ ［美］丹尼斯·麦奎尔，崔保国、李琨译：《麦奎尔大众传播理论》，清华大学出版社 2010 年版，第 380 页

第一节　微观层面知识传播的有效性

在人际传播过程中，个体间知识结构的差异，或者说个体拥有的异质知识，是导致个体层面“知沟”现象的主要原因。所谓异质知识，指的是现有知识结构无法同化的新知识，即无法分类或识别的知识①。基于知识的分类功能，人际传播的“知沟”现象可以理解为个体间无法用彼此的知识集合划分的模糊知识。因而，微观层面的知识传播有效性是以个体知识同构，即具有同等的分类能力，为目的而进行传播效果。针对人际传播中“知沟”现象的特征，微观层面传播有效性的研究将知识关系与决策过程相结合，构建以知识同构为目标的个体知识传播框架及提升传播效果的路径。

个体知识同构根据其对个体知识结构的改变划分为同化式同构和顺应式同构，前一种同构将提高个体知识结构的完备性，或者说提高知识划分能力，而后一种则将导致个体知识结构的重构。简要地说，以同化式同构为目标的个体知识传播将构建双类型重复博弈模型作为路径，通过双方共享的同质知识的传播与效果评估，提高个体知识结构的完备性，以获得与异质知识同等的划分能力。与之相比，以顺应式同构作为目标的个体知识传播将构建多类型博弈模型为路径，通过细化异质知识的属性并评估细化后的传播效果，来实现知识结构的重构。

① Mita Sujan. Consumer Knowledge: Effects on Evaluation Strategies Mediating Consumer Judgments. Journal of Consumer Research, Vol. 12, No. 1, Jun., 1985. pp. 31 –46

第二节 中观层面知识传播的有效性

由前文叙述可知，组织层面的“知沟”现象的产生是由于组织拥有异质知识资源及其镶嵌在其中的组织内部网络造成的。然而，这种中观层面普遍存在的“知沟”现象不仅是组织获得资源优势的主要原因，也是社会知识创新的基础。该种“知沟”区别于传统“知沟”研究中所述的由于知识占有差异而带来的社会不公平现象。因而，组织层面知识传播的有效性是以实现组织知识创新为目的而进行的传播效果研究。针对组织传播中“知沟”现象的特征，中观层面传播有效性的研究将从组织知识类型以及其传播网络两方面因素展开分析，构建以知识创新为目标的组织知识传播框架及提升传播效果的路径。

组织知识创新根据其对组织知识的作用划分为渐进式创新和突破式创新，前一种创新将带来组织知识的专业化，或者说其异质知识的积累，而后一种创新则将造成组织知识结构的重构。简要地说，以渐进性创新为目标的组织知识传播将以形成集中化知识和构建封闭型传播网络为路径，在组织知识内部化的传播过程中依托高密度、强连接的传播网络，发挥组织吸收能力实现组织外知识资源的内部化，从而实现组织异质知识的积累。与之相比，以突破式创新为目标的组织知识传播将以形成多样化知识和构建结构洞型传播网络为路径，在组织知识组合化的传播过程中依托广跨度、弱连接的传播网络，发挥组织整合能力实现组织内外知识资源的组合化，从而实现组织知识结构的重组。

第三节　宏观层面知识传播的有效性

与组织层面的“知沟”现象相比，存在知识占有差距的网络群体可跨越任何中观层面的群体规模，因而在网络中以知识扩散为目标的知识传播有效性问题在本书中被归类于宏观层面传播效果的范畴。同时，与传统网络“知沟”研究中以是否接入网络为标准进行的群体划分不同，本文的研究对象是虚拟世界中普遍存在的由于兴趣、认知水平以及网络结构三方面差异而造成知识占有差异的专业与业余网络群体。针对网络传播中“知沟”现象的特征，宏观层面传播有效性研究将从前文所述的三方面因素展开分析，构建以知识扩散为目标的网络知识传播框架以及提升传播效果的路径。

网络知识扩散将根据其发生的群体类型划分为内向式扩散与外向式扩散，前一种扩散的目的是扩大传播范围，后一种扩散则旨在获得共同认知。简要地说，在结构稳定的专业网络群体中进行知识传播时，由于其用户往往较容易形成共同认知并主动参与群体知识的构建，故需以策划契合用户价值观念的告知型内容和培育外向扩散型的传播网络为路径，以实现扩大传播范围的目标。与之相比，为了实现在业余网络群体中形成共同认知的目标，需要遵循在用户间传播引领用户价值观念的事实型内容和培育内向扩散型传播网络的路径。

理论篇

第四章

人际传播层面的传播博弈模型

在人际传播过程中，我们常常会遇到“词不达意”的情况，究其原因，用申农信息传播模型中的语言来说，是因为信息传播双方的编码与解码规则不同；用系统经济学中资源位理论术语来说，互相作用的经济元代表双方软资源的邻域不是完全重合的；用信息经济学的表述方式来说，是由于信息发送者与接收者之间存在的信息不对称。虽然三个领域使用术语有所不同，但是所想表达的含义都是：信息交流双方因为知识软件不同而造成了交流的粗糙性，即粗交流。非对称信息博弈论指出信息不对称导致市场交易效率的下降，交易双方可以通过传递信号避免逆向选择的发生。如果仔细推敲这一结论会发现它缺乏一定的普适性，因为原模型中信号传递并没有考虑现实生活常常存在“粗交流”。因此，本章节如果将原模型中的信号传递过程推广到一般粗交流形式，博弈结果会发生什么变化，以构建人际传播层面的博弈决策模型。

第一节　人际传播中的粗交流

人际传播的基本模型是申农的信息传播模型。申农模型可以简化为信息由发送者编码之后传递给接收者，接收者对信息进行解码后便获得了原始的信息。传统传播学认为发送者的编码规则与接收者的解码规则是完全一致的，也就是说信息可以无条件完全地从发送者传递给接收者。但是实际情况中，发送者与接收者的编码规则往往不同，一般存在的情况是两者的编码规则部分重叠，完全重叠或者完全不重叠属于比较极端的情况。也就是说，信息被发送者编码过后不能完全被接收者的解码规则解码，接收者一般是不能完全了解所发送的信息。

对这样的一种信息传播过程，系统经济学中的资源位理论提出了另一种处理方法。在系统经济学中，信息传播过程是发生于经济元之间发生作用的时候，而经济元之所以可以互相作用是因为他们拥有的软资源之间具有交集。系统经济学将资源的概念扩展为广义资源，并且根据属性将其分类为硬资源和软资源。硬资源是指具有具体物质形态，看得见摸得着的资源，例如桌椅板凳之类。硬资源具有两个显著的特点：一是它的边界是确定的，而且往往是静态的；二是硬资源的使用具有排他性。与硬资源相比，软资源的两个显著特点是：一是其边界往往不易确定，边界的存在也是动态的；二是它的使用不具有排他性，例如技术和知识资本都是一种典型的软资源。人力资本是硬资源和软资源的复合体，不只是指生物学意义上的人，还包括人所掌握的知识、技能、兴趣、经验等软资源。昝廷全（1991）指出，从某些方面来讲，硬资源是被动的，软资源是主动的，硬资源的作用需要软资源来“启动”。也就是说，经济元之间发生关系的前提是其软资源能够相交。如果用更简洁的拓扑学语言，经济元的相互作用过程可以表示为相交的两个闭集。首先由于不同硬资源的边界是两两不相交的，即两个硬资源的交集为空，故硬资源可以用拓扑空间中的闭集来表示。而两个硬资源之间互相作用需要软资源作中介。复合在每个硬资源上的软资源构成每个硬资源的 ε 邻域，不同硬资源的 ε 邻域之间的交集非空才能进行硬资源之间的整合，即围绕 A_1 的 ε_1 邻域与围绕 A_2 的 ε_2 邻域的交集要非空，即（$\varepsilon_1(A_1)\cap\varepsilon_2(A_2)\neq\varnothing$），这时，两个硬资源 A_1 和 A_2 才能进行互相作用，这是硬资源互相作用的基本条件。

系统经济学将申农信息传播模型中信息发送者与接收者所拥有的编码抽象为经济元拥有的软资源。抽象的定义总是具有更广的适用性，当把经济元相互作用的过程具体到个体之间的信息沟通过程，硬资源通过软资源互相作用的特性也就能更好地刻画信息沟通的过程。在申农模型中，信息发送者和信息接收者必须拥有共同的编码和解码知识，信息才能进行有效传播。将编码知识根据资源位观点扩展为软资源后，信息沟通双方的知识背景、文化背景、社会背景、经验世界等就可以定义为他们的知识软件。用拓扑语言描述即是：复合在信息发送者 A_1 上的知识软件和复合在接收者 A_2 上的知识软件构成各自的 ε 邻域，只有两人拥有共同的知识软件时才能解码，因此两者知识软件的交集非空是传播能够成功的必要条件，即 $\varepsilon_1(A_1)\cap\varepsilon_2(A_2)\neq\varnothing$ 可被定义为传播有效性条件。传播有效性可用文字语言表述如下：信息发送者和信息接收者的知识软件交集非空是实现有效传播的必要条件。进一步，当知识软件完全不同时，信息发送者与接收者不存在信息传递；当知识软件完全相同时，信息接收者完全理解发送者传递的信息；当知识软件部分相同时，信息接收者理解发送者传递的一部分信息，即产生交流的粗糙性。

在经济学领域中也存在着粗交流形成原因的另外一种描述，即信息不对称。信息不对称的概念出现于信息经济学中，它包括的含义是交易双方所拥有的关于交易的信息在数量上和质量上的不对等。张维迎（1996）在《博弈论与信息经济学》中将信息经济学的研究范围界定为非对称信息博弈论在经济学上的应用。在信息经济学文献中，把系统经济学中基本经济元“个人”，根据知识软件不同划分为两类：信息缺失方称作“委托人”，信息拥有方称作“代理人”。逆向选择产生的原因也可以解释为由于“委托人”与“代理人”知识软件的不同（或者信息不对称）而在进行交易时产生信息粗交流（委托人与代理人之间知识软件不重叠而无法交流），从而导致市场交易效率的降低。以往整个西方主流经济学都是建立在对硬资源的研究上，只有硬资源的边界是静态的，具有可列可加性，是互不相交的闭集，便于定量描述，例如商品边际效用，边际效用存在的前提是商品的可列可加性，因此传统经济学处理的资源对象主要是硬资源。非对称信息的提出是西方经济学理论家将研究目光聚焦于有限经济体之间的互相作用而抽象出来的概念，也就是说经济元的软资源开始进入经济学研究的范畴。数学的发展总是推动者经济领域理论的前进，既然非对称信息造成交易双方的粗交流从而导致交易效率的下降，那么从数学领域的粗集理论基础上发展而来的对于粗交流的描述对本文中非对称信息博弈问题的研究非常重要。

粗交流（Rough Communication）的概念是 A. Mousavi 在粗集理论的一个新发展，它所定义的信息交流场景为：在多个 Agents 之间进行信息交流时，由于各个 Agents 拥有不同的知识（即等价划分），使得相互之间因为不能提供准确的信息而产生交流的粗糙性。更为通俗地说，一个概念在多个 Agents 之间传递时总会丢失部分信息，导致概念的传递结果精确度降低变得粗糙。根据刘纪芹和史开泉（2007）的研究，粗交流可分为下近似粗交流和上近似粗交流。所谓下近似粗交流指信息接收方需要准确信息，所以信息在传递过程中需要经过两次“损失”。具体定义如下：设（U，P）、（U，R）为两个知识库，A_1、A_2是分别具有知识 P、R 的两个个体，假设在两个个体之间对信息源 $Y_1 \subseteq U$（$U - Y_1 = Y_2$）进行信息传递，集合对（$pos_R(Y_1)$，$neg_R(Y_1)$）为个体 A_1根据自己的知识 P 对信息源 Y_1的认识，信息源 Y_1由个体 A_1传递给个体 A_2的下近似粗传递为$\underline{apr}_R(pos_P(Y_1),\ neg_P(Y_1)) = \underline{apr}_R(\underline{P}Y_1,\ \underline{P}Y_2) = (\underline{R}(\underline{P}Y_1),\ \underline{R}(\underline{P}Y_2))$，根据上一节粗集中正、负域定义可知算子 $\underline{apr}_R(pos_P(Y_1),\ neg_P(Y_1))$代表信息接收者 A_2为了得到准确的信息，根据自己的知识 R 只接收肯定包含于$(pos_P(Y_1),\ neg_P(Y_1))$中的信息，即 $\underline{apr}_R(pos_P(Y_1),\ neg_P(Y_1)) \subseteq (pos_P(Y_1),\ neg_P(Y_1))$。所谓上近似粗交流值信息接收方不愿意漏掉任何相关信息，所以信息在传递过程中将经过两次信息“增益”。集合对（$pos_R(Y_1)$，$neg_R(Y_1)$）为个体 A_1根据自己的知识 P 对信息源 Y_1的认识，信息源 Y_1由个体 A_1传递给个体 A_2的上近似粗传递为 $\overline{apr}_R(pos_P(Y_1),\ neg_P(Y_1)) = \overline{apr}_R(\overline{P}Y_1,\ \overline{P}Y_2) = (\overline{R}(\overline{P}Y_1),\ \overline{R}(\overline{P}Y_2))$，此次算子 $\overline{apr}_R(pos_P(Y_1),\ neg_P(Y_1))$代表信息接收者 A_2怕遗漏任何信息而造成损失，把肯定包含以及可能包含在$(pos_P(Y_1),\ neg_P(Y_1))$中的信息也一并接收，即 $\overline{apr}_R(pos_P(Y_1),\ neg_P(Y_1)) \supseteq (pos_P(Y_1),\ neg_P(Y_1))$。

第二节　基于粗交流的传播博弈模型

由介绍可知在信息传播博弈中，信息发送者可能是类型 1 或者类型 2，这个私人信息只有他自己知道，信息接收者不知道。为了向信息接收者传递自己是类型 1 的信息，现实情况中信息发送者往往需要发送能让信息接收者认为自己是类型 1 的各种信号。在这种交流场景中，信息接收者对于信息发送者“类型”信息的了解少于信息发送者对自身的了解，信息发送者发送的信号有可能使自己马上从众多信息发送者中凸显出来，让信息接收者认为自己是类型 1；也有可能发送无效信号从而不能给信息接收者传递任何有关“类型 1”的信息；也有可能需要多次信号传递才能最终说服信息接收者自己是“类型 1”信息发送者。因此在信息接收者关于“类型 1”的知识与信息发送者不同时，信息粗交流常常发生。为了模拟上述传播过程，本章将粗交流的粗集定义适当引入，以构建基于粗交流的传播博弈模型。

1. 基于粗交流的双选博弈模型

迈克尔·斯宾塞提出的信息传播模型中，自然选择信息发送者的类型；信息发送者知道自己的类型，而信息接收者不知道；由于假设传递信息的成本与类型成正比，不同类型的信息发送者发送同样信息的收益是不同的；信息发送者可以通过提供自己的类型信息向信息接收者发送有关自己类型的信息，信息接收者在观测到信息之后做出判断并反馈决策信息给信息发送者（博弈过程见图 4.1）。在现实情况中，人们的传播信息的种类日益多样化，若干年前传递信息 1，且信息 1 的内容为 a 的信息发送者占据着信息发送者集合中的绝大部分份额，而如今发送 b（信息 1）、发送 c（信息 1）和发送 d（信息 1）的信息发送者也成为信息发送者这个集合中庞大的信息发送者群体。因此，单纯依靠信息 1 已经远远不足以准确判断信息发送者的类型，于是决策规则又增加了信息 2、信息 3 和信息 4 等信息。在原有的信息传播博弈中，一种信息足以判定信息传递者的类型。但是如果在现实传播过程中信息接收者接收到大量信息，那么发送者需要传递多种信息以将自己与其他类型信息发送者区分开。因此，当信息传播需要依靠多种信息的传播时，信息传播的效率以及精确性成为信息传递模型需要解决的难题。以提高信息传递精确性以及效率为目标，下面开始基于粗交流的信息传递模型构建。

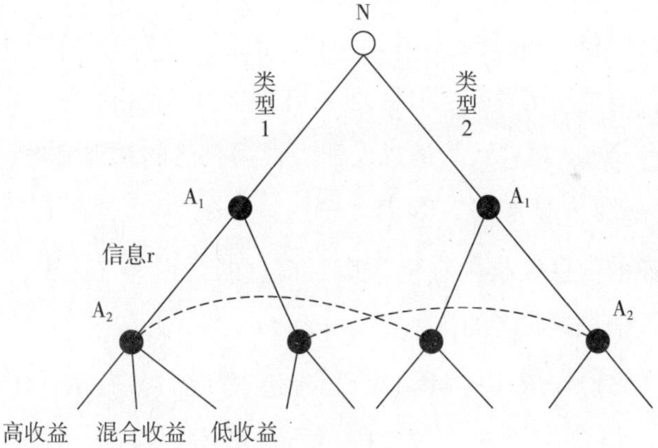

图 4.1　信号传递模型

（1）在传播模型中引入“粗交流”

在开始建模前，首先规定 U——信息发送者的全集，$U/Q = \{[x]_Q | W, U-W\}$——根据信息发送者类型划分的集合；A_1——信息发送者，P——A_1具备的知识，$U/P = \{[x]_P | [x]_P \subseteq [x]_Q, Q \subseteq P\}$；$A_2$——信息接收者，R——$A_2$具备的知识，$U/R = \{[x]_R \subset U | [x]_R = X_i, i = 1, 2, 3, \cdots\}$。对于信息接收者来说，$pos_R(W) = \underline{R}W = \{x | [x]_R \subseteq W\}$ 代表根据他以往经验（所拥有的关于“类型 1”信息发送者的知识）可以划分入类型 1 集合 W 的信息发送者；$neg(W) = U - \underline{R}W = \{x | [x]_R \not\subseteq W\}$ 代表根据

信息接收者拥有关于“类型 2”信息发送者的知识可以划分为类型 2 集合 U－W 的信息发送者；$bnd_R(W) = \bar{R}W - \underline{R}W = \{x \mid [x]_R \cap W \neq \varnothing\} - \{x \mid [x]_R \subseteq W\}$ 代表根据信息接收者拥有关于“类型 1”信息发送者的知识可以完全划分以及不能完全划分为类型 1 集合 W 的信息发送者；另如果 $bnd_R(W) = \varnothing$，那么信息接收者根据拥有关于“类型 1、2”信息发送者的知识可以完全清晰划分类型 1 与类型 2 信息发送者。

基于上面对信息接收者与信息发送者双方在信号传递之前知识结构的粗集定义，下面可以进一步进行博弈双方信息传递前的粗交流定义。令 (U，P)，(U，R) 为分别代表信息发送者与信息接收者的知识库，P 和 R 为信息发送者 A_1，信息接收者 A_2 信息传递前拥有的知识，信息发送者中类型 1 信息发送者的集合为 $W \subseteq U$。信息发送者发送信息 r 后，信息的传递路径为 $r \to A_1 \to A_2$。集合对 $(Pos_p(Q), Neg_p(Q))$ 为信息发送者根据自己的知识 P 对“类型”信息 Q 的了解，为书写方便起见，令 $\underline{P}(W) = pos_P(Q)$，$\underline{P}(U-W) = neg_P(Q)$。信号传递前信息接收者对“类型”信息的认识为 ((W)，(U－W))。信息 r 传递后，信息接收者的认识变为 $(\underline{R}(\underline{P}(W)), \underline{R}(\underline{P}(U-W))$，由于 $Q \subseteq P$ $(\underline{R}(\underline{P}(W)) . \underline{R}(\underline{P}(U-W))$ 等价于 $(\underline{R}(W), \underline{R}(U-W))$。根据下近似粗交流定理，$(\underline{R}(W), \underline{R}(U-W)) \subseteq Pos_p(Q), Neg_p(Q))$。下面通过信息接收者的知识划分图可以更清楚地显示粗交流的形成。

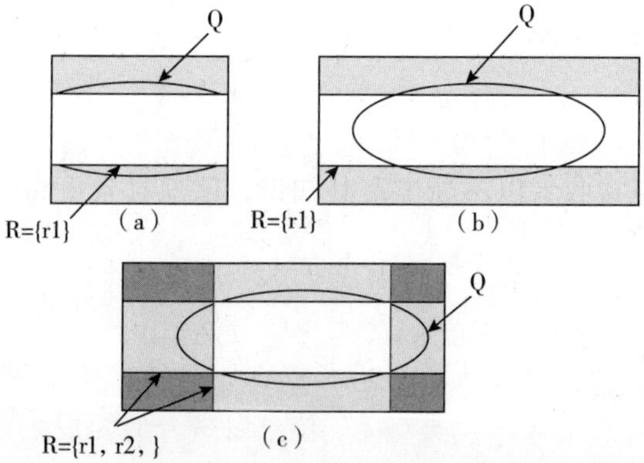

图 4.2 信号接收者的知识划分图

首先，如果只传递了一种信息，信息接收者将人才市场 U 按知识 $R' = \{r_1 = 学历\}$ 以及类型 Q 等价划分为两种等价类 $[x]_R$ 和 $[x]_Q$。图 4.2（a）中，弧线内区域 W 代表属于类型 1 信息发送者这个集合，两条横向平行直线中间区域 X_2 为发送的信息 1 为 a 的信息发送者。在原有的信息传播模型中，值为 a 的信息 1 作为信息发送者传递的关于“自己类型”的信息，因此很大程度上可以将信息发送者的“信息 1”特征等价于“类型”。如今，信息接收者获得的信息日益复杂，若继续只以信息 1 为划分标准，那么信息 1 为 a 作为信息发送者的特征已很难传递其类型信息（如 b 图所示，符合发送的信息 1 为 a 这个特征的区域 X_2 中既有类型 1 也有类型 2）。这时，传递新的信息即引入新的等价关系 r_2 对信息发送者进行划分（如：信息 2），如 c 图竖线所示，按照 $R = \{r_1, r_2\}$ 划分后的白色区域可以确定为类型 1，因此 $R = \{r_1, r_2\}$ 可以一定程度上逼近“类型”。信息发送者集合被划分为三部分：$pos_R Q = \underline{R}(W)$（椭圆弧线中的白色区域）代表根据信息接收者根据知识 R 可以被判断出信息发送者为类型 1，$neg_R Q = \underline{R}(U - W)$（椭圆弧线外的白色区域）代表根据信息接收者根据知识 R 可以被判断出信息发送者为类型 2，$bnr_R Q$（灰色区域）代表信息接收者无法做出判断。

实际上，上述划分过程是采取可以观测的信息 R（信息 1，信息 2）逼近不可观测信息“类型” Q。逼近的程度由 $r_R(Q) = [card(pos_R(Q)) + card(neg_R(Q))] / card(U)$ 决定，γ 的值越大，逼近程度越大。

（2）建立知识库，计算先验信念

上文表明当一种信息难以分离不同类型的信息发送者时，各种相关信息需要被传递给信息接收者以不断丰富其知识，使他具备更高的分辨能力。如表 1 所示，即使信息发送者拥有相同的信息 1，他们的类型也有优劣之分，单一的条件属性已经不能决定其决策属性。于是需要引入更多的信息来判断信息发送者 A_1 的类型。但是什么才是判断 A_1 类型最重要的信息以及如何通过粗集理论得到简化后的信息集，把信息发送者的能力信息精确传递给信息接收者？在粗集理论中处理此类问题的方法首先是通过建立知识表达系统，形成决策表。然后通过粗集理论中的相关计算方法，简化决策表内的条件属性，计算得出信息接收者的先验信念和后验概率，以使改进后的条件属性集（即能最大程度逼近“不可见信息”的信息集）使之与决策属性精确相关。

首先根据粗集理论中知识表达系统的定义，建立信息发送者信息决策表。令 H 为信息发送者所有属性的集合而 R，Q 为 H 的两个属性子集 R，$Q\subset H$，分别称为条件属性和决策属性，具有条件属性和决策属性的知识表达系统可表达为决策表，记作 $T=(U,\ H,\ R,\ Q)$，其中条件属性 R 对应信息接收者接收到的信息集，决策属性 Q 对应信息发送者的类型。信息发送者信息决策表：表示为四元函数 $S=(U,\ H,\ V,\ f)$。其中，U 代表信息发送者的集合；H 是属性的集合；$V=\bigcup_{h\in H}V_h V_h$ 表示了每一个属性 $h\in H$ 的属性值范围；f：$U\times H\rightarrow V$ 是一个信息函数，它指定 U 中每个信息发送者的属性值，如下表所示。

表 4.1　　信息发送者信息决策表

条件属性				决策属性
信息发送者	信息 1	信息 2	信息 3	类型
e_1	b	c	a	B
e_2	b	c	b	A
e_3	b	c	c	A
e_4	b	c	a	B
e_5	a	a	b	B
e_6	a	c	c	A
e_7	a	a	b	A
e_8	a	c	c	B

在基于粗交流的信息传递模型中，信息接收者与信息发送者开始博弈之前，信息接收者需要首先计算先验信念，然后进行决策表内条件属性的简化以及信息传递前决策规则的推导。

如左表所示：信息发送者信息决策表中，$U=\{e_1,\ e_2,\ e_3,\ \cdots,\ e_8\}$ 为信息接收者根据以往决策经验建立的信息发送者库，H 为信息发送者在接收信息接收者回馈的信息时传递的信息集以及最后信息接收者对该信息发送者

的判断：R＝$\{r_i|r_1=$信息1，$r_2=$信息2，$r_3=$信息3$\}$，$U/Q=\{[x]_Q|W\}=\{$类型1信息发送者$\}$，$U-W=\{$类型2信息发送者$\}\}$。故根据以往决策经验，信息接收者关于信息发送者类型的先验信念为$p(W)=|W|/|U|$。然后，根据粗集理论条件属性的简化法则，进行初始信息集的简化，提炼出对判断类型信息最有价值的精炼信息集$core(R)$，实现用最少信息传递最多有关信息发送者类型的信息。也就是说，在信息接收者将信息发送者信息决策表运用于新的信息发送者前，会先进行知识简化，即化简信息发送者传递得信息种类，使得在保证决策属性不变的情况下，以往信息发送者传递的信息集最为简洁。

首先信息接收者若根据信息决策表中所有信息种类以及对以往信息发送者类型的判断对信息发送者进行细分可得到：$U/Q=\{\{e_1\},\{e_2\},\{e_3\},\{e_4\},\{e_6,e_8\},\{e_5,e_7\}\}$，$U/Q=\{\{e_2,e_3,e_6,e_7\},\{e_1,e_4,e_5,e_8\}\}$。因此，通过原始信息集R进行的划分可将4个信息发送者分别划入类型1和类型2范畴，如下所示：

$pos_R Q \cup neg_R(Q)=\{e_2,e_3\}\cup\{e_1,e_4\}$，$\gamma_R Q==|pos_R Q+neg_R Q|/|U|=0.5$，所以信息集R对“类型”信息的逼近程度为0.5。下面通过计算每种信息的分类能力约去不具备分类能力的信息，并根据剩下信息的分类能力得到其权重。

若消去信息r_1，信息集$\{r_2,r_3\}$对信息发送者的划分为：

$U/\{r_2,r_3\}=\{\{e_1,e_4\},\{e_2\},\{e_3,e_6,e_8\},\{e_5,e_7\}\}$，$pos_{R-r_1}(Q)\cup neg_{R-r_1}(Q)=\{e_2\}\cup\{e_1,e_4\}\neq pos_R(Q)\cup neg_R(Q)$，

可知信息r_1对信息接收者最终决策的权重为$k=(pos_{R-\{r_1\}}(Q)-pos_R(Q))/|U|=(2-1)/8=1/8$。

若消去信息r_2信息集$\{r_1,r_3\}$对信息发送者的划分为：

$U/\{r_1,r_3\}=\{\{e_1\},\{e_2\},\{e_3\},\{e_4\},\{e_6,e_8\},\{e_5,e_7\}\}$，$pos_{R-r_2}Q\cup neg_{R-r_2}Q=\{e_2,e_3\}\cup\{e_1,e_4\}=pos_R Q\cup neg_R Q$，

可知信息r_2对信息接收者最终决策的权重为$k=(pos_{R-\{r_1\}}(Q)-pos_R$

(Q)）/| U | =（2 -2）/8 =0/8。

若消去信息 r_3，信息集 $\{r_1, r_2\}$ 对信息发送者的划分为：

$U/\{r_1, r_2\} = \{\{e_1, e_2, e_3\}, \{e_4, e_6, e_8\}, \{e_5, e_7\}\}$，$pos_{R-r_1}Q \cup neg_{R-r_1}Q = \varnothing \neq pos_R Q \cup neg_R Q$，

可知信息 r_3 对信息接收者最终决策的权重为 $k = (pos_{R-\{r_1\}}(Q) - pos_R(Q)) / |U| = (2-0)/8 = 1/4$。

另外，$U/\{r_1\} = \{\{e_1, e_2, e_3\}, \{e_4, e_4, e_5, e_6, e_7, e_8\}\}$，所以 $pos_{R-\{r_2,r_3\}}Q = \varnothing \neq pos_R Q$，

$U/\{r_2\} = \{\{e_1, e_2, e_3, e_4, e_6, e_8\}, \{e_5, e_7\}\}$，所以 $pos_{R-\{r_1,r_3\}}Q + neg_{R-\{r_1,r_3\}}Q = \{e_1, e_4\} \neq pos_R Q$。

由上面计算可知当消去信息 r_2 时，剩下信息集 $\{r_1, r_3\}$ 对信息发送者的划分与原信息集 R = {$\{r_1, r_2, r_3\}$ 的划分结果一样，因此信息集 R 相对于类型信息 Q 约简为 $R' = R - \{r_2\} = \{r_1, r_3\}$，所以在此信息发送者信息决策表中表达“类型”的“信息核”为{信息 1，信息 3}。

然后信息接收者根据自己简化后的知识，进行“判断信息发送者集合中类型 1”的决策规则及条件概率推导：$U/R' = \{X_1, \cdots, X_6\}$，

其中 $X_1 = \{e_1\}$，$X_2 = \{e_2\}$，$X_3 = \{e_3\}$，$X_4 = \{e_4\}$，$X_5 = \{e_5, e_7\}$，$X_6 = \{e_6, e_8\}$，$U/Q = \{Y_1, Y_2\}$，其中 $Y_1 = \{e_2, e_3, e_6, e_7\}$，$Y_2 = \{e_1, e_4, e_5, e_8\}$。约简后的信息集可将信息发送者划分为六类，每一类对应的决策规则 Y_{ij}（U/R' 中每一个信息发送者分类 X_i 划入 U/Q 的类型分类 Y_j 的概率）。

因此，根据信息发送者信息决策表，信息接收者选择“选择 X”的决策规则有：

γ_{21}：（信息 1，b）且（信息 3，b）ρ（类型，A），类型 1 信息发送者被归类到此等价类的条件概率 $\mu([x]_R | W)$ 为 0.25，而处于此等价类元素属于类型 1 信息发送者的概率 $\tilde{\mu}(W | [x]_R)$ 为 1。

γ_{31}：（信息 1，b）且（信息 3，c）P^H（类型，A），类型 1 信息发送者被归类到此等价类的条件概率 $\mu([x]_R | W)$ 为 0.25，而处于此等价类元素属于

类型 1 信息发送者的概率 $\tilde{\mu}(W|[x]_R)$ 为 1。

信息接收者选择“选择 Z”的决策规则有：

γ_{42}：（信息 1，a）且（信息 3，a）P^H（类型，B），类型 2 信息发送者被归类到此等价类的条件概率 $\mu([x]_R|W)$ 为 0.25，而处于此等价类元素属于类型 1 信息发送者的概率 $\tilde{\mu}(W|[x]_R)$ 为 0。。

γ_{12}：（信息 1，b）且（信息 3，a）A^H（类型，B），类型 2 信息发送者被归类到此等价类的条件概率 $\mu([x]_R|W)$ 为 0.25，而处于此等价类元素属于类型 1 信息发送者的概率 $\tilde{\mu}(W|[x]_R)$ 为 0。

信息接收者选择“选择 Y”的决策规则有：

γ_{51}：（信息 1，a）且（信息 3，b）A^T（类型，A），类型 1 信息发送者被归类到此等价类的条件概率 $\mu([x]_R|W)$ 为 0.25，而处于此等价类元素属于类型 1 信息发送者的概率 $\tilde{\mu}(W|[x]_R)$ 为 0.5。

γ_{52}：（信息 1，a）且（信息 3，b）$U/Q=\{[x]_Q \mid W, U-W\}$（类型，B），类型 2 信息发送者被归类到此等价类的条件概率 $\mu([x]_R|W)$ 为 0.25，而处于此等价类元素属于类型 2 信息发送者的概率 $\tilde{\mu}(W|[x]_R)$ 为 0.5。

γ_{61}：（信息 1，a）且（信息 3，c）$|[X_6]_{R1}$（类型，B），类型 1 信息发送者被归类到此等价类的条件概率 $\mu([x]_R|W)$ 为 0.25，而处于此等价类元素属于类型 1 信息发送者的概率 $\tilde{\mu}(W|[x]_R)$ 为 0.5。

γ_{62}：（信息 1，a）且（信息 3，c）$\tilde{\mu}$（类型，B），类型 2 信息发送者被归类到此等价类的条件概率 $\mu([x]_R|W)$ 为 0.25，而处于此等价类元素属于类型 2 信息发送者的概率 $\tilde{\mu}(W|[x]_R)$ 为 0.5。

由上面可知在 $\{[x]_R \mid X_1, X_2, X_3, X_4\}$ 这些等价类中的元素都可以确定信息发送者 A_1 是“类型 1”或是“类型 2”，但是 $\{[x]_R \mid X_5, X_6\}$ 中元素确定属于“类型 1”和“类型 2”的概率各为 0.5，即当信息接收者看到信息发送者传递的信息集为（信息 1：a）且（信息 3：c）时，根据以往经验对其类型仍然无法判断。

（3）计算信息传播之后的后验概率

根据约简的信息发送者信息决策表，雇员 e_9 如果仅仅提供信息 1 和信息 3 就将被信息接收者归入到信息发送者类别 X_5 中。由上一节可知，X_5 中信息发送者信息 1 等于 a，信息 3 是 b，这一类的信息发送者信息接收者是无法完全确定其类型的。故若 e_9 为类型 1 的信息发送者将选择传递新的信息种类，使得自己有机会向信息接收者证明自己的类型。假设雇员 e_9 传递新信息"r_4 = 计算机等级"，信息接收者将新知识纳入自己知识库，经过再次的知识约简计算新信息的权重，得到信息传递后的信息发送者信息决策表。故当信息接收者的知识库扩充为 $R = \{r_1, r_3, r_4\}$，信息接收者对信息发送者的划分为 $U/R = \{X_1, X_2, X_3, X_4, X_5, X_6\}$

其中 $X_1 = \{e_1\}$，$X_2 = \{e_2\}$，$X_3 = \{e_3\}$，$X_4 = \{e_4\}$，$X_5 = \{e_5\}$，$X_6 = \{e_6, e_8\}$，$X_7 = \{e_7, e_9\}$

若消去信息 r_4 信息集 $\{r_1, r_3\}$ 对信息发送者的划分为：

$U/\{r_1, r_3\} = \{\{e_1\}, \{e_2\}, \{e_3\}, \{e_4\}, \{e_6, e_8\}, \{e_5, e_7\}\}$，

$pos_{R-r_4}Q \cup neg_{R-r_2}Q = \{e_2, e_3, e_7\} \cup \{e_1, e_4, e_5\} \neq pos_R Q \cup neg_R Q$，

表 4.2　　信息发送者信息决策表

条件属性				决策属性
信息发送者	信息 1	信息 4	信息 3	类型
e_1	b	b	a	B
e_2	b	b	b	A
e_3	b	b	c	A
e_4	b	b	a	B
e_5	a	a	b	B
e_6	a	b	c	A
e_7	a	c	b	A
e_8	a	b	c	B

可知新信息 r_4 对信息接收者最终决策的权重为 $k = (pos_{R-r_4}Q - pos_R Q) / |U| = (3-2)/8 = 1/8$。由于信息 r_4 的传递不仅将一个类型 1 信息发送者区分出来，同时也区分出一个类型 2 信息发送者，通过改进信息集进行的划

分可将6个信息发送者分别划入类型1和类型2范畴，如下所示：

$\gamma_{R+r_4}Q=|pos_{R+r_4}Q+neg_{R+r_4}Q|/|U|=3/4$，所以信息集R对“类型”信息的逼近程度为3/4。

如上表所示，信息发送者在选择传递新信息时，可以选择的信息值有 $r_4=\{1, 2, 3\}$。信息接收者在观测到新的信息值后，根据基于信息集的贝叶斯法则 $\tilde{\mu}(W|[x]_R)=\frac{\mu([x]_R|W)p(W)}{\sum_{j=1}^{k}\mu([x]_R|W)p(W)}$，计算后验概率，即信息接收者为信息发送者若是高或者类型2选择传递某一信息值的可能性。在上面的例子中，若 e_9 传递的信息值 $r_3=3$，那么在信息接收者新的信息发送者信息决策表中，以往无法分清类型的信息发送者类别 X_5 又被划分为两类 X_5 和 X_7，而新信息发送者被划入到类别 X_7 中。那么信息接收者认为被划入到 X_7 的信息发送者为类型1的后验概率为 $\tilde{\mu}(W|[x]_R)=[(1/4)*(1/2)]/[(1/4)*(1/2)+0*(1/2)]=1$，从而信息接收者认为信息集为（$r_1$，a）且（$r_3$，b）且（$r_4$，c）的信息发送者属于类型1的概率为1。若 e_9 传递的信息值 $r_3=1$，那么在信息接收者新的信息发送者信息决策表中，而新信息发送者被划入到类别 X_5 中。那么信息接收者认为被划入到 X_5 的信息发送者为类型1的后验概率为 $\tilde{\mu}(W|[x]_R)=[(0/4)*(1/2)]/[(1/4)*(1/2)+0*(1/2)]=0$，从而信息接收者认为信息集为（$r_1$，a）且（$r_3$，b）且（$r_4$，a）的信息发送者属于类型1的概率0。与信息传递前的后验概率0.5相比，信息传递后信息接收者就能依据新信息的信息值确定该信息发送者为类型1或类型2。这时，信息接收者选择“选择Y”的决策规则改变为：

γ_{51}：（信息1，a）且（信息3，b）且（信息4，a）→（类型，B），处于此等价类元素属于类型1信息发送者的后验概率 $\tilde{\mu}(W|[x]_R)$ 为0。

γ_{72}：（信息1，a）且（信息3，b）且（信息4，c）→（类型，A）处于此等价类元素属于类型1信息发送者的后验概率 $\tilde{\mu}(W|[x]_R)$ 为1。

γ_{61}：（信息1，a）且（信息3，c）且（信息4，a）→（类型，B），处于此等价类元素属于类型1信息发送者的后验概率 $\tilde{\mu}(W|[x]_R)$ 为0.5。

γ_{62}：（信息 1，a）且（信息 3，c）且（信息 4，d）→（类型，B），处于此等价类元素属于类型 1 信息发送者的后验概率 $\tilde{\mu}$（W|［x］$_R$）为 0.5。

由上可知，若用以往信息发送者信息总结的确定性决策规则，无法判断 e_9 是否“类型 1”，则须信息发送者 e_9 传递新信息，使得信息接收者 A_2 知识划分更细，从而得到信息发送者 e_9 属于信息接收者 A_2 知识划分后的某个等价类的前提下为类型 1 的后验概率 $\tilde{\mu}$（W|［x］$_R$）。

（4）根据概率粗糙集模型构造信息传播模型的均衡条件

信息传递模型的精炼信息集均衡定义：由战略组合（$m*$（θ），$a*$（θ））和粗糙后验概率 $\tilde{\mu}$（W|［x］$_R$）的结合，它满足：

(P_1) $a*(r) \in \arg\max\limits_{a} \sum\limits_{\{W, U-W\}} \tilde{\mu}(W| [_x) u_2(r, a, W)$；

(P_2) $r*(\theta) \in \arg\max\limits_{r} u_1(r, a*(\theta), \theta)$

$\tilde{\mu}$（W|［x］$_R$）是信息接收者 A_2 使用从先验信念 p（W）、观测到的信息 r 和信息发送者 A_1 的最优战略 $r*$（θ）得到的（在有可能的情况下）。

该均衡条件与精炼贝叶斯均衡的不同之处在于对双方收益函数以及信息接收者后验概率构造上：信息发送者 $u_1(R, w(r), \theta) = w(r) - \frac{R}{\theta}$，其中 R 为信息发送者传递给信息接收者的信息集，w（r）为信息接收者观测到信息 r 后决定信息发送者的决策信息类型；对于信息接收者的收益函数，首先假设信息发送者提供的有效信息越多，代表其能力越高，则劳动生产率越高，则原模型中的中信息接收者和信息发送者的收益函数修改为：信息接收者的效用函数 $u_2(r, w(r))$ 且 $\frac{\partial u_1}{\partial r} > 0$，$\frac{\partial u_1}{\partial w} < 0$；令 $\tilde{\mu}$（W|［x］$_R$）和 $\tilde{\mu}$（$U-W$|［x］$_R$）分别代表信息传递后信息接收者认为信息发送者为类型 1 和类型 2 的后验概率；则 $u_2(a_i, r, W)$ 和 $u_2(a_i, r, U-W)$ 代表了当信息接收者 A_2 在接收了信息发送者 A_1 传递的知识 r 后，认为信息发送者为类型 1 或类型 2 信息发送者时采取行动 a_i（$i=1, 2, 3$）的收益：

$u_2(a_i) = u_{2i}(a_i, r, W)\tilde{\mu}(W|[x]_R) + u_{2i}(a_i, r, U-W)\tilde{\mu}(U-W|$

$[x]_R)$，$i=1, 2, 3$

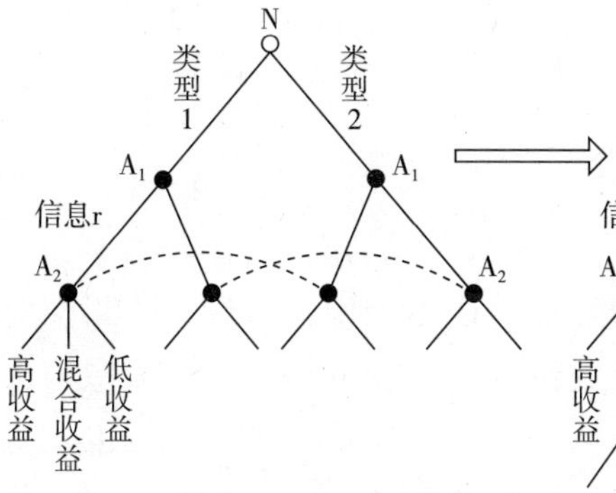

图 4.3　改进前的信号传播模型

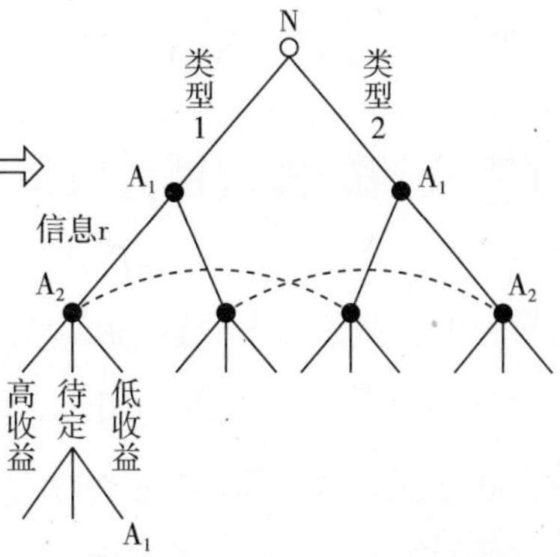

图 4.4　改进后的信号传播模型

信息接收者 A_2 根据信息发送者信息决策表将信息发送者划分为三部分：pos_RQ，neg_RQ，bn_RQ，且对应于不同的信息发送者类别，信息接收者有三种选择：

$A=\{a_1=$决策 X，$a_2=$决策 Y，$a_3=$决策 $Z\}$

如果 $[x]_R \in pos_RQ$，则信息接收者采取行动 a_1.

如果 $[x]_R \in neg_RQ$，则信息接收者采取行动 a_3.

如果 $[x]_R \in bn_RQ$，则信息接收者采取行动 a_2.

信息发送者根据基于粗交流的信息传递博弈均衡定义中的最大收益决策规则，选择能使自己获得最大收益的信息值.

如果 $u_1(r_1) \geqslant u_1(r_2)$ and$u_1(r_1) \geqslant u_1(r_3)$ 即 $pos_RQ=\cup\{[x]_R \mid \tilde{\mu}(W|[x]_R) \geqslant \alpha\}$，信息发送者传递信息 r_1。

如果 $u_1(r_2) \geqslant u_1(r_1)$ and$u_1(r_2) \geqslant u_1(r_3)$ 即 $neg_RQ=\cup\{[x]_R \mid \tilde{\mu}(W|[x]_R) \leqslant \beta\}$，信息发送者传递信息 r_3。

如果 $u_1(r_3) \geqslant u_1(r_1)$ and$u_1(r_3) \geqslant u_1(r_2)$ 即 $bnr_RQ=\cup\{[x]_R \mid \alpha \leqslant \tilde{\mu}(W|[x]_R) \leqslant \beta\}$ 信息发送者传递信息 r_2。

从上面中可知，处于灰色区域的每一个方格即当 $\alpha \leqslant \tilde{\mu}(W|[x]_R) \leqslant \beta$，信息发送者的选择策略不明确，这一区域分离均衡无法形成，信息接收者无法根据这一区域的特征属性值确定其是类型 1 还是类型 2。则信息发送者需

要提供更多其他种类的信息，博弈重复进行，直到信息接收者可以根据传递的所有信息区分其类型 1 和类型 2。

2. 基于粗交流的多选博弈模型

在上一节建立的基于粗交流的信息传递模型中，通过引入粗交流概念处理了多种信息传递的问题，并且利用粗集计算方法，不仅原模型中非均衡路径上的后验概率可以通过具体计算得到，类型 1 信息发送者也可以通过传递高信息值成功向信息接收者表明自己类型。由于改进后的模型延续了双类型信息发送者的假设，当类型 1 信息发送者可以分离出来时，根据假设剩下的信息发送者应该都是类型 2。但是这种推理当改进后的模型所传递的信息有多信息值时就无法成立：当每种信息的值不仅仅只有两个，如果此时再将信息发送者类型假设为两种，对传递非最高值的其他信息发送者，又会出现逆向选择的问题，结果是信息接收者只能针对类型 1 和类型 2 进行决策，而现实情况中存在的大量类型 3 信息发送者就会退出信息发送。因此，在本节中将进一步将改进后的信息传递模型扩展为基于粗交流的多类型信息传递模型。

与上一节一样，在开始建模前规定 U 为信息发送者的全集，$U/Q=\{[Y]_Q\subset U \mid [Y]_Q=Y_j, j=1, 2, 3\}$ 代表根据信息发送者高中低档三种类型划分的集合。对于信息发送者来说，$\underline{R}Y=\{x \mid [X]_R\subseteq Y_1\}$ 代表根据信息接收者经验（拥有关于“类型 1”信息发送者的知识）可以划分为类型 1 集合 Y_1 的信息发送者；$\underline{R}Y_2=\{x \mid [X]_R\subseteq Y_2\}$ 代表根据信息接收者经验（拥有关于“中档类型”信息发送者的知识）可以划分为类型 3 集合 Y_2 的信息发送者；$\underline{R}Y_3=\{x \mid [X]_R\subseteq Y_3\}$ 代表根据信息接收者经验（拥有关于“类型 2”信息发送者的知识）可以划分为类型 2 集合 Y_2 的信息发送者。信息传递路径与上一节相同，信息发送者发送信息 r 后，信息的传递路径为 $r\rightarrow A_1\rightarrow A_2$。集合对 $(\underline{P}Y_1, \underline{P}Y_2, \underline{P}Y_3)$ 为信息发送者根据自己的知识 P 对类型 1

信息发送者集合 W 的了解。信息传递后信息接收者对类型 1 的认识升级为 $(\underline{R}(\underline{P}Y_1), \underline{R}(\underline{P}Y_2), \underline{R}(\underline{P}Y_3))$。当信息发送者传递得信息有效时，信息接收者对三种类型信息发送者的区分能力增强，通过改进信息集对信息发送者类型信息的逼近程度变为：$\gamma_{R+r_4}Q = \sum_{j=1,2,3} |\underline{R}(\underline{P}Y_j)| / |U|$。

（1）建立知识库，计算先验信念

与上一节双类型信息传递模型一样，信息接收者在多类型信息发送者假设下与信息发送者开始博弈之前，信息接收者需要首先计算先验信念，然后进行决策表内条件属性的简化以及信息传递前决策规则的推导。如表所示：信息发送者信息决策表中，$U = \{e_1, e_2, e_3, \cdots, e_8\}$ 为信息接收者根据以往决策经验建立的信息发送者库，H 为信息发送者成功接收信息接收者决策信息时传递的信息集和最后信息接收者对该信息发送者的判断：

表 4.3　　信息发送者信息决策表

条件属性				决策属性
发送者	信息 1	信息 4	信息 3	类型
e_1	b	b	a	B
e_2	b	b	b	A
e_3	b	b	c	A
e_4	b	b	a	B
e_5	a	a	b	B
e_6	a	b	c	C
e_7	a	c	b	A
e_8	a	b	c	C

R = $\{r_i | r_1 =$信息 1，$r_2 =$信息 2，$r_3 =$信息 3$\}$，$U/Q = \{[y]_Q | Y_j, j = 1, 2, 3\}$ 其中，$Y_1 =$ {类型 1 信息发送者}，$Y_2 =$ {类型 3 信息发送者}，$Y_3 =$ {类型 2 信息发送者}。信息接收者首先根据信息决策表得到信息发送者类型的先验信念 $p(Y_j) = |Y_j| / |U|$ $(j=1, 2, 3)$。其次在推导决策规则前，先利用所有信息种类以及对以往信息发送者信息类型的判断对信息发送者进行细分可得到：

$U/Q = \{\{e_1\}, \{e_2\}, \{e_3\}, \{e_4\}, \{e_6, e_8\}, \{e_5, e_7\}\}$，$U/Q =$

$\{\{e_1, e_4, e_5\}, \{e_6, e_8\} \{e_2, e_3, e_7\}\}$。

因此，通过原始信息集 R 进行的划分可将所有信息发送者划入高、中、低三档类型范畴，如下所示：$(\underline{R}(PY_1), \underline{R}(PY_2), \underline{R}(PY_3)) = \{e_2, e_3\} \cup \{e_1, e_4\} \cup \{e_6, e_7, e_5, e_8\}$。在多类型信息发送者的假设下，信息的将信息发送者划分入类型 1 与类型 2 范畴的能力不变，只是增多了能够划入类型 3 范畴的信息发送者。

若消去信息 r_1，信息集 $R_1 = \{r_2, r_3\}$ 对信息发送者的划分为：

$U/R_1 = \{\{e_1, e_4\}, \{e_2\}, \{e_3, e_6, e_8\}, \{e_5, e_7\}\}$，$(\underline{R_1}(PY_1), \underline{R_1}(PY_2), \underline{R_1}(PY_3)) = \{e_2\} \cup \{e_1, e_4\} \neq (\underline{R}(PY_1), \underline{R}(PY_2), \underline{R}(PY_3))$；

若消去信息 r_2 信息集 $R_2 = \{r_1, r_3\}$ 的划分为：

$U/\{r_1, r_3\} = \{\{e_1\}, \{e_2\}, \{e_3\}, \{e_4\}, \{e_6, e_8\}, \{e_5, e_7\}\}$，$(\underline{R}(PY_1), \underline{R}(PY_2), \underline{R}(PY_3)) = (\underline{R}(PY_1), \underline{R}(PY_2), \underline{R}(PY_3))$；

若消去信息 r_3，信息集 $R_3 = \{r_1, r_2\}$ 对信息发送者的划分为：

$U/\{r_1, r_2\} = \{\{e_1, e_2, e_3\}, \{e_4, e_6, e_8\}, \{e_5, e_7\}\}$，$(\underline{R_1}(PY_1), \underline{R_1}(PY_2), \underline{R_1}(PY_3)) = \varnothing \neq (\underline{R}(PY_1), \underline{R}(PY_2), \underline{R}(PY_3))$。

由上面计算可知多类型信息发送者假设下，信息 r_2 仍不具备分类能力，因此信息集 R 相对于类型信息 Q 约简为 $R' = R - \{r_2\} = \{r_1, r_3\}$，所以在此信息发送者信息决策表中表达“能力”的“信息核”为｛信息 1，信息 3｝。信息接收者根据自己简化后的知识，进行“判断市场中类型 1”的决策规则及条件概率推导：

$U/R' = \{X_1, \cdots, X_6\}$，其中

$X_1 = \{e_1\}, X_2 = \{e_2\}, X_3 = \{e_3\}, X_4 = \{e_4\}, X_5 = \{e_5, e_7\}, X_6 = \{e_6, e_8\}$

$U/R' = \{Y_1, Y_2, Y_3\}$，其中 $Y_1 = \{e_1, e_4, e_5\}$，$Y_2 = \{e_6, e_8\}$，$Y_3 = \{e_2, e_3, e_7\}$。约简后的信息集可将信息发送者划分为六类，每一类对应的决策规则 γ_{ij}（U/R' 中每一个信息发送者分类 X_i 划入 U/Q 的类型分类 Y_j 的概率）。与双类型的信息传递模型相比，信息接收者选择“决策 X”与“决策

Z”的决策规则与之前相同，略有变化的是信息接收者选择“决策 Y”的决策规则：

γ_{51}：（信息 1，a）且（信息 3，b）→（类型，A），类型 1 信息发送者被归类到此等价类的条件概率 $\mu([x]_R|W)$ 为 1/3，而处于此等价类元素属于类型 1 信息发送者的概率 $\tilde{\mu}$（Y_1 | $[x]_{R_1}$）为 0.5。

γ_{51}：（信息 1，a）且（信息 3，b）→（类型，B），类型 2 信息发送者被归类到此等价类的条件概率 $\mu([x]_R|W)$ 为 1/3，而处于此等价类元素属于类型 1 信息发送者的概率 $\tilde{\mu}$（Y_3 | $[x]_{R_1}$）为 0.5。

γ_{61}：（信息 1，a）且（信息 3，c）→（类型，C），类型 3 信息发送者被归类到此等价类的条件概率 $\mu([x]_R|W)$ 为 1，而处于此等价类元素属于类型 3 信息发送者的概率 $\tilde{\mu}$（Y_2 | $[x]_{R_1}$）为 1。

由上面可知在 $\{[x]_R | X_1, X_2, X_3, X_4\}$ 等价类中的元素都可以确定信息发送者 A_1 是“类型 1”或是“类型 2”，$\{[x]_R|X_8, X_6\}$ 中元素确定属于类型 3，即当信息接收者看到信息发送者传递的信息集为（信息 1：a）且（信息 3：c）时，信息接收者根据以往经验将判断该信息发送者为类型 3，而 $\{[x]_R|X_5, X_7\}$ 根据信息接收者现有决策表不能确定信息发送者 A_1 是“类型 1”或是“类型 2”。

（2）计算信息传播之后的后验概率

由上节可知在多类型信息发送者假设下，信息发送者 e_9 如果仅仅提供（信息 1，a）和（信息 3，c）信息就将被信息接收者归入到无法分辨信息类型的信息发送者类别 X_5 中。故若 e_9 为类型 1 的信息发送者将选择传递新的信息种类，使得自己有机会向信息接收者证明自己的信息类型。假设雇员 e_9 传递新信息“r_4 = 计算机等级”，信息接收者将新知识纳入自己知识库，经过再次的知识约简计算新信息的权重，得到信息传递后的信息发送者信息决策表。故当信息接收者的知识库扩充为 $R = \{r_1, r_3, r_4\}$，信息集 $R_1 = \{r_1, r_3, r_4\}$ 对信息发送者的划分为：$U/\{r_1, r_3\} = \{\{e_1\}, \{e_2\}, \{e_3\}, \{e_4\}, \{e_6, e_8\}, \{e_5\}, \{e_7\}\}$，

由 $(\underline{R_1}(\underset{-}{P}Y_1), \underline{R_1}(\underset{-}{P}Y_2), \underline{R_1}(\underset{-}{P}Y_3)) = \{e_2, e_3, e_7\} \cup \{e_6, e_8\} \cup \{e_1, e_4, e_5\}$

$(\underset{-}{R}(\underset{-}{P}Y_1), \underset{-}{R}(\underset{-}{P}Y_2), \underset{-}{R}(\underset{-}{P}Y_3)) = \{e_2, e_3\} \cup \{e_1, e_4\} \cup \{e_6, e_8\}$

故 $(\underline{R_1}(\underset{-}{P}Y_1), \underline{R_1}(\underset{-}{P}Y_2), \underline{R_1}(\underset{-}{P}Y_3)) \neq (\underset{-}{R}(\underset{-}{P}Y_1), \underset{-}{R}(\underset{-}{P}Y_2), \underset{-}{R}(\underset{-}{P}Y_3))$ 可知新信息 r_4 对信息接收者最终决策的权重仍为 $k = (\underline{R_1}(\underset{-}{P}Y_1) - \underset{-}{R}(\underset{-}{P}Y_1)) / |U| = (3-2)/8 = 1/8$，在增加一个信息发送者类型之后，通过改进信息集进行的划分可将 6 个信息发送者分别划入类型 1 和类型 2 范畴，如下所示：$\gamma_{R+r_4}Q = \sum_{j=1,2,3} |R + r_4(P(Y_j))| / |U| = 1$ 所以信息集 R 对“类型”信息的逼近程度为 1。

信息发送者在选择传递新信息后，与双类型的信息传递模型一样，根据基于信息集的贝叶斯法则 $\tilde{\mu}(Y_j | [x]_R) = \dfrac{\mu([x]_R | Y_j)p(Y_j)}{\sum_{j=1}^{k=3}\mu([x]_R | Y_j)p(Y_j)}$，计算后验概率即信息接收者认为信息发送者若是类型 1、2、3 选择传递某一信息信息值得可能性。当信息接收者观测到信息值 $r_3 = 1$ 时，信息接收者认为被划入到 X_7 的信息发送者为类型 1 的后验概率为 $\tilde{\mu}(Y_2 | [x]_{R_1}) = 1$；然而与双类型信息传递模型中不同的是，当信息接收者观测到信息值 $r_3 = 2$，那么信息接收者认为被划入到 X_6 的信息发送者为类型 1 的后验概率为 $\tilde{\mu}(Y_1 | [x]_{R_1}) = 1$；当信息接收者观测到信息值 $r_3 = 0$ 时，信息接收者认为被划入到 X_6 的信息发送者为类型 2 的后验概率为 =1，故信息接收者认为信息集为（信息 1，a）且（信息 3，b）且（信息 4，0）的信息发送者属于类型 2 的概率为 1。这时，信息接收者选择“选择 Y”的决策规则改变为：

γ_{51}：（信息 1，a）且（信息 3，b）且（信息 4，0）→（类型，B），处于此等价类元素属于类型 2 信息发送者的后验概率 $\tilde{\mu}(Y_1 | [x]_{R_1})$ 为 1。

γ_{71}：（信息 1，a）且（信息 3，b）且（信息 4，b）→（类型，A）处于此等价类元素属于类型 1 信息发送者的后验概率为 $\tilde{\mu}(Y_3 | [x]_{R_1})$ 1。

γ_{61}：（信息 1，a）且（信息 3，c）且（信息 4，a）→（类型，C），处

于此等价类元素属于类型 3 信息发送者的后验概率 $\tilde{\mu}$（Y_2 | $[x]_{R_1}$）为 1。

（3）根据概率粗糙集模型构造多类型信息传播模型的均衡条件

信息传递模型的精炼信息集均衡定义：由战略组合（$m*$（θ），$a*$（θ））和粗糙后验概率 $\tilde{\mu}$（Y_j | $[x]_R$）的结合，它满足：

$$(P_1)a*(r) \in \underset{a}{\operatorname{argmax}} \sum_{\{j=1,2,3\}} \tilde{\mu}(Y_j \mid [_x)u_2(r,a,Y_j);$$

$$(P_2)r*(\theta) \in \underset{r}{\operatorname{argmax}} u_1(r,a*(\theta),\theta)$$

$\tilde{\mu}$（Y_j | $[x]_R$）是信息接收者 A_2 使用从先验信念 p（Y_j）（$j=1$，2，3）和信息发送者 A_1 的最优战略 $r*$（θ）得到的。由于信息发送者类型有 1、2、3 三类（$\theta=0$，1，2 所以类型值不再适合当除数），且将斯宾塞分离条件扩展为当信息发送者传递的信息值与实际能力档次差距越大付出代价应该越大，故信息发送者的收益函数改进为：u_1（R，w（r），θ）$=w$（r）$-R*|r-\theta|$，其中 R 为信息发送者传递给信息接收者的信息集，w（r）为信息接收者观测到信息 r 后决定信息发送者接收的决策类型。与多信息值传递模型中一样假设：信息发送者提供的有效信息越多，代表其越趋近于类型 1，则创造的收益越多，原模型中的中信息接收者收益函数为：信息接收者的效用函数 u_1（r，w（r）），且 $\frac{\partial u_1}{\partial r}>0$，$\frac{\partial u_1}{\partial w}<0$。令 $\tilde{\mu}$（Y_1 | $[x]_R$）、$\tilde{\mu}$（Y_2 | $[x]_R$）和 $\tilde{\mu}$（Y_3 | $[x]_R$）分别代表信息传递后信息接收者认为信息发送者为类型 1、2、3 的后验概率；$u_2(a_i$，r，$Y_j)$（$i=1$，2，3；$j=1$，2，3）代表了当信息接收者 A_2 在接收了信息发送者 A_1 传递的信息 r 后，认为信息发送者为类型 i 信息发送者的后验概率 $\tilde{\mu}$（Y_j | $[x]_R$）时采取行动 a_i 的收益：

$$u_{2i} = \sum_{j=1,2,3} u_2(a_i,r,Y_j)\tilde{\mu}(Y_j \mid [x]_R),i = 1,2,3$$

博弈开始后，信息发送者根据多类型信息传递博弈均衡定义中的最大收益决策规则，选择能使自己获得最大收益的信息值；信息接收者在观测到信息发送者传递的信息值后，根据新的信息决策表将信息发送者划分为三个类别：$\underline{R_1}$（$\underline{P}Y_1$），$\underline{R_1}$（$\underline{P}Y_2$），$\underline{R_1}$（$\underline{P}Y_3$）（如图 3.6 所示），对应于属于不同类别的信息

发送者信息接收者有三种选择：$A=\{a_1=$决策X，$a_2=$决策Y，$a_3=$决策$Z\}$

如果 $[x]_R\in\underline{R_1}(PY_1)$，则信息接收者采取行动 a_1；

如果 $[x]_R\in\underline{R_1}(PY_2)$，则信息接收者采取行动 a_2；

如果 $[x]_R\in\underline{R_1}(PY_3)$，则信息接收者采取行动 a_3。

信息发送者根据基于粗交流的信息传递博弈均衡定义中的最大收益决策规则，选择能使自己获得最大收益的信息值.

如果 $u_1(r_1)\geqslant u_1(r_2)$ and $u_1(r_1)\geqslant u_1(r_3)$，信息发送者传递信息 r_1；

如果 $u_1(r_2)\geqslant u_1(r_1)$ and $u_1(r_2)\geqslant u_1(r_3)$，信息发送者传递信息 r_3；

如果 $u_1(r_3)\geqslant u_1(r_1)$ and $u_1(r_3)\geqslant u_1(r_2)$，信息发送者传递信息 r_2。

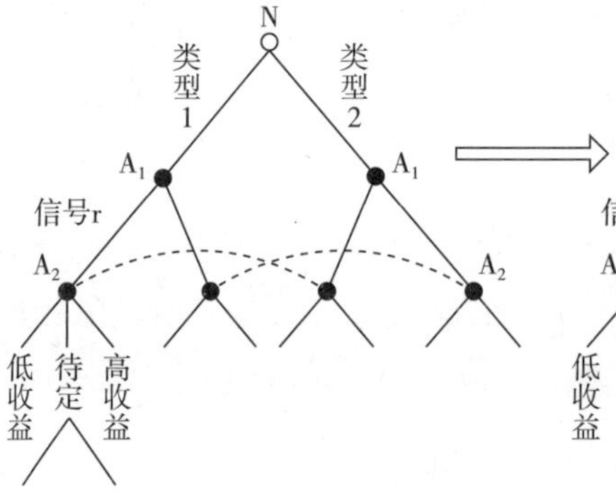

图 4.5　双类型信号传播模型

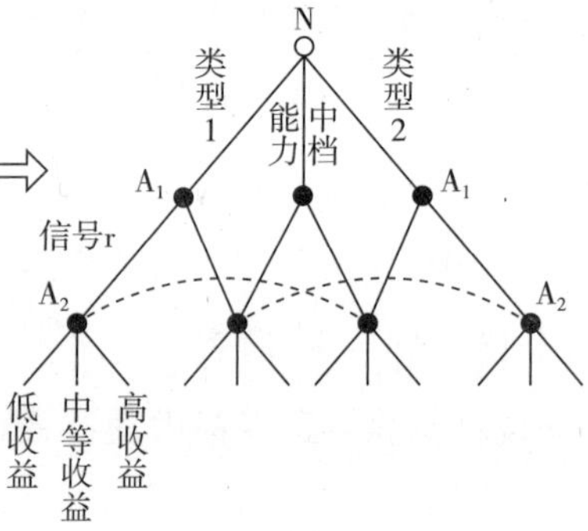

图 4.6　多类型信号传播模型

第三节　粗交流博弈模型的适用性

本章模型建立通过将粗糙集理论引入到信息传递模型中，试图从一个新的角度尝试弥补原模型中非均衡路径上后验概率任意性的缺憾，并且结合粗集理论擅长于处理不完备信息的特点，希望能够对原模型进行改进以适应多维信息传递的情况。下面对基于粗交流的信息传递模型相对于原模型的优势进行总结。

1. 博弈先验信念的适应性

在斯宾塞的信息传递模型中，信息接收者关于信息发送者类型的先验信念 p 为假设条件。而基于粗交流的新模型中先验信念产生于信息接收者根据以往信息决策经验建立的信息发送者信息决策表中信息发送者类型的概率分布。其次，原模型中信息接收者关于信息发送者最优策略的信念即（条件概率）产生于是否可以观测到分离信息。而改进模型中需要先根据条件属性（信息集 R）以及决策属性（能力 Q）分别对信息发送者 X 进行划分得到 $[x]_R = X_i$ 和 $[x]_Q = Y_j$（即信息决策表中不同类型的信息发送者集合），然后计算根据信息集 R 划分的信息发送者属于各种能力类型范畴的条件概率 $\mu(Y_j | [x]_R)$。也就是说，本模型的研究起点是信息接收者根据自己以往的决策经验判断新信息发送者为类型 1 的比例以及不同类型的信息发送者传递各种信息值的概率分布。

2. 博弈后验概率的适应性

在原信息传递模型中，非均衡路径上的后验概率计算基于信息发送者的均衡策略。基于信息发送者集合中任意一位是类型 1 信息发送者概率为 1/2（博弈双方共同知识）的假设，混合均衡的定义是："给定信息接收者的决策信息与信息发送者传递信息的成本无关（w = 1.5）和信息接收者的后验概率 $\mu(\theta = 1 | s = 1) = 0.5$，信息发送者的最优选择是发送信息成本为 0（s = 0）；给定信息发送者选择发送信息的成本为 0，s = 1 是不可能事件，$\mu(\theta = 1 | s = 1) = 0.5$"[3]。由于"s = 1 是不可能事件"，所以 p（s = 1）= 0，无法带入到贝叶斯法则计算 $\tilde{\mu}(\theta = 1 | s = 1) = [\mu(s = 1 | \theta = 1) * p(\theta = 1)] / p(s = 1)$。

所以在原模型的混合均衡中，为了保证信息接收者均衡策略的完备性，规定非均衡路径上的后验概率 μ（$\theta=1 \mid s=1$）$=0.5$。正因为后验概率的随意规定，才导致原模型中混合均衡的存在。而在前两节模型建立过程中可知，无论何种信息值出现（即无论均衡路径和非均衡路径），信息接收者在观测到该信息值后采用基于信息集的贝叶斯法则进行计算：

$$\tilde{\mu}(Y_j \mid [x]_R) = \frac{\mu([x]_R \mid Y_j)p(Y_j)}{\sum_{j=1}^{k=3}\mu([x]_R \mid Y_j)p(Y_j)}$$

其中，$[x]_R$ 为信息接收者根据信息传递后改进的信息决策表中信息集对信息发送者划分的等价类，而 Y_j 为信息接收者根据信息发送者类型 θ_j 对信息发送者划分的类型范畴。

3. 博弈均衡的适用性

原信息传播模型的精炼贝叶斯均衡定义[1,2]：由战略组合 $(m*(\theta), a*(\theta))$ 和后验概率 $\tilde{p}(\theta|m)$ 的结合，它满足：

$$(P_1)a*(m) \in \underset{\theta}{\operatorname{argmax}} \sum_{\theta} \tilde{p}(\theta \mid m)u_2(m,a,\theta);$$

$$(P_2)m*(\theta) \in \underset{m}{\operatorname{argmax}} u_1(m,a*(m),\theta)$$

$\tilde{p}(\theta|m)$ 是信息接收者 A_2 使用贝叶斯法则从先验信念 p（θ）、观测到的信息 m 和信息发送者 A_1 的最优战略 $m*$（θ）得到的。改进后信息传递模型的精炼信息集均衡定义：由战略组合 $(r*(\theta), a*(r))$ 和粗糙后验概率 $\tilde{\mu}(Y_j|[x]_R)$ 的结合，它满足：

$$(P_1)a*(r) \in \underset{a}{\operatorname{argmax}} \sum_{j=1}^{k} \tilde{\mu}(Y_j|[x]_R)u_2(r,a,Y_j);$$

$$(P_2)r*(\theta) \in \underset{r}{\operatorname{argmax}} u_1(r,a*(r),\theta)$$

$\tilde{\mu}(Y_j|[x]_R)$ 是信息接收者 A_2 使用从先验信念 p（W）、观测到的信息 r 和

信息发送者 A_1 的最优战略 $r*(\theta)$ 得到的。最后由上面比较可知，本模型构造的均衡条件由基于等价类的改进后验概率得到。并且，后面一章案例将介绍通过带入改进后收益函数，信息接收者只需要少量的已有信息集，就可以根据精炼信息集和基于精炼信息集的均衡定义计算出信息发送者类型的后验概率区域，以保证能精确传递信息发送者的信息集为最精炼的。

第五章

组织传播层面的知识创新框架

第一节　组织传播中的知识创新

1. 从资源的角度看待知识

“知识”相关的研究有着悠久的历史，自古希腊时期开始哲学家们就从认知论的角度研究知识。随着近代知识经济的兴起，管理学、传播学等领域对知识的深入研究给该概念赋予了新的含义。其中，较具代表性的是知识管理领域学者达文波特（Daveport）和普萨克（Prusak）的定义：“知识”是一种由组织的经验、价值观、相关信息及洞察力组成的动态集合，该集合的框架可以不断地评价和吸收新的经验和信息[①]。从上述定义可以看出，知识不仅仅起源于认知者的思想，还存在或蕴含在组织的文件数据库以及日常工作、程序、惯例和规范中。管理学大师德鲁克（Drucker）指出在现代知识社会中最基本的资源是知识[②]。在组织层面，知识被看作组织的核心资源，组织的顺利发展与否取决于是否拥有在有利于知识传播和创造的环境基础上。

20 世纪 80 年代，管理学研究者们将探索企业竞争优势的着眼点转移到了组织层面，并将知识纳入到组织资源范畴并形成了知识的新型资源观理论。在传统的资源观理论中，企业被看作各种资源的集合，这些资源将转变为企业配置、开发和保护资源的能力[③]并成为企业竞争优势的来源。然而，并非所有资源都具有该种功能，因为许多资源在竞争较充分的市场上可通过交易获得。

---

① Daveport T. H. & Prusak L. Working Knowledge: How Organizations Manage What They Know [M]. Cambrige, MA: Harvard Business School Press, 1998: 17 - 18.

② Peter F. Drucker. The Discipline of Innovation [J]. Harvard Business Review, 1961, 7 (2): 105 - 117.

③ 余光胜：“一种全新的企业理论——企业知识理论”，载于《外国经济与管理》，2000 年第 2 期。

在新型资源观中，知识被看作企业竞争优势的深层来源，即企业的独特性来源于其异质资源，而异质资源指的是企业内部积累的知识。也就是说，在同样的外部环境中企业的知识存量与认知能力的不同决定了企业配置资源与发现机会的效率差异。总而言之，知识资源观的基本思想是将组织看作知识资源的集合体，并聚焦于环境要素和资源特性以解释组织间差异的原因。

考虑到组织知识资源的多样性，根据其传播的难易程度划分，可以将知识分为隐性和显性知识两类。其中，显性知识是可编码的知识，即可以通过口头交流或文字、图表等书面文件清楚的表达的知识。该类知识易于在组织内部和组织之间进行转移，因此并不能给组织带来竞争优势。相比之下，隐性知识是高度个人化的内隐性知识，表现为组织成员积累的技能和经验，因而不仅难于编码和表达，还需要花费大量时间才能获取。该类知识植根于个体思维与所处的环境中，具有群体特征，主要通过成员间交流互动进行传播，且很难在组织间进行转移，因而比显性知识更具价值。具体来说，组织隐性知识是内部成员在参与组织实践过程中将个体知识整合后转化而成的组织运行模式和行为惯例，其在技能方面表现为组织独特的核心技能，例如研发和生产技能等，而在认知方面表现为组织文化与价值观等。

2. 知识创新的传播过程

（1）密集交互：隐性知识内部化过程

在发展初期，组织的首要目标是生存，应当通过对知识资源的有效利用以维持现有的资源优势。由于知识管理能力的缺乏会导致其应用价值的逐渐丧失，组织在该时期没有必要维持较高的知识储备。在条件尚未成熟时，知识的创新可以通过利用式的组织学习逐步积累完成，即通过局部搜索、经验积累以及日常工作的选择和重新利用所进行的学习[①]。该种渐进性的组织知

① Baum J A C, Li S X, Usher J M. Making the next move: How experiential and vicarious learning shape the locations of chains´acquisitions [J]. Administrative Science Quarterly, 45 (4). 2000. pp. 766 – 801.

识创新需要依赖内部化过程，即通过组织内外成员的密集交互，实现显性知识转化为隐性知识的过程。具体来说，知识的内部化传播过程指的是组织内外成员在密集交互的情景中，知识需求方通过观察、模仿等方式，将获得的显性知识选择性消化吸收后转为为个人知识体系，然后在实践中加以应用的过程。这个转化过程在组织层面呈现为个体隐性知识在组织实践中的应用以及在应用中的创新，从而实现知识储备的更新和提升。

从上述知识内部化的定义可知，知识交互的频率与深度，即知识主体之间的密集交互，不仅与其知识吸收能力相关，同时也与其所处的空间位置相关，即空间地理临近带来的反馈效应①。其中，吸收能力代表组织感知、衡量、评估外部异质知识，并将其应用于持续开发组织现有知识基础的能力；临近的空间位置指的是具有同质知识的主体之间存在直接联系。总的来说，组织在知识积累阶段的创新实践应该侧重于构建有利于知识主体间进行密集交互的传播环境并促进知识主体吸收能力的提升，从而实现隐性知识的内部化。

（2）广泛联络：显性知识组合化过程

组织发展进入成熟期后，随着原有知识储备的过时，基于内部化过程的知识创新导致资源日趋同质化，原有优势逐渐丧失。此时，组织需要拥有冗余的知识资源以及进行探索式学习的能力，以重新构建知识资源。也就是说，组织通过大范围搜索以及有计划的实验和一系列的变革而实现的突破性知识创新。该种组织知识创新依赖于组合化过程，即通过组织内外成员的广泛联络，实现冗余显性知识相互转化的过程。具体来说，知识的组合化传播过程指的是组织内外成员在广泛联络的场景中，将组织零散的显性知识进一步系统化和复杂化，即将这些零碎的知识进行整合并用专业语言表述出来。该转化过程在组织层面可呈现为组织成员通过形成书籍、报告等方便查阅的知识载体使得经过整合的个体知识上升为组织知识并最

① Owen - Smith J, Powell W W. Knowledge networks as channels and conduits: the effects of spillovers in the Boston biotechnology community [J] . Organization Science, 2004, 15 (1): 5 - 21.

终形成组织的知识资源库。

从上述知识组合化的定义可知，知识交互的范围与广度，即知识主体之间的广泛联络，不仅主要与知识整合能力相关，同时也与其所处空间结构相关，即空间结构稀疏带来的耦合效应。所谓稀疏的空间结构，指的是拥有异质知识的主体之间存在的直接或间接联系。如果主体所拥有的知识过于相似，其间基于互补需求的知识流动就趋于停止，因此耦合效应是指异质知识主体之间的知识传播。另外，整合能力是指组织能够识别并利用市场机会有效地协调与整合内在的组织因素和外在的环境因素以应对环境变化的能力。该概念最早提出是在用于概括组织制定利用机会获取资源方面相关战略的灵活性。总的来说，组织在知识重构阶段的创新实践应该侧重于搭建有利于与外部环境进行广泛联络的传播环境并促进内部成员主体整合能力的提升，从而实现内外显性知识的组合化。

第二节　组织内部化传播优势的形成路径

根据曼达霍克（Mdahok，1997）的衡量方式，组织内部知识可划分为独特性部分与普遍性部分，两者比率越高意味着组织知识资源的独特性就越大，则组织就越偏向于内部化的治理策略。在内部化的治理策略下，内嵌于封闭网络的组织独特知识资源通过特定行为实现渐进式创新，并最终转换为组织优势[①]。因而，组织内部化传播优势是建立在渐进式创新的基础上，而其形成路径取决于组织的独特知识和内部封闭网络（如图 5.1 所示）。

① Nelson R R, Winter S G. An Evolutionary Theory of Economic Change [M]. Belknap Press: Cambridge, MA. 1982. p. 242.

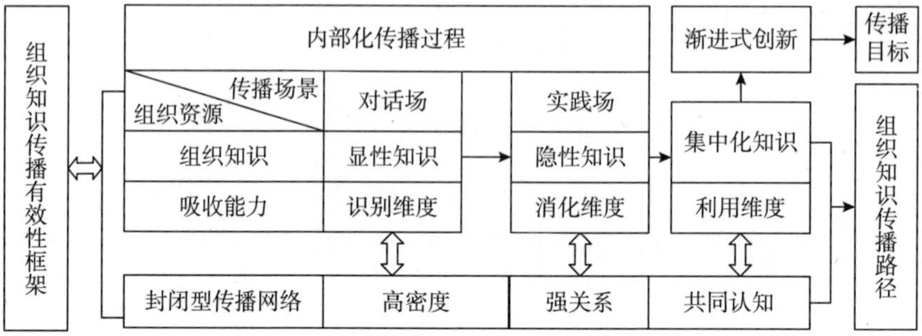

图 5.1 组织层面以渐进式创新为目标的知识传播有效性框架

1. 组织传播中的渐进式创新

组织内部知识的特殊性使得其更适合通过内部治理而加强组织间的知识传播，从而获取与组织知识储备相容的集中化知识，以促成渐进式创新①，即逐渐积累和路径依赖②的知识创新。实现该种创新的传播过程被称为内部化过程，即通过组织内外成员的密集交互使得显性知识在个体间传播并转换为隐性知识并应用于实践，以更新知识储备、保持资源优势。采取渐进式创新的企业仅需要进行有限的内部变革，为保障个体和群体的创新实践而对流程与规范进行的调整并不会影响到组织内外部稳定的知识传播渠道。因此，组织成员对于该种创新的抵触性较弱，有利于知识内部化过程的实施，从而更容易通过更新知识储备提升组织绩效。对于外部环境来说，渐进式创新是对既有的组织实践的改进，因而相互之间的熟悉将提升外界对不确定性的容忍度，从而有利于创新实践获得认可。

① Leonard Barton D. Core Capacities and Core Rigidities: a Paradox in Managing New Product Development [J]. Strategic Management Journal, Vol. 13, 1992. pp. 112 – 125.

② Reeding S. Path Dependence, Endogenous Innovation and Growth [J]. International Economic Review, 43 (4), 2002. pp. 1215 – 1249.

2. 获取集中化的知识资源

当内部的特殊知识比率越高，组织越倾向于获取集中化的知识，从而通过内部化过程，实现渐进性创新。所谓集中化知识指的组织渐进性创新在组织资源层面的体现，即通过专业知识积累而形成的组织知识储备。从前文所述的知识基础观的角度来说，集中化知识是拥有稀缺知识的组织，为了创造和维持较高的组织绩效，运用其基于知识的动态能力，利用更新后的知识资源，进行创新实践后获得的知识资源。

（1）集中化知识的内隐性

亚当·斯密（Smith）在《国富论》中指出劳动者经验、诀窍等技能知识的积累是劳动分工的结果。也就是说，劳动分工后，个体在边干边学的过程中不断累积经验和提高技能，并将增长的隐性知识进行一定程度的编码，以便与同行进行交流，从而逐渐实现专业知识的累积。因此，劳动分工是知识生产和积累的重要源泉，并且知识生产和积累过程的发生是伴随着主体对客观事物认识的深化而发生的。贝克尔（Becker）和墨菲（Murphy）提出的知识分工模型将劳动分工和知识积累之间的关系扩展到组织层面：一方面，组织的知识水平决定了其专业实践促进组织绩效提高的效果；另一方面，组织知识的积累也取决于其实践的专业程度①。也就是说，组织实践专业化导致了知识积累的路径依赖，并使得别的企业很难获得和模仿，从而获得独特的资源优势。其中，组织实践专业化导致的知识积累的路径依赖指的是组织实践的日益专业化使得组织吸收外部隐性知识实现知识积累的行为存在路径依赖的特征。

从上面的叙述可知，获取外部隐性知识资源实现知识增长的过程是路径依赖的，而该过程是组织运用吸收能力实现的。所谓吸收能力是指组织识别、

① Becker, G. S. and Murphy. K. The Division of Labor, Coordination, Cost and Knowledge. Quaterly Journal of Economics, Vol. 107, No. 4, 1992. pp. 1137 – 1160.

消化和利用知识的能力。在该种能力中，识别维度指组织能够识别其在特定领域中与自身知识储备相关的知识；消化维度指组织能够通过组织的制度和流程实现知识的内部消化；利用维度即能够对相关知识进行利用以实现组织绩效。该种能力是建立在组织成员的个体吸收能力之上并依赖于组织内部沟通和共享的能力。组织吸收隐性知识的行为是一种动态的学习过程：隐性知识获取产生的先前经验的增量性变化能够促进吸收能力的提升，而吸收能力的提高进一步提升获取隐性知识的效率①。

根据吸收能力的定义，渐进式知识创新的过程可以通过知识的识别、消化和利用三个步骤进行详细解释。组织所面临的机会集合其实是其所拥有知识的函数。组织的发展经历造就其知识状态或称知识储备，组织在某一时点上的知识储备是其经历的产物，然而这个知识储备又决定了组织下一步可能选择的方向，组织的活动范围一般并不会超出这个知识储备的边界②。也就是说，由于组织在识别新的隐性知识时，总是倾向于在其原有知识的基础上对专业程度更高的知识进行搜寻，从而决定了知识需求主体获取知识的范围和路径。当知识需求方完成新知识的搜寻和识别后，知识主体能否通过知识传播而实现知识储备增长的关键取决于其消化维度吸收能力的强弱。消化维度吸收能力促使知识需求方内化外部隐性知识，实现由知识传播引起的知识储备增长，并且沿隐性知识增长的方向提升知识的专业化程度。也就是说，组织隐性知识的识别、消化和利用不是一个随机的过程，而是按照特定路径演进的，从而该种行为具有路径依赖的特征。综上所述，集中化知识是组织吸收并积累形成的隐性知识集合，因而具有内隐性特征。

（2）集中化知识的创新路径

知识的表达是其流动与创新的基础。然而，对于具有隐性特征的集中化知识来说，其流动或者创新，由于无法通过标准的形式加以表达与传递，只

① Janczak S. How middle managers integrate knowledge within projects [J]. Knowledge and Process Management, 11 (3), 2004. pp. 210 - 224.

② 毛荐其：《技术创新进化原理、个过程与模式》，经济管理出版社2006年版，第34页。

能依赖共享环境下的组织学习。隐性知识高度依赖于未编码的数据，对其进行编码不仅需要花费大量时间，并且会造成意义的损失。波兰尼认为隐性知识镶嵌于实践活动之中，不能以正规的话语形式加以传递，只能通过学徒制的形式在行动与对话中展现、被觉察、被意会，因而对于默会知识的掌握，只能通过“观察、模仿、练习和试错的方式进行”[①]。此外，隐含性的特点也就决定了集中化知识创新的环境限制。人们常常只能通过边教边学的方式进行，而这种行为往往被发生在特定的场景里，例如企业内部、区域内的产业或企业之间等。工作团队就是一种常见的适合于隐性知识传播的组织形式。当团队成员共同工作时，基于个体经验的隐性知识，例如概念化问题的途径以及评估解决方案的方法等，都可以通过成员间频繁的对话与直接的观察而得以传播。其次，工作团队的组织形式不仅有利于隐性知识的共享，成员之间隐性知识累积形成的集中化知识常常引发知识的创新。例如在头脑风暴会议中，成员相互表达出一些来自直觉的想法和感受时，团队隐性知识的集成和扩展常常转化为更具创造性的解决方案。

由上文可知，集中化知识的创新产生于隐性知识的传播，而隐性知识的传播依赖于特定的场景。根据知识主体的行为类型及功能，隐性知识传播的场景可划分为实践场与对话场。其中，实践场是指知识主体开展实践活动从而实现显性知识转化为隐性知识的场景，场景中实践活动既包括生产活动，也包括科研活动；对话场是知识主体进行面对面交流以聚集主体间显性知识的场景，场景中产生对话即包括工作属性的交流，也包括社交属性交流。在场景的分类中，所用的“场”的概念来自于知识管理领域的奠基人野中郁次郎（Yoshiteru）对知识创造场景的研究。野中认为运作良好的并促进知识创造的“场”应该具备的特征包括：成员对场的认同和积极参与；成员基于实践经验就事件的本质进行沟通；根据自身意图所进行的自组织对话；接纳来自组织内外的观点；讨论领域边界保持开放且不断变动；借助实践加速显性

① Meric S. Gertler. Tacit Knowledge and the Economic Geography of Context the undefinable of being. Journal of Economics Geography. 3 (1), 2003. pp. 75 –99.

知识的内化[1]。在“场”的概念基础上，实现渐进式知识创新的内部化过程可以划分为两个循环进行的阶段，即在对话场中聚集主体间知识的传播阶段以及在实践场中个体内化显性知识的转换阶段。

具体来说，集中化知识是渐进式创新在组织资源层面的体现，该类组织知识是在知识传播阶段和转换阶段循环进行的内部化过程中形成的。其中，知识传播阶段发生在对话场中，在该场景中知识主体进行多种类型的面对面交流：以了解知识需求、建立人际关系为目标，进行感觉、情绪、经验与心态等方面交互的社交性对话；或者以知识创新、价值创造为目标，对编码模糊的隐性知识进行叙述、反复沟通、廓清概念等方式交互的建设性对话。组织成员完成知识共享后，进入实践场中通过有效的体验将知识内化，以完成显性知识隐性化的内部化过程。在实践场中，知识主体借助对话场中获得的显性知识，通过反复练习、不断熟练，达到无须意识操作状态时，主体的思维中就形成了领悟性的隐性知识。

3. 构建封闭型内部传播网络

封闭型网络是组织内部规模较小、密度较高并拥有强联系的传播网络。该种传播网络容易在网络个体间形成共同的话语和价值观，是获取、改进、扩散集中化信息，并形成内部化传播优势的另一个决定性因素。

（1）封闭型网络的特征

封闭型网络作为承载隐性知识传播与创新的网络，可以从结构、关系与认知三个维度分别描述其宏观以及微观特征。根据这三个维度，该类网络指的是具有较高网络密度、联接强度和高度认同的传播网络。

网络的结构特征指的是网络成员之间联系的整体构成方式，包括成员间

---

① Yoshiteru Nakamori. Designing, Utilizing, and Evaluating Technology - Creating Ba in a Japanese Scientific Institute Systems [J]. Research and Behavioral Science, 23, 2006. pp. 3 - 19.

联系的存在或缺失[①]。在结构维度，网络密度是重要的衡量指标。所谓网络密度，是对网络内个体之间关联紧密程度的衡量[②]，网络中实际存在的联结数与最大可能拥有的联结数之比。与网络密度相似的概念为社会内聚性，该概念侧重描述网络内联结个体被第三方联系围绕的状况[③]。网络密度强调来自共同的第三方联系可以减轻知识转移双方之间潜在的冲突，使知识源转移知识的意愿更加强烈。如果网络中所有的个体都是孤立的，则密度为0，如果每个个体之间均存在联系，则网络密度为1。换句话说，网络密度表现为网络的封闭性程度，如果网络中的节点相互之间都存在联系，那该网络就是一个闭合网络。

网络的关系特征指的网络成员之间联系在个体层面的外在形式。关系强度是衡量网络关系特征的主要指标。其中，关系指的是网络主体之间由于交流和接触而存在的一种纽带关系，而关系强度被界定为“时间总量、情感紧密度、信任程度以及互惠服务的结合体”[④]。也就是说，可以从四个因素衡量知识主体间关系的强弱：首先是时间因素，主体间联系的频率高或者时间长则为强关系，反之则为弱关系；其次是情感因素，如果主体间拥有紧密的私人关系、投入感情多则为强关系，反之则为弱关系；第三是社会因素，如果主体间社会关系密切、能够互相信任则为强关系，反之则为弱关系；第四是利益因素，互惠交换多而广则为强关系，反之则为弱关系。具有强关系特征的知识网络是具有人格化知识主体组成的网络，在个体层次可以表现为教育程度、收入水平等社会经济特征或兴趣、爱好等个性特征相类似的个体构成的社交团体。

网络的认知特征是指网络成员之间联系在个体层面的内在含义，主要包括共同认知和共同愿景共两个方面。首先是共同认知，即网络成员之间事实

---

① Nahapiet J. , Ghoshal S. Social Capital, Intellectual Capital and the Organizational lAdvantage. Academy of Management Review, 23 (2), 1998. pp. 242 – 266.

② Scott J. Social network analysis [M] . Sage, 2012. p83.

③ Reagans R, McEvily B. Network structure and knowledge transfer: The effects of cohesion and range [J] . Administrative science quarterly, 48 (2), 2003. pp. 240 – 267.

④ Granovetter, M. , The Strength of Weak Ties. American Journal of Sociology, Vol. 78, 1973. pp. 1360 – 1380.

认知的重叠，外在表现为共享的知识与话语等[①]。其次是共同愿景[②]，该概念一般用来描述网络成员间的价值认知相似性，外在表现为相似的价值观念、取向和视野等。

（2）封闭型网络中的知识传播

由前面叙述可知，集中化知识的形成过程是路径依赖的，需要知识主体在与其直接联结的主体中搜寻同质的隐性知识，然后通过密集交互实现隐性知识的传播与转化。在封闭型网络中，高密度网络有利于隐性知识的转移[③]，而当知识创新需要更高水平的利用式活动的时候，密集交互对于绩效来说更有利[④]。

在密集网络中，群体内部的较高相似性和少数网络成员间的密集联系，有利于知识主体对具有冗余隐性知识的其他主体的搜寻，从而为隐性知识的传播与创造奠定了基础。除了便于搜寻同质知识以外，高密度网络还通过加强主体的知识传播意愿来影响知识传播的效果。由于高密度网络中的主体连接一般会被强的第三方联系包围，知识主体往往具有更高的积极性进行知识传播。因为如果积极性不高，这种消极的态度会通过第三方联系很快被网络中的其他主体知晓，从而影响知识主体与其他主体的连接。同时，网络主体间第三方联系的存在有利于传播行为准则的形成，而网络主体也更容易接收准则的制约。网络行为规范对主体之间的知识传播发挥有效的协调、约束与激励作用，从而促进网络主体之间的稳定联系形成系统合力。在知识传播过程中，行为准则的形成有助于知识主体之间形成信任关系，即知识主体积极传播行为会受到其他主体的响应和回馈。因此，基于长期利益的考虑，知识

---

① Snowden D. Complex Acts of Knowing: Paradox and Descriptive Self Awareness. Journal of Knowledge Management, Vol. 6, 2002. pp. 100 – 111.

② Tsai W., Ghoshal S. Social Capital and Value Creation: the Role of Intrafirm Networks [J]. Academy of Management Journal, 41 (4), 1998. pp. 464 – 476.

③ Lizardo O. How cultural tastes shape personal networks [J]. American Sociological Review, 71 (5): 2006. pp. 778 – 807.

④ Rowley T, Behrens D, Krackhardt D. Redundant governance structures: An analysis of structural and relational embeddedness in the steel and semiconductor industries [J]. Strategic management journal. Vol. 10, 2000: 369 – 386.

主体在高密集网络中的传播动机相对较高。

在内部化过程中，知识主体间密集交互是实现渐进性知识创新的必要条件，而该条件中的“密集”除了意指主体间联系的冗余还指其关系的强度。封闭型网络中的强连接有利于知识主体之间就不可编码的隐性知识进行反复交流，逐步将彼此关系从利益互惠上升到价值认同。首先，从传播形式的角度来看，隐性知识的特质决定了其在传播过程中常常不是一次性完成而是循环往复、持续磨合和沟通的过程，存在强连接的知识主体双方之间的频繁互动，为其提供了就隐性知识进行反复交流、阐明释疑的机会。其次，在传播的内容上，由于不可编码知识的传播需要知识主体耗费较多的精力和时间对知识进行编码，并在传播过程中经常地给予反馈，而强连接中的利益互惠关系将促使主体间有利于共享的话语方式的形成。最后，从传播动机的角度来说，隐性知识是与知识主体的经验紧密联系的创意、见解和直觉，对知识主体的依赖程度较高，因而具备社交和情感特征的强连接是增强主体传播积极性的关键因素之一。也就是说，随着交流时间的增长，行为规范和共同认知的形成将促使知识主体的传播动机将从追求经济利益逐步扩展到培育相互信任和依赖的长期关系。

总的来说，封闭型网络具有高度内聚性的结构以及主体间形成的互信机制，通过提供获取知识的便利、持续交流的机会、共同话语的形成以及传播动机的增强而奠定了完成内部化传播过程以及实现渐进性知识创新的基础。

第二节　组织传播环境适应性的提升路径

如果所处的外部环境与以往相差巨大并且应对环境变化所需要的知识具有很高的独特性，组织需要通过加强与外界的合作提升对环境的适应性。在合作治理策略下，组织通过整合蕴含于结构洞型网络的组织外部知识资源实现突破式创新，并最终转化为提升环境适应性的组织能力。因而，组织对陌生环境的适应是建立在突破式创新的基础上的，而适应性的提升路径依赖于传播环境中多样化知识与组织所处的结构洞型关系网络（如图5.2所示）。

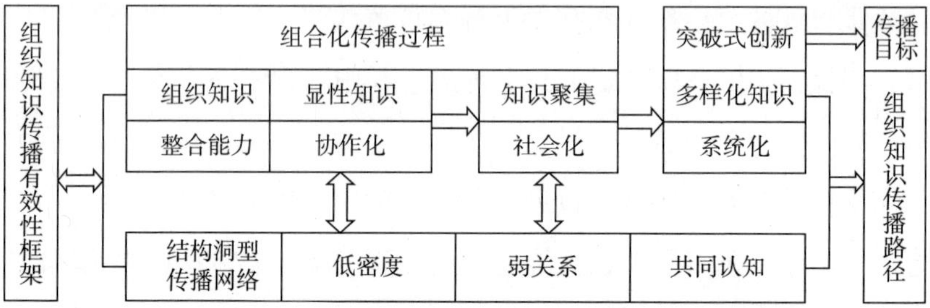

图5.2　组织层面以突破式创新为目标的知识传播有效性框架

1. 组织传播中的突破式创新

环境知识的独特性使得组织倾向于通过外部合作而拓展组织间的知识传播，从而获得远超组织现有知识基础的多样化知识，以促进突破式创新①。实现该种创新的传播过程被称作组合化过程，即通过建立内外知识主体的广泛联络与对新旧知识的整合，以进行新服务、新流程和新技术的开发和应用。

在组织内部，突破式创新往往需要打破现有的组织结构，因而需要较长的周期进行知识传播渠道的重建，导致该过程中实践流程和规范的不稳定。但是，重建的传播渠道有利于组合化过程的实施，从而提高组织知识储备的多样性，为组织带来持续性的资源优势。对于外部环境来说，突破式创新虽然完全不同于原有的组织实践，但是该种创新在组织外界搜寻相对于组织的全新知识，并且这种知识搜寻并没有明确的范围限定，因此组织逐渐建立与外部环境中知识主体的广泛联络以增强对环境变化的敏感性，从而提升创新

① Hill C W L, Rothaermel F T. The performance of incumbent firms in the face of radical technological innovation［J］. Academy of Management Review, 28（2）, 2003. pp. 257－274.

实践对于环境的适应性。

2. 获取多样化的知识资源

在面对具备独特知识的传播环境时，获取多样化的知识是组织创新，提升传播环境适应性的决定因素之一。所谓多样化知识，是指组织突破式创新在组织资源层面的体现以及组织运用知识整合能力重构的知识储备。当应对环境不确定性和复杂性的时候，组织对知识整合能力的运用将打破原有过时的知识积累路径，为组织的创新实践奠定基础。

（1）多样化知识的外显性

知识创新除了来源于知识的深度，例如隐性知识的积累，知识的广度也可以带来知识的增长。知识的广度指的是个体或组织拥有的知识类型的范围。知识广度的扩展不仅能引导知识增长的方向，还能为增长目标的实现提供基础资源。管理大师德鲁克在《创新的法则》中指出了基于知识广度的创新模式：知识创新几乎从未建立在一种知识的基础上，而是产生于多种类型知识汇聚的过程中①。也就是说，新知识可看成是各种知识片断整合而成的，不同知识类型之间往往包含相近的知识片断，为知识的联结提供“桥梁”。然而，知识的整合不是知识片段的机械组合，而是建立不同知识之间的内在关联②，即根据外界环境的变化将组织内外知识主体中的知识联结为结构性知识③，以进行组织知识的重构，从而实现知识创新④。从上面叙述可知，整合知识是组织实现知识创新的重要能力，并且整合能力的绩效可以从三个方面

① 彼得·德鲁克：“创新的法则”，载于《哈佛商业周刊》，2005 年第 2 期。

② Inkpen, A. C. Creating Knolwedge through collaboration [J]. Califomia Mangagement Review. 39 (1), 1996. pp. 123 – 140.

③ Henderson R. M., Clark K. B. Architectural innovation: The recon – figuration of existing product technologies and the failure of established firms [J]. Administrative Science Quarterly. 35, 1990. pp. 9 – 30.

④ De Boer, Van Den Bosch, Volberda. Managing organizational konwledge integration in the emerging multimedia complex [J]. Journal of Management Studies. 36 (3), 1999. pp. 379 – 390.

来描述：效率、弹性和范围①。第一，整合效率，指组织通过自身能力获取和运用内外个体知识的程度。该种绩效的影响因素包括，共同认知水平、任务的频率和可变性以及网络结构。其中，共同知识水平、任务频率和可变性的程度越高，知识整合的效率越高；富有弹性的网络结构能提高整合效率。第二，整合范围，指组织所整合知识的广度。整合知识的边际收益随着知识类型的增多而提高，因此整合范围越宽越容易提高整合绩效。第三，整合的弹性，也称整合的柔性，指整合过程中机制和方式的灵活性水平②。

更进一步分析知识整合能力及其与整合绩效的关系，研究发现知识整合能力可以划分为三个维度的能力，即系统化、协作化和社会化③，并且各个维度分别在不同方面的绩效实现中发挥作用。首先是协作化能力，指组织可以通过个体间或组织间合作或者非正式联络等方式，扩宽组织内外知识主体的联系。该种维度的能力在提高整合范围和弹性方面发挥较大作用。其次是社会化能力，指组织通过倡导其构建的意识形态促进个体间沟通，这种维度的能力主要作用于整合效率，并通过传播组织文化来实现。最后是系统化能力，通常表现为组织内部制度、流程等机制。知识主体通过这些机制交换和整合显性知识形成结构性知识，从而提高知识整合的效率。

根据整合能力的定义，探索式知识创新的过程可以通过知识的协作化、社会化和系统化三个步骤进行详细解释。探索式知识创新首先由外部环境出现变化而驱动，其次为适应变化组织需要通过与外部环境的联络以评估知识整合的方向和知识来源。在此基础上，知识整合开始进入协作阶段。协作过程在组织内外部的各类知识主体之间建立联系。随后，知识主体之间展开以达成共同认知并实现知识传播的社会化交互行为。最后，当组织获得比较完

① Grant R. M. Toward a Knowledge - based theory of the firm [J]. Strategic Management Journal. 17, 1996. pp. 109 - 122.

② Huang H. F., Kao H. P., Chu Y. Y. An empirical study on knowledge integration, technology innovation and experimental practice [J]. Expert Systems with Applications. 35, 2008. pp. 177 - 186.

③ De Boer, Van Den Bosch, Volberda. Managing organizational konwledge integration in the emerging multimedia complex [J]. Journal of Management Studies. 36 (3). 1999. pp. 379 - 390.

备的知识资源后，开始进行各类知识的系统化，以建立知识之间有效的内在关联，完成组织知识储备的重构。从上述过程可以看出，在探索式知识创新过程中，知识整合能力的绩效之一是在各类主体的显性知识之间建立联系从而获得多样化的组织知识，以适应外部环境变化。

（2）多样化知识的创新路径

多样化知识的创新过程包括四个步骤①。第一，团队决策。在环境中进行知识的搜寻并与各类知识主体建立连接时，组织应该在内部同时建立处理各类知识的柔性团队，以通过团队决策协调个体知识模块，从而最大限度地获取网络协同效应。第二，方向与目标。组织确立明确的方向和目标，并在外部知识主体间进行传播以促成共同意图的形成，从而可以最小化沟通成本，并使专业化知识的整合更具效率。第三，例行规则。在知识传播初期设定的约定基础上，组织通过对自身文化的倡导逐渐形成相对完整的指导知识传播过程的行为规则，使其成为明文规定、合作合同之外的一种支持个体间知识互动的工具，从而提高知识整合效率。第四，顺序机制。具备了知识整合所需个体知识后，组织在建立知识之间的有效内在关联时，需要保持知识结构的顺序性和动态性，将整合过程切割成为多个连续性阶段，也就是将生产工序和部件模块化，最后将这些知识联结起来实现组织知识储备的重构。

3. 结构洞型外部传播网络构建

结构洞型传播网络，即网络规模较大，成员间时常需要通过第三方建立联系的网络②。在该种网络中位于结构洞位置的组织拥有信息优势，从而容易与外部主体形成建立在正式契约上的关系，并通过相互间的合作形成竞争

① Grant, R. M.. Prospering in dynamically - competitive environments: Organizational capability as knowledge integration. organization Science, (4), 1996. Pp. 375 - 387.

② Peter Smith Ring. Fragile and resilient: Trust and their roles in economic exchange. Business and Society, 35, 2. Jun 1996. pp. 148 - 175.

对手难以模仿的独特资源集合[①]。该种传播网络是组织获取、整合、扩散多样化知识资源，提升传播环境适应性的另一个决定性因素。

（1）结构洞型网络的特征

当网络中的某些个体并未与所有其他个体建立直接联系时，这种整体结构中看似出现了空洞的现象被称作网络中的“结构洞”。拥有较多结构洞的网络被称为结构洞型网络。从结构、关系与认知三种维度来看，该类网络可以描述为密度较低与联结较弱并建立在共同目标与文化基础上的知识传播网络。

结构洞型网络的结构特征由网络中的非冗余连接形成。所谓非冗余连接，指的是主体间的非直接连接或者排他性连接。举例来说，在A、B、C三个主体间，如果A与B之间有联系，B、C之间有联系，而A、C之间只能通过B进行联系，则A与C之间存在一个结构洞，且仅具备非冗余连接。该结构特征的主要衡量指标是网络范围。该指标衡量的是对网络连接跨越个体、组织边界的程度。由于非多余连接的双方应该是结构不对等的，即双方与其他个体的连接所构成的集合不完全相同。如果双方在结构上对等，说明集合中的连接均是冗余性的，那么双方就难以接触到彼此均无连接的其他个体[②]。因而，网络范围广的网络应该是拥有较多非冗余连接，而较多的非冗余连接意味着网络主体的结构不对等即连接集合交集越小，因此网络主体直接或间接连结的其他主体的数量越多。也可以说，相对于强调共同的第三方联系的网络密度来说，网络范围强调网络中联系所跨越主体的多元性以及异质性。

结构洞型网络的关系特征表现为非冗余连接的“弱关系”属性。判定是否为冗余连接标准之一即网络主体之间是否经常联系且关系密切。由于网络主体之间的直接和间接联系的强度越高，主体的结构越倾向于对等，其发展

---

① Parise, S., & Henderson, J. C. Knowledge resource exchange in strategic alliances. IBM Systems Journal, 40 (4), (2001). pp. 908 –924.

② 刘东：《企业网络论》，中国人民大学出版社2003年版，第245页。

结构空洞的可能性越小。弱关系代表网络主体间“偶尔发生的、疏远的”[①]关系，它的重要意义在于创造了最短途径的局部桥梁。所谓桥，指的是处于网络中连接主体的唯一路径上的联系，该路径能够使得桥的一端的任何主体联系到另一端任何主体。该种关系一般是在社会个体特征不同的主体之间发展起来的，其来源可能是朋友的朋友或者社会的公共渠道，如会议等[②]。

结构洞型网络的认知特征表现为共同意图与文化两个方面：首先是共同意图[③]，即网络成员对联络目的的共同理解，对传播目标的共识有助于防止过分预期或者机会主义的发生；其次是共同文化[④]，指的是网络成员间共同遵守的行为规范，也可以称为联系模式。

（2）结构洞型网络中的知识传播

拥有结构洞型外部传播网络的组织虽然缺乏与各类主体的直接联系，但是与只局限于单一群体的组织相比，联结不连贯群体的组织面临更加多元化的知识。该类组织传播网络跨越的结构洞越多，越有利于非冗余知识的传播。并且，组织在与其结构洞型网络中外部知识主体间的“松散称合”[⑤]，会受到关系网络更少的限制和约束。组织可以建立并保持与非冗余知识主体间的广泛联系而不是将其大部分时间和资源投入到维护密集联系中，因而可以接触到更加多样化的知识。拥有该类网络的组织对外部环境的变化更加敏感，根据组织创新需求协调外部知识主体建立传播网络的能力越强，从而越容易实现了解各类知识来源的目的。其次，结构洞型网络中的弱连接意味着组织可以凭借其网络结构获得的信息优势和位置优势与外部知识主体建立利益互惠

① Hansen M. T. The search - transfer problem: The role of weak ties in sharing knowledge across organization. Administrative Science Quaterly, 44, 199. pp. 82 - 111.

② Granovetter, M. S. The strength of weak Ties [J]. American Journal of Sociology, 78 (6), 1973. pp. 1360 - 1380.

③ Nahapiet J., Ghoshal S. Social capital, intellectual capital and the organizational advantage. Academy of Management Review, 23 (2), 1998. pp. 242 - 266.

④ Gultai R., Nohria N., Zaheer A. Strategic network [J]. Strategic Management Journal, 21, 2000. pp. 203 - 215.

⑤ Orton J D, Weick K E. Loosely coupled systems: A reconceptualization [J]. Academy of management review, 15 (2), 1990. pp. 203 - 223.

关系，该种关系即不要求双方频繁交流，也不需要建立社会或人际关系，只需要知识传播网络中的主体在认知层面形成共同的目标与行为规范。

结构洞型网络在结构维度所展现的宽范围特征为知识的组合化传播过程中多样化知识的形成奠定了基础。首先，结构洞型网络较宽的网络范围意味着，组织或个体可以接触到不同种类的知识并拥有较强“换位思考”的能力。换句话说，组织所拥有的外部传播网络范围越宽，连接的外部知识主体类型就越多，其将其他知识编码转换为自己编码能力就越高，能够将发送的异质知识进行重新编码。其次，在组织发挥协作化能力建立外部传播网络时，封闭洞型网络中的弱连接有利于组织实现较低成本传播显性知识。由于可编码的显性知识的传播并不需要耗费知识主体很多的精力对其进行编码，因此知识传播过程对知识主体的依赖性并不强。从成本的角度考虑，仅需要较低消耗即可实现显性知识传播的弱连接，将适合于较宽范围网络的构建。

结构洞型网络中知识主体之间基于利益互惠所建立的弱连接特征有利于组织优势的形成，并促进社会化能力的发挥以及知识整合效率的提升。弱连接是在相似性较低的知识主体者之间存在的关系型连接。拥有较多弱连接的组织处于结构洞中容易获得洞两端的关系稠密网络的知识，因此适合充当跨越个体或组织边界的桥梁。也即是说，如果组织拥有由非冗余性联系所形成的结构空洞，就意味着空洞之间的知识传播必须通过它才能实现。因此，结构洞型网络除了范围宽广以外还能给组织带来的控制优势。所谓控制优势，主要包括信息优势和位置优势。其中，“信息优势”是指位于结构洞的组织能够获得来源于其他各类知识主体的非冗余性知识，从而成为知识的集散中心；“位置优势”则是指处于结构洞的组织能够将原本没有连接的其他知识主体连接起来，因此占据网络中其他主体进行相互连接的关键路径，形成对知识资源的传播方向以及资源收益的支配权。拥有结构洞型网络的组织其位置优势基础上，与外部知识主体达成共同意图，并在主体间倡导符合自身文化的知识传播行为准则。

第六章

网络传播与认知引导框架

第一节　网络传播中的认知引导

1. 从认知的角度看待知识

认识论和知识论都可以是关于“知识”的理论。传统认识论深入研究了主体对于客体的感性认识和理性认识以及它们之间的辩证关系。西方哲学家休谟提出的“知识二分论”，将知识划分为事实的知识和价值的知识。他认为事实的知识是从经验中得来的，可以用经验来证明，因而有真假之分，而价值的知识是人们的观念或取向，无法由经验证明，因而无所谓真假。虽然存在差异，事实与价值的知识均是认识论的问题。首先，价值和事实均具有主观的性质，价值作为人在实践活动中对客体是否满足自身需要的判断，而事实是根据已有的经验和知识认识外部世界的结果，因此均属于认识的范畴。

然而，传统的认识论没有看到认识中的主体性，即认识并不仅仅是从客体向主体转变的单向转变，同时也存在着由主体向客体的转变①。20 世纪 30 年代，著名哲学家张东荪教授通过对认知与知识的研究，提出人并不是西方认识论中抽象纯粹的人，而是社会环境中的群体成员。在以往西方哲学家们的视野中，抽象个体的认知过程是主要研究对象。然而，作为社会群体中的个体，外界环境对人类认知的影响，远远大于认知过程中个体认识要素的影响。同时，“由于在交往中个体并不完全进入群体规范，所以主体间性并不完全取代或等同于个体。”② 这种取代二元分立的交往性思维方式代表了新的

① 郝丽，“认识论研究要树立现代视野——对于现代自然科学喝西方哲学提出的一些新问题的思考”，载于《理论学刊》，2003 年第 1 期。

② 任平：《广义认识论原理》，江苏人民出版社 1992 年版，第 20 页。

认知途径。因此，除了传统认识论中由价值判断、事实推理产生的显性知识，在社会交往场景中基于个体能动性的意会型认知而产生的隐性知识也是个体认知中重要组成部分。

由于隐性知识是群体交往中个体产生的内隐性知识，该种知识是群体成员间共识形成的基础。然而，群体范围的知识传播依赖于显性知识。因此，为了实现群体范围内的共识，知识传播的前提是实现群体成员隐性知识的外部化。这意味着群体交往需要寻找易于接收的方式来表达那些只可意会不可言传的隐性知识，而达到该目的最有效的话语工具之一便是采用比喻等象征性的语言来进行表达。通过隐喻，两件似乎不相关的事物之间以象征性语言连接起来，以表达隐性知识和比喻之间只可意会的共同点。对于隐喻中固有的矛盾，外部化过程则可以通过更为结构化的类比进行处理，该过程通过突出两种不同事物的“共性”而减少了表达的不确定性。也就是说，类比通过澄清两个概念的相同与不同点而调和隐喻中蕴含的冲突。隐性知识外化的最后一步是依据概念建立模型，将隐喻或类比所表达的涵义形象化。

2. 认知引导的传播路径

根据前面小节对于知识的分类可知，在群体中进行知识传播首先需要了解个体对于实践活动的认知方式，从而促使群体共识的形成。认知研究中的双系统理论认为，人类的思维和决策存在两种模式，即依赖于直觉认知的路径和依赖于理性认知的路径。前种路径的实现取决于知识的可获得性，其过程是自动和启发式的，容易受背景相似性、感情倾向、刻板印象等因素的影响而快速形成思考结果①。判断领域的大量研究提出人们往往依赖于启发式认知做出自动判断，以将评估可能性和预测价值的复杂任务变成更加简单的

① Kahnerman, D. Maps of Bounded Rationality: Psychology for Behavioral Economics. American Economic Review, 93 (5), 2003. pp. 1449 – 1475.

判断[①]。依赖于直觉的启发式判断虽然速度很快但是有时会导致严重的系统性错误，因此基于认知努力的理性判断的作用在于监测潜在的错误并努力进行改正。Ferreira 等（2006）发现两种认知路径的作用关系是独立平行的，并且当两个系统作用方向不一致时，行为结果由占优势的路径决定[②]。双系统认知理论描述了价值判断和事实推断的认知过程，在此基础上心理学家 Petty 与 Cacioppo（1986）提出信息详析可能性模型（ELM）建立了个体在认知形成之前的信息处理框架。该模型认为个体形成态度的方式取决于其对信息的进行详细分析的可能性，即个体对问题相关说服性证据的认知处理程度。他们提出改变个体态度有两种途径：中心路径与外围路径[③]，以此来说明个体进行认知处理、态度改变的两种心理模式。

当决策者具有较高动机和认知余力时，会对信息进行高度精细加工，这时遵循的信息处理方式是 ELM 模型中的深思加工过程，即中心路径方式。决策者在该过程中会对目标值进行努力思考，并搜寻尽可能多的与目标值相关的信息来评估决策结果的质量。因而，信息在经过精细加工后通过中枢路径作用导致的态度改变持续时间更长，且不易改变。与之相比，当决策者动机较低或认知资源不足时，他由于难以对信息进行高精度的加工，往往简单地将原始信息作为线索进行启发式的判断。该过程遵循 ELM 模型中边缘路径的作用机制，是一个非深思的加工过程，即决策者在未对知识的一致性进行检验的情况下，草率地进行判断。在低精细加工条件下，认知过程较少求助于先前知识，也未对原信息进行深入思考，而是更多地依赖直接判断，因此无论先前知识与接收信息是否一致，形成的知识都无显著差异。因而，通过边

---

① Gilovich, T., Griffin, D., & Kahnerman, D. Heuristics and Biases. Cambridge University Press. 2002. p. 136.

② Ferreira, M. B., Garcia - Marques, L., Sherman, S. J., et al. Automatic and Controlled Components of Judgment and Decision Making. Journal of Personality and Social Psychology, 91, 2001. pp. 797 - 813.

③ Petty, R. E., Cacioppo, J. T. The effects of Involvement on Response to Argument Quantity and Quality: Central and Peripheral Routes to Persuasion. Journal of Personality and Social Psychology, 46 (1), 1984. pp. 69 - 81.

缘路径形成的知识更容易受到外界的影响而发生改变。在上述信息处理框架基础上，本章将分别遵循中心路径和外围路径进行信息处理的网络主体划分为专业用户和业余用户，进一步展开对网络传播内容策划与传播路径的阐述。

第二节　网络传播的内容策划

在话语构建中，知识的呈现被划分为“指示性陈述”与“规范性陈述”①，前者属于真理范畴，后者属于正义范畴。属于真理范畴的指示性陈述的功能在于使实践主体了解执行规范性陈述的现实条件②。两者的区分标准在于对于语境的依赖性，即规范性陈述只有在具体的叙事语境和文体形式之内才能被接收为真，而描述性陈述不涉及任何语境即可被推断为真，因为它们剥去了语境、主体、过程等因素③。依照上述两种陈述方式，传播的内容可根据对话范式④中的话语体系从事实与价值层面入手，形成针对专业受众与业余受众的内容策划思路：对于习惯主动处理信息并思虑周全的专业受众来说，传播的内容应该具备描述性陈述的特征，因而需要在阐述现象与本质等差异性要素的基础上整合知识，寻求与受众之间的价值契合；对于倾向根据喜好、经验对日常情况进行直觉判断的业余受众来说，则需要将知识元素嵌入叙事语境，使得受众潜移默化地形成认知，因而可采用公关新闻的撰写手法，通过事件与人际叙事，实现对受众价值取向的引领。

---

① 杜以芬：“‘元叙事’的危机与知识合法性的局限——浅谈利奥塔对后现代知识的社会学批判”，载于《理论学刊》，2006 年第 10 期。

② 王晓升：“科学知识和叙事知识及其关系——利奥塔对后现代知识状况的分析及其启示”，载于《电子科技大学学报社科版》，2001 年第 1 期。

③ 赵万里著，《科学的社会建构》，天津人民出版社 2002 年版，第 243 页。

④ 胡百精：“公共关系的‘元理由’与对话范式”，载于《国际新闻界》，2007 年第 12 期。

1. 告知型内容的策划思路

（1）告知型内容的事实层面要素

针对网络中专业用户群体的告知型内容在事实层面包括核心主张、差异性要素和整合性要素。首先，核心主张即运用非歧义性语言对特定主题所涉关键知识进行的主旨描述。因此，提炼核心主张需要选择与主题相关的知识，然后根据关联度高低"去粗取精"，筛选关键知识并总结其间关系，以保证在告知型内容中呈现出核心主张在相关知识体系中的重要性。其次，差异要素指的是着重陈述主题相关知识体系中用于解释关键知识的支持性异质知识，目的在于通过分析支持性知识之间的差别以阐明关键知识的含义。由于差异性要素涉及细化的、非冗余的、支持性的知识，而细节性的知识往往是零碎的、局部的、表象的，难以辨别其差异性，因此该类要素的选择需要通过信息分析发现其内在区别，并在告知型内容中详细展现其差异性价值，以确保核心主张中关键知识指代含义的精确性。最后，整合性要素指的是关键及支持性知识之间的逻辑关系，其功能在于使告知型内容具备各类知识元素关联之后形成的系统含义①。具体来说，知识序化是形成整合性要素的关键路径，通过对各类知识元素及其关系的从属性或层级性进行梳理，在厘清知识结构的同时寻求知识元素的最佳组合，以支撑核心主张中关键知识之间逻辑关系的完备性。

（2）告知型内容的价值层面要素

为了在专业用户群体中形成共识，告知型内容中需涵括共意、视野与尺度共三种价值层面要素以实现契合该类用户价值取向的目的。通俗来说，个体的价值观念指的是对实践活动背后动机的正当性所进行的判定②，而价值取向指的是进行正当性判定的标准，即做什么好或怎么做好。因此，是介于

① 邬焜：《信息哲学问题论辩》，西安交通大学出版社 2008 年版，第 131 页。

② 李庆宗："理性与价值的整合：可持续发展观的哲学透视"，载于《经济师》，2001 年第 1 期。

价值观念和行为之间的中间环节，人们对价值的认识、判断均需通过价值取向才能在实践中实现①。首先，共意要素即共同意识②，指的是凝聚群体成员的共有意识。由于共同意识的形成依赖于融合个体意识的公共话语③，因此该类话语遵循着群体共有的话语修辞形式，从而构筑起一个心照不宣的意义空间，群体成员之间共同的价值取向得以确立。其次，视野要素即为群体成员共享的价值取向所聚焦的特定领域。也就是说，在群体成员中通用的话语修辞中的价值判断与成员们关注的领域相关，例如“生命诚可贵，爱情价更高，若为自由故，两者皆可抛”则是人生意义领域价值问题的判定标准。最后，尺度要素指的是群体成员共享价值判定标准的构成，即对价值有无、性质与大小等方面的判定。以刚才提到的诗词为例，该话语中蕴含的价值尺寸表明生命、自由与爱情之间是以三者价值大小为判定标准的。由于在个体间共享的价值标准必须将所有个体的标准考虑在内，因此群体中最终形成的标准总是从许多个体标准相互冲突中产生的。换句话说，契合群体中所有成员的话语修辞必须遵循包涵整合性标准的价值尺度。

2. 叙事型内容的策划

(1) 叙事型内容的事实层面要素

与告知型内容相比，针对网络业余用户的叙事型内容的区别在于该文类一般处于特定的语境中，即超社会身份的“叙事规约”④。所谓规约，指的是特定文类所具备的创作与阐释规则⑤。在“叙事规约”构成的“语境”中，无论读者属于什么性别、阶级、种族、时代，只要同样熟悉某一文类的叙事

---

① 徐玲：“价值取向本质之探究”，载于《探索》，2000年第2期。

② 埃米尔·涂尔干，渠东译：《社会分工论》，新知三联书店2000年版，第42页。

③ Klandermans, Bert. 1989b. “Grievance Interpretation and Success Expectations: the Social Construction of Protest”, Social Behavior, 4: 113-20.

④ 申丹：“叙事结构与认知过程——认知叙事学评析”，载于《外语与外语教学》，2004年第9期。

⑤ 申丹：“语境、规约与话语——评卡恩斯的修辞性叙事学”，载于《外语与外语教学》，2003年第1期。

规约，就会具有同样的叙事认知能力。根据前文所述的“对话范式”，叙事型内容在事实层面所需遵循的规约要素包括公关新闻、制造事件与人际叙事。

首先，人际叙事即叙事者基于个体体验讲述的特定事件，其基本结构包括六个部分，即点题、背景、进展、评议、结局和回应[①]。其中，点题是在叙事之前对事件的简明提炼和整体概括；背景是对所叙述事件发生与发展的时间、地点和人物的交代；进展指事件的发生与发展过程，是整个叙事结构的核心部分；评议是叙事者自身或其他主体对事件发生的原因、过程与目的等关键环节的观点与评价；结局是指事件的结果及其造成的影响；回应是指在叙事的结尾照应事件主题。以基本结构为分析对象，可进一步根据内容中信息状态的呈现与转换过程细化得出人际叙事的信息结构[②]：时间 - 地点链条、事件链、人物链和评议链。在信息结构中，时间 - 地点链条描述了人际叙事中时间与地点变化的顺序；事件链是指内容中功能性事件或动作造成的连续变化信息状态；人物链呈现功能性事件或动作相关人物特征信息变化过程；评议链由功能性事件或动作相关人物对事件或动作的评议组成。

其次，公关新闻是对由公关人员策划出来而又获得媒体报道的“新闻事件”的科学表达。与一般新闻相比，公关新闻具备客观的形式、潜在的目的以及巧妙的策略等特征[③]。其中，巧妙的策略表现为新闻所采用的公关框架，框架通过选择与突出特定方面的事实以传达事件的意义，不仅并未影响内容的客观形式还体现了话语背后的潜在目的。从话语的角度来说，公关新闻的框架包括高、中、低三个层次：框架的高层结构是指界定事件主题的核心意义，其话语形式包括标题、导语、直接引语等；中层结构包括事件的故事部分例如情景、主要事件、背景、情节等，和观点部分例如评价、口头反应、

① Labov, W and J, Waletzky. Narrative Analysis Oral Versions of Personal Experiences [A]. Helmeds. Essays on the Verbal and Visual Arts [M]. Seattle University Press, 1967.

② 胡晓燕：“论叙事语篇中的信息结构及焦点结构”，载于《合肥师范学院学报》，2011 年第 9 期。

③ 董天策：“要重视公关与新闻的联系——兼论‘公关新闻’”，载于《理论争鸣》，1998 年第 2 期。

结论和预测等，其中口头反应是有意识挑选后所引用的观点，故事与观点互为支撑丰富事件的主要意义；低层结构是者对词汇的选择、词语频率的处理、隐喻的使用等，即通过频繁使用特定词汇或者构建隐喻直接或间接构建事件的基本意义。

最后，制造事件作为叙事型内容的基础，需要在其策划过程中为公关新闻、人际叙事等事实层面要素进行铺垫，因而综合考虑公关框架和信息结构等叙事规约，概括出事件策划的三个步骤。第一，提炼事件主题。事件的主题界定了事件策划的方向，不仅需要结合事件概要及意义，还需要保证其可扩展性，即主题中强调的事实和采用的框架，需要有利于进一步展开叙述并保持全文意义的一致性。第二，进行信息布局。事件的信息布局指的是对事件发生发展过程中场景、人物、动作以及话语等方面信息进行选择的过程。该过程决定了事件在各阶段的呈现状态，即所传达的信息及其遵循的框架。第三阶段，策划事件形式。在完成主题提炼与信息布局的基础上，根据事件的主题以及所涉人物、背景等前提条件策划恰当并高效的发生形式。例如，当需要借助事件树立榜样、倡导理念时则可以策划选拔优胜的竞赛活动，而如果是解释现象，传播知识则可以策划寓教于乐的游戏活动。

（2）叙事型内容的价值层面因素

为了在业余用户群体中形成共识，叙事型内容中需涵括全局观念、共同体意识与公共精神共三种价值层面要素以实现引领该类用户价值取向的目的。

首先，全局观念是价值层面要素中的基础要素之一。全局指事物的整体和发展的全过程，是组成该事物各个局部相互联系的不同发展阶段的有机统一[①]。上述全局与局部关系的哲学基础是辩证唯物论对于矛盾的认识：事物发展的根本原因在于内部相互关联的局部之间的矛盾，而主要矛盾的存在和发展规定和影响着其他矛盾的存在和发展。面对网络中多元利益主体之间由于竞争性意见引发的矛盾，叙事型内容价值层面的话语策划应该在全局观的

① 张爱民："毛泽东决策的全局观探析"，载于《河南社会科学》，2012 年 4 月。

指导下抓住占支配地位的观点冲突，寻求冲突方之间最低限度的价值共识。具体实践中，该类话语表现为对冲突性议题的底线性价值①以及自他互动规则和秩序的陈述。

其次，在倡导全局观念处理冲突时，也需要培育共同体意识促使群体身份的形成。匈牙利哲学家阿格妮丝·赫勒对“共同体”的定义是：“共同体是可以在其中获得相对同质的价值体系，以及个人必然从属于结构化的和有组织的团体或单位。”②或者说，异质的个体由于共同的“解放的兴趣”③汇聚在一起，形成攸关的利益共同体。兴趣属于先验知识的范畴，它同价值取向、心理诉求和愿望等紧密结合在一起，构成个体的价值体系。在共同体的形成过程中，兴趣发挥“社会水泥”④的作用，使得在个体间在价值取向上的相互吸引转化为实践的活动，逐渐形成包涵同质化价值体系的共同体意识，并为成员间在情感、利益与价值各方面的认同⑤打下基础。因此，共同体意识是异质个体在共同兴趣的推动下，以“聚众”的思维进行协商而获得各方认同的价值体系⑥。为了在群体成员间培育共同体意识，叙事型内容价值层面的话语应该以构建共同身份、达成价值认同为导向，形成共同身份及价值的象征性表达体系以弱化异质个体之间的差异。

最后，公共精神价值层面的核心要素。“公共”一词派生于希腊词汇，与之相关的包括共有的（koinon），与自己的（idion）有明确区分。以此概念为基础，“公共性”乃是衡量什么是公共的形式化判断标准⑦。公共性来源于多元主体在对话中达到承认的产物，并且其生效于即实在又具有超越性的场

---

① 胡百精：“互联网、公关危机和社会认同”，载于《山东社会科学》，2016年第4期。

② 阿格妮丝·赫勒，衣俊卿译：《日常生活》，重庆出版社1990年版，第38页。

③ ［德］哈贝马斯著，郭官义、李黎译：《认识与兴趣》，学林出版社1999年版，第199页。

④ 徐涛：《哈贝马斯主体间性与群体意识形态之间的关系研究》，华中师范大学博士论文，2014年，第87页。

⑤ 胡百精：“公共传播研究的基本问题与传播学范式创新”，载于《国际新闻界》，2016年第3期。

⑥ 胡百精：“公共关系的话语形态与社会责任”，载于《国际新闻界》，2009年第11期。

⑦ 任剑涛：“公关与公共性：一个概念辨析”，载于《马克思主义与现实》，2011年第6期。

域，即公共领域[①]。所谓承认，指的是在共识与认同难以达成的情况下，在爱和尊严等价值或规范层面以及在法权、契约等工具层面，构建对话、参与、生态式的多元共生、彼此依存的秩序。公共精神就是孕育于公共领域之中以民众利益和社会需求为依归的道德理想和政治价值等精神取向，它包含民主、平等、自由、秩序、公共利益和责任等一系列最基本的价值观念[②]。因此，公共精神统摄下的价值层面话语旨在引领公共讨论和协商以达成普遍承认，具体实践中呈现出两种形态：第一，价值对话形态，即引发并参与围绕特定社会议题的对话，促成公共讨论逐渐贴近群体主流价值取向；第二，价值创造形态，即整合公共讨论中出现多维价值取向，主动输出符合公共利益的价值主张，引领群体内部的价值协商（如图 6.1 所示）。

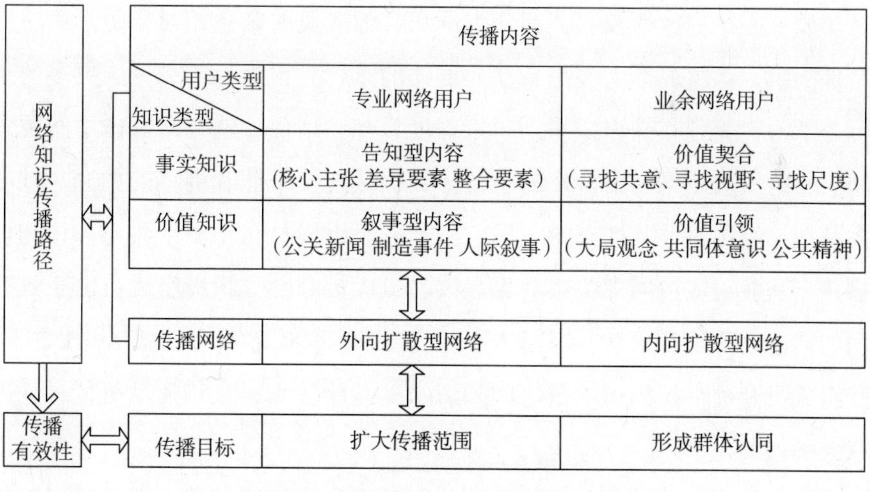

图 6.1 网络层面的知识传播有效性框架

① 胡百精、杨奕："公共传播研究的基本问题与传播学范式创新"，载于《国际新闻界》，2016 年第 3 期。

② 袁祖社："'公共精神'：培育当代民族精神的核心理论维度"，载于《北京师范大学学报》，2006 年第 1 期。

第三节　网络传播的路径规划

当网络传播群体的规模持续扩大时，就会出现三个主要用户层次：核心组、积极组和外围组。第一个层次是核心组，该组成员是群体处于核心位置的成员，和其他成员有着密集的网络联系，容易获取知识也承担着收集、整理并传播群体知识的职责。第二层次是积极组，该组成员会定期会参加讨论，但是相较核心组规律性较弱，部分成员和其他成员的联系相对稀疏。第三层次是外围组，该组成员大多是新加入群体的个体，很少参与讨论，更多的是倾听与学习，等到其知识积累到一定程度，互动增加，就会向群体中间位置移动。三组成员均是网络群体的子群体，也是连接个体和群体的中介。核心组向其他小组传播的其拥有的知识，而其他小组成员在互动中参与群体知识的构建。从各组成员内部关系来看，核心组成员和部分积极组成员由于具有共同的话题、知识和兴趣，因而传播动机较强，联系密集且频繁。相比之下，外围组成员及部分积极组成员之间知识水平差距较大，且传播动机较弱，因而联系稀松。

网络群体中的成员是动态变化的，知识也是不断流动的。为了模拟网络群体的上述结构特征，本文采用复杂网络社区结构的相关方法进行构造。根据上述描述，群体结构具有层次性，因此网络中的顶点可以分成若干个子群体，子群体内的节点关系是紧凑的而子群体间的节点连接是稀疏的。为了区别稀疏和稠密群体，以往研究经常采用强群体和弱群体的概念进行描述：对网络中的强群体的定义，强调的是所有节点连向群体内部的边数是大于群体外的边数；而弱群体要求整个社区内的连接边数大于群体外的连接边。根据强群体和弱群体定义，本文讲网络群体中三个层次的成员划分为专业用户和业余用户群体，并进一步研究良种群体的培育路径。

1. 专业用户群体的培育路径

（1）专业用户群体的演化过程

专业用户群体中的成员往往具备知识背景相同、信息处理能力较强的特征，因此该类成员多属于群体核心成员和积极组成员，并且在知识传播路径中的角色定位包话题发起者和扩散者。其中，话题发起者在传播路径中负责提供原创性内容，该类用户一般拥有良好的信用，因而发起的话题通常具有较高的转发率；话题扩散者在传播路径中往往处于网络中心位置，同其他用户联系密切。汇聚话题发起者和扩散者的网络被称为密集型网络，具有规模小、密度高，用户间兴趣一致等特征。该类群体中知识水平较高的个体由于频繁和其他成员互动，更容易建立密集联系，从而成为知识传播网络中的专业群体。在专业群体的网络结构中，个体到群体层次的知识传播虽然以个体间的转移为基础，但不是个体之间知识的简单加总，而是群体成员对共有知识的集体构建。在关系程度方面，核心组成员处于网络中的核心位置，其他成员按与其关系的强弱围绕在其周围。一般来说，外围组的成员由于距离网络核心位置较远，与社群其他成员的互动较少，而核心组和积极组成员由于常常向群体其他成员传播知识，在群体中拥有声望较高，促使该部分成员更积极地传播知识来保持其地位。由核心组和积极组成员构成的专业群体中，成员普遍具有较高的传播动机，因而整体上信任度较高。

由于专业群体内的成员往往有着共同的知识背景，对彼此知识类型和结构都较为了解，因此在该类群体的演化过程中，个体与群体知识转移关系的形成依赖于个体融入群体传播网络的过程。具体来说，由于知识主体在外化自己的知识的时候，倾向于选择与自己联结较强的个体，导致了知识外部化总是局限于固定的几个结点之间。因而，当新成员加入专业群体时，应该选择与群体中与外界联系较多的核心成员建立直接联系，然后随着成员间的密集互动以及知识水平的差距缩小，新成员很容易地就关注的问题交换各自的看法，参与群体知识的构建并逐渐融入专业群体，从而加速了知识的外化，建立从个体到群体再到个体的知识扩散网络。

为了模拟专业用户群体的网络结构，本文基于强群体的定义进行构造。给定一个图 $G=(V,E)$，V 表示图的节点集合，E 表示图的边，图中节点 i 的度用 k_i 表示，假设有图 G 的子图 S，对于子图 S 中的节点 i，在其连向的 k_i 个节点中，有 $k_i^{in}(S)$ 个节点属于子图 S，$k_i^{o}(S)$ 个节点不属于子图 S；强社区①定义为：在子图外部顶点连接的度都小于与子图内部顶点连接的度即表达式表示为：$k_i^{in}(S)>k_i^{o}(S)$。该类群体的在演化过程中，当新的节点 S 从弱群体外部选择其中的节点相连时，会选择强群体内节点 t 概率 $P(l_{kt})$ 与节点 t 的群体外的度 l_{kt} 成正比，即：$P(l_{kt})=\frac{l_{kt}}{\sum_{m,n}(s_{mn})}$。也就是说，强群体中成员的群体间连接越广泛若容易吸引弱群体中的新成员与之相连。因而，基于专业用户的特征以及群体的演化过程，可以得出该类群体的培育重点在于建立与弱群体中话题整合者的联系。因为该类用户一旦产生对特定话题的关注往往会主动参与对话与传播，所以群体内容不容易产生密切联系。然而，在群体内部传播的范围太过局限，不利于知识的扩散与节目宣传。因而，引入话题整合者，对专业群体中的知识与业余用户群体中话题进行整合，再发送给各自群体中的话题整合者，一方面扩大知识传播的范围，一方面增强对业余粉丝群体中的话语导向力。

（2）专业用户群体的外向路径

所谓专业用户群体，指的是用户在微博等网络社区中分享的文字、照片以及视频等信息被传播到他的“粉丝”群体中，而这些“粉丝”继续转发、评论博主所发布的内容，从而带动自己“粉丝”再次传播，导致微博用户之

① Radicchi F, Castellano C, Cecconi F, et al. Defining and identifying communities in networks [J]. Proceedings of the National Academy of Sciences of the United States of America, 101 (9), 2004. pp. 2658 –2663.

间就共同话题迅速聚合而形成的用户“圈子”。该种群体具有“阐释共同体”的特征。所谓“阐释共同体”，指的是围绕特定媒体及其内容形成的共享性的群体认知与行为的共同体①，具体包括：第一，基于特定媒介内容拥有共同兴趣；第二，群体成员之间共享阐释策略，即使用相似的语言评价或描述媒介内容；第三，群体成员传播行为遵循相似的模式，例如专业群体用户往往主动参与知识的生产与传播。相对于“阐释共同体”对于网络群体用户的语言和行为特征的描述，德国社会学家滕尼斯1887年对“共同体”做出的阐述更为深刻地指出共同体成员间关系的本质。他指出“共同体”是基于情感、习惯、记忆等自然意识形态形成的一种社会有机体②。在该定义基础上，众多社会学家发展出共同体的多种分类方式，如马克斯·韦伯的阶级、身份群体和政党三种共同体，丹尼尔·贝尔的地理、记忆和心理三种共同体等。

根据滕尼斯的定义，共同体成员之间共享的话语与行为模式应该是基于个体的自然意识形态。也就是说，群体成员不再是单独存在的理性个体，而是社会角色所塑造的个体，其在追求利益最大化的同时，也会扮演所嵌入社会关系中限定的角色，并且正是对该角色的认知为个体之间达成信任奠定了社会基础。因此，由于信任的存在，专业群体成员的行为模式就会朝着知识分享的方向演化，否则成员间容易形成倾向于知识保护的恶性循环。然而，专业用户群体在建立内部信任关系的同时，更需要加强外部知识网络的扩展，通过与其他群体建立共享关系，扩展知识传播范围。同时，知识在网络群体间扩散时，经常出现认知差距及无效匹配的情况，因此需要特定的用户进行知识的匹配与增值活动。该类用户可被称为“信息中介”或者“信息代理”。信息中介凭借自己与多个群体的联系，不仅随时跟进专业群体中的知识生产动态，而且了解知识需求群体的认知偏好，因此该用户在实现知识供给与需求的动态匹配过程中，实际上也同时实现了知识扩散链中的增值服务。譬如，该类用户可以根据知识传播链中各类群体的需求与偏好提供定制化的知识服

① Stephen W, Little John. Theories of human communication. Cengage Learning, 2003. p. 263.
② ［德］滕尼斯，林荣远译：《共同体与社会》，商务印刷馆1999年版，第173页。

务，一方面扩大群体中所产生知识的传播广度，另外一方面在总体上提升了知识传播的深度，从而获得更大范围内话语与行为一致性。

2. 业余用户群体的形成路径

（1）业余用户群体的演化过程

业余用户群体中的成员具备的特征包括知识水平相差较大、传播知识的主动性较差，处理信息的能力较弱等特征，因此该类成员多属于积极组和外围组成员，并且在知识传播路径中的角色定位一般为话题整合者和评论者。其中，话题整合者的职责在于将外部与内部网络群体的信息进行整合，并引导话语方向，该类用户一般成为网络群体之间的联络桥梁；话题评论者的功能在于构成外围传播网络，该类用户数量的多少以及相互联系的频繁程度决定了业余用户群体的传播网络特征。业余群体的网络结构虽然呈现规模相对较大但联系稀疏的特征，但是该群体成员之间建立的弱连接却能在知识水平差距较大的成员之间起到信息桥的作用。换句话说，业余群体中的知识传播能为成员带来不冗余的信息，以改善整个群体的知识体系及结构，并扩大知识传播的范围。因此，新成员加入业余群体时应选择在内部联结较为广泛的用户进行互动，以培养对群体内部知识传播的敏感度，从而逐步提升自身的知识水平。

为了模拟业余用户群体的网络结构，本文基于弱群体的定义进行构造。通常，弱群体①定义为子图内所有顶点与子图外部顶点连接的度之和小于子图中所有顶点与子图内部顶点度之和表示为：$\sum_i k_i^{in}(S) > \sum_i k_i^{o}(S)$。该类群体的在演化过程中，新的节点 n 从它所在的社区 i 内选择一个节点相连时，它选择社区 i 内节点 j 的概率 $P(s_{ij})$ 与节点 j 的社区内的度 s_{ij} 成正比，即 $P(s_{ij})$ =

① Palla G, Derényi I, Farkas I, et al. Uncovering the overlapping community structure of complex networks in nature and society [J]. Nature, 435 (7043), 2005. pp. 814 – 818.

$\frac{s_{ij}}{\sum_{k} s_{kj}}$。也就是说，在网络群体的增长方式为群体中联系越广泛的用户越容易获得新的联系。因而，基于业余用户的特征以及群体的演化过程，可以得出业余群体在演化初期用户间关联程度较弱，信任度也不高，因而新成员加入后，如果促进其与群体其他成员建立弱联系，将有助于新成员获得新知识。

（2）业余用户群体的内向路径

知识从专业用户群体向业余用户群体的扩散是实现网络用户认知引导的重要目标。由于业余群体用户之间拥有不同的话语与行为方式，因此需要寻求适用于各类用户交流观点和解释内容的新路径。也就是说，知识在群体间的传播需要在接收知识的群体内部激发频繁的沟通与对话，使得成员之间建立必要联系。业余群体的内部联系之所以重要，是因为业余群体成员往往不具备主动处理知识的能力和传播知识的动机，成员之间缺乏“认知共同基础”，因此建立内部联系是培育业余群体稳定性的主要任务。根据美国心理学家班杜拉（Bandura）提出的社会认知理论，个体认知的形成与行为、个体及环境之间交互作用相关。其中，个体因素指行为主体的能力、动机等因素；行为因素即指主体行为后的结果或者反馈；环境因素即行为主体的客观条件。个体与环境与行为之间的主要关系包括：在主体与行为之间，一方面，个体的目标、态度等因素决定或影响着行为方式，另一方面行为的结果和反馈会反作于主体的思想信念和情感因素等；环境与行为的交互影响表明，虽然环境状况作为行为的对象或者现实条件决定着行为的方向，但是行为也会改变客观环境以适应主体的需要。根据该理论，增强业余用户群体的内部联系需要从个体与环境层面设计针对性的激励机制。首先，个体层面的奖励应注重刺激用户的参与意愿，因此如果群体用户积极响应针对该群体设计的网络内容，例如回复、评论或者转发，并获得其他用户的再次响应，就应该进行提升级别、加关注等个人奖励。其次，环境层面的奖励应该聚焦自组织行为，即如果部分用户相互之间建立联系就原发内容进行互动，并主动与其他用户建立联系，例如提及或者转发，则应该进行颁发虚拟团队荣誉、线下参与等群体奖励。

方法篇

第七章

信息分类与知识提炼

引入“粗交流”后的信息传播模型可以模拟一般情况下的人际交流过程，而“粗交流”现象的处理是基于博弈双方知识库的建立。因此，本章将分别介绍原模型的构建思路以及改进工具——粗集理论中需要用到的相关概念，为模型构建奠定理论基础。

第一节　基于粗集理论的知识概念

粗集理论是波兰数学家 Z. Pawlak 在 1982 年提出的一种新的处理模糊和不确定性知识的数据分析理论，其主要思想是在保持分类能力不变的前提下，通过对不完整数据的知识分类，发现数据间关系，通过知识约简，导出问题的决策或分类规则。粗集理论与概率、模糊集方法和证据理论等其他处理不确定性问题的理论相比，最显著区别是它无须提供处理问题所需的除数据集合之外的任何先验知识。由于该理论包含处理不精确或不确定原始数据的机制，所以与其他处理不确定性问题的理论有很强的互补性。本书中人际传播模型的研究重点之一是将粗集理论工具与信号传递模型结合，故文中将大量使用粗集理论的概念和公式。为了清晰叙述后文中模型构建的方法，后面叙述的清晰，本节先简要介绍相关的粗集概念。

1. 知识与知识库

设 $U \neq \varnothing$是我们感兴趣的对象组成的有限集合，称为论域。对于任何子集 $X \in U$，可称之为一个 U 中的概念或范畴。为规范起见，我们认为空集$\varnothing$也是一个概念。并且 U 中的任何概念族称为关于 U 的抽象知识，简称知识。一个划分 ℓ 定义为：

$\ell = \{X_1, X_2, \cdots, X_n\}$；$X_i \subseteq U$，$X_i \neq \varnothing$，$X_i \cap X_j = \varnothing$，$X_i = j$，$i$，$j = 1$，$2$，$\cdots$，$n$，$\bigcup_{i=1}^{n} X_i = U$。

通常我们需要处理的是 U 上的一些分类族。一个 U 上的分类族定义为关于 U 的一个知识库（Knowledge base）。它构成了一个特定论域 U 的分类。这样，知识库表达了一个或一组智能机构的各种基本分类方式，它构成了该机构所需的定义与环境或其本身的关系的基础构件。为方便数学推导，通常用等价关系代替分类。

设 R 是论域 U 上的一个等价关系，它可以是一种属性的描述，也可以是一个属性集合的描述；可以是定义一种变量，也可以是定义一种规则。所以在本研究范畴内，R 等价关系，R 属性，和知识 R 指的都是同一概念，只是在不同地方使用的不同术语。当用 R 描述 U 中对象之间的等价关系时，$U|R$表示 R 的所有等价类（或者 U 上的分类）构成的集合，$[x]_R$ 表示包含元素 $x \in U$ 的 R 等价类。一个知识库就是一个关系系统 $K = (U, R)$，其中 U 为非空有限集，成为论域，R 是 U 上的一族等价关系。若 R 是 U 上的划分 $R = \{X_1, X_2, \cdots, X_n\}$ 表达的等价关系，(U, R)也称为近似空间。用 $des\{X_i\}$ 表示 U 上基于关系 R 的一个等价关系对 X_i 的基本集合的描述。例如，属性集 $A \subset R$，$des_A\{X_i\} = \{(a, b): f(x, a) = b, x \in X_i, a \in A\}$，这里，$f(x, a)$表示对象 x 在属性 a 中的映射关系，即该属性值为 b。

若 $P \subseteq R$，且 $P \neq \varnothing$，则$\cap P$（P 中所有等价关系的交集）也是一个等价

关系，称为 P 上的不可区分（indiscernibility）关系，记为 $ind(P)$，且有

$$[x]_{ind(P)} = \bigcap_{R \in P} [x]_R$$

这样，$U|ind(P)$（即等价关系 $ind(P)$ 的所有等价类）表示与等价关系族 P 相关的知识，成为 K 中关于 U 的 P 基本知识（P 基本集）。为简单起见，我们常用 $U|P$ 代替 $U|ind(P)$，$ind(P)$ 的等价类称为知识 P 的基本概念或基本范畴。特别的，如果 $Q \in R$，则称 Q 为 K 中关于 U 的 Q 初等知识，Q 的等价类为知识 R 的 Q 初等概念或 Q 初等范畴。初等范畴就是所有具有特定属性的物体构成的子集，而基本范畴由一些初等范畴构成。

同样，我们也可以定义：当 $K=(U, R)$ 为一个知识库，$ind(K)$ 定义为 K 中的所定义的所有等价关系的族，记作 $ind(K) = \{ind(P): P \neq \varnothing, P \subseteq R\}$。这样 $ind(K)$ 就是等价关系的最小集，它包含了 K 的全部初等关系，并且闭于等价关系的交集。

2. 不精确范畴、近似与粗集

令 $X \subseteq U$，R 为 U 上的一个等价关系。当 X 能表达成某些 R 基本范畴的并时，称 X 是 R 可定义的；否则称 X 是 R 不可定义的。

R 可定义集是论域的子集，它可在知识库 K 中精确的定义，而 R 不可定义集不能在这个知识库中被定义。R 可定义集又称作 R 精确集，而 R 不可定义集也称为 R 非精确集或 R 粗集（rough set）。例如，R 为某一种属性（或特征）集，用 U 中所有具有该属性的元素的集合来表达 X 时，这些元素有的一定能划归 X，有的不一定能划归 X。

当存在一等价关系 $R \in ind(K)$ 且 X 为 R 精确集，集合 $X \in U$ 称为 K 中的精确集；当对于任何 $R \in ind(K)$，但 X 是 R 粗集，则 X 称为 K 中的粗集。

对于粗集，根据属性 R 的集合，对于每个 $X \in U$ 的集合研究它们不可分辨等价类的情况。为达到这个目的，可对粗集近似地定义，即使用两个精确集，即粗集的上近似集（upper approximation）和下近似集（lower approximation）来描述。

给定知识库 $K=(U, R)$，对于每个子集 $X\in U$ 和一个等价关系 $R\in ind(K)$，我们可以根据 R 的基本集合的描述来划分集合 X，为了衡量基于 R 的基本集合的描述 Y_i 精确地说明 X 中对象的隶属度情况，我们考虑下面两个子集：

$R\_(X)=\cup\{Y_i\in U \mid ind(R): Y_i\subseteq X\}$，$R^-(X)=\cup\{Y_i\in U \mid ind(R): Y_i\cap X\neq\varnothing\}$，

分别称它们为 X 的 R 下近似集和 R 上近似集。下近似、上近似也可用下面的等式表达：

$R\_(X)=\{x\in U: [x]_R\subseteq X\}$，$R^-(X)=\{x\in U: [x]_R\cap X\neq\varnothing\}$，

即当且仅当 $[x]_R\subseteq X$，$x\in R\_(X)$；当且仅当 $[x]_R\cap X\neq\varnothing$，$x\in R^-(X)$，集合 $bn_R(X)=R^-(X)-R\_(X)$ 称为 X 的 R 边界。

$R\_(X)$ 是根据知识 R，U 中所有一定能归入 X 的元素的集合，即所有包含于 X 的 Y_i 的并。$R^-(X)$ 是根据知识 R，U 中一定和可能能归入 X 的元素的集合，即所有与 X 的交不为零的 Y_i 的并。$bn_R(X)$ 是根据知识 R，U 中既不能肯定归入 X，也不能肯定归入 $-X$ 的元素的集合。

我们也把 $pos_R(X)=R\_(X)$ 称为 X 的 R 正域，把 $neg_R(X)=U-R^-(X)$ 称为 X 的 R 负域，把 $bn_R(X)$ 称为 X 的边界域。

正域 $pos_R(X)$ 或 X 的下近似是那些根据知识 R，U 中能完全确定地归入集合 X 的元素的集合。类似地，负域 $neg_R(X)$ 是那些根据知识 R，U 中不能确定一定属于集合 X 的元素的集合，它们是属于 X 的补集。边界域是某种意义上论域的不确定域，根据知识 R，U 中属于边界域的对象可能划分为属于 X。由于 X 的上近似集是由那些根据知识 R，U 中不能排除它们属于 X 的可能性的对象构成的，从形式上看，上近似集就是正域和边界域的并集，所以又可表达为：$R^-(X)=pos_R(X)\cup bn_R(X)$。

3. 知识约简和核

知识约简是粗集理论的核心内容之一。在实际应用中，知识库中的知

识并不是同等重要的，甚至其中某些知识是冗余的。在这种情况下，我们需要在保持知识库中初等范畴的情况下消除知识库中冗余分类或冗余基本范畴。所谓知识约简，就是在知识库分类能力不变的条件下，删除其中不相关或者不重要的知识。约简（reduct）和核（core）是知识约简的两个基本概念。

定义：令 R 为一等价关系族，$r \in R$，如果 $ind(R)=ind(R-\{r\})$，称 r 为 R 中可省略，否则 r 为 R 中不可省略的。r 为 R 中可省略的概念与分类相联系，可以理解为 R 是表达我们研究的对象的属性集合，在近似表达中有一些特征作用不大，可以去掉这些属性而不影响我们对对象的表达。去掉冗余属性 r 后，剩下的属性集仍然保留其等价关系。

如果对于每一个 $r \in R$ 都为 R 中不可省略的，则称 R 为独立的；否则称 R 为依赖的。在用属性集 R 来表达系统的知识时，R 为的独立的意味着属性集中的属性是必不可少的，它独立地构成一组表达系统分类知识的特征。

设 $Q \subseteq P$。如果 Q 是独立的，且 $indQ=ind(P)$，则称 Q 是 P 的一个约简。显然，P 可以有多种约简。P 中所有约简属性集中都包含的不可省略关系的集合称为 P 的核，记作 $core(P)$。它是表达知识必不可少的重要属性集。

核的概念用途有两个方面：首先可以作为所有约简的计算基础，因为核包含在所有的约简之中，并且计算可以直接进行；其次可以解释为在知识约简时它是不能消去的知识特征集合。

4. 知识的依赖性

当 Q 中所有初等范畴可以用 P 中的某些初等范畴定义时，则知识 Q 依赖于 P，记作 $P \Rightarrow Q$。当知识 Q 依赖于知识 P 时，知识 Q 是从知识 P 中可导的。

依赖性可形式化地定义如下：

令 $K=(U, R)$ 为一知识库，且令 P，$Q \subseteq R$，

（1）当 $ind(P) \subseteq indQ$，知识 Q 依赖于知识 P；

（2）当 $P \Rightarrow Q$ 且 $Q \Rightarrow P$，知识 P 和 Q 是等价的，记为 $P \equiv Q$；

（3）当不存在 $P \Rightarrow Q$，且不存在 $Q \Rightarrow P$，P，Q 为独立的。

显然当 X 时，若 Q 依赖于 P，则 $P \subseteq Q$。

有时候知识的依赖性可能是部分的，这意味着知识 Q 仅有部分是由知识 P 导出的，部分可导出可有知识的正域来定义。令 $K=(U, R)$ 为一知识库，且 P，$Q \subseteq R$。当 $k = \gamma_P Q = card(pos_P Q)/card(U)$ 时，我们称知识 Q 是 k $(0 \leqslant k \leqslant 1)$ 度依赖于知识 p 的，记作 $P \Rightarrow_k Q$。这里 $card(pos_P Q)$ 表示了根据 P，U 中所有一定能归入 Q 的元素的数目。

当 $k=1$ 时，我们称 Q 是由 P 全可导的；当 $(0 \leqslant k \leqslant 1)$ 时，称 Q 是粗可导的；当 $k=0$，称 Q 是完全独立于 P 的。如果 $P \Rightarrow_1 Q$，也记作 $P \Rightarrow Q$。

上面描述的观点也可解释为对对象分类的能力。准确地说，当 $k=1$ 时，则论域的全部元素都可通过知识 P 划入 $U|Q$ 的初等范畴；当 $k \neq 1$ 时，只有属于正域的元素可以通过 P 划入知识 Q 的范畴；特别的，当 $k=0$ 时，论域中没有元素能通过 P 划入 Q 的初等范畴。

由依赖性的定义可见，当 $P \Rightarrow_k Q$ 时，则由 Q 导出的分类 $U|Q$ 的正域覆盖了知识库的 $k \times 100\%$ 个元素；另一方面，只有属于 Q 分类正域的元素能被唯一的分类，即对象 $k \times 100\%$ 个元素通过知识 P 划入分类 $U|Q$ 的模块中。

这样系数 $\gamma_P Q$ 可以看作 Q 和 P 之间的依赖度。换言之，当用集合 $pos_p Q$ 约束知识库中的对象集合时，将可得到 $P \Rightarrow Q$ 为完全依赖的知识库。

5. 知识表达系统和决策表

知识表达在智能数据处理中占有十分重要的地位。形式上，四元组 $S=(U, A, V, f)$ 是一个知识表达系统，其中

U：对象的非空有限集合，称为论域；

A：属性的非空有限集合；

$V=\bigcup_{a\in A}V_a$，V_a 是属性 a 的值域；

f：$U\times A\rightarrow V$ 是一个信息函数，它为每个对象的每个属性负域一个信息值，即 $\forall a\in A$，$x\in U$，$f(x, a)\in V_a$。

知识表达系统的数据以关系表的形式表示，关系表的行对应要研究的对象，列对应对象的属性，对象的信息是通过指定对象的各属性值来表达。

决策表是一类特殊而重要的知识表达系统。多数决策问题都可以用决策表形式来表达，这一工具在决策应用中起着重要的作用。决策表可以根据知识表达系统定义如下。设 $S=(U, A, V, f)$ 为一知识表达系统，$A=C\cup D$，$C\cap D=\varnothing$，C 称为条件属性集，D 称为决策属性集。具有条件属性和决策属性的知识表达系统称为决策表。在决策表中，不同的属性可能具有不同的重要性。为了找出某些属性（或属性集）的重要性（significance），常用的方法是从表中去掉一些属性，再来考察没有该属性后分类会怎样变化。若去掉该属性相应分类变化较大，则说明该属性的强度大，即重要性高；反之，说明该属性的强度小，即重要性低。令 C 和 D 分别为条件属性和决策属性集，属性子集 $C'\subseteq C$ 关于 D 的重要性定义为 $\sigma_{CD}(C')=\gamma_C(D)-\gamma_{C-C'}(D)$。特别当 $C'=\{a\}$ 时，属性 $a\in C$ 关于 D 的重要性为 $\sigma_{CD}(a)=\gamma_C(D)-\gamma_{C-\{a\}}(D)$。

在决策表中最重要的是决策规则的产生。令 $|R$ 和 $[x]_R\subseteq X$ 分别代表 $U|C$ 与 $U|D$ 中的各个等价类，$des(X_i)$ 表示对等价类 X_i 的描述，即等价类 X_i 对于各条件属性值的特定取值；$des(Y_i)$ 表示对等价类 Y_i 的描述，即等价类 Y_i 对于各决策属性值的特定取值。

决策规则定义如下：r_{ij}：$des(X_i)\rightarrow des(Y_i)$，$Y_i\cap X_i\neq\varnothing$

规则的确定性因子 $\mu(X_i, Y_i)=|Y_i\cap X_i|/|X_i|$，$0<\mu(X_i, Y_i)\leq 1$。

当 $\mu(X_i, Y_i)=1$ 时，r_{ij} 是确定的；当 $0<\mu(X_i, Y_i)<1$ 时，r_{ij} 是不确定的。

第二节　建立博弈双方知识库

根据前文对信息传播博弈过程的梳理可知，信息接收者首先根据三方面的指标线性收集发送者信息，然后对不同种类的信息进行多维度分类。下面本节将详述建立博弈双方知识库的步骤。第一，按照信息传递博弈中对信息发送者考核指标客观性以及可验证性的要求，选择12类信息（与信息发送者类型相关）作为发送者信息表的项目，并根据每一个信息项在信息表中取值范围进行分类，将连续或者离散的信息值划分为两或三档，同时在提取信息时，通过与另一个独立分析员的分析结果对照，提高记录规则的可信度，形成清晰明确的评判记录规则。第二，根据所有样本中的12类信息以及信息值作为信息接收者以往决策经验建立博弈双方知识库并形成决策表，然后对决策表进行等价划分形成各种决策规则，通过比较各种决策规则推测各种信息在信息接收者决策中发挥的作用。第三，根据粗集方法计算决策表中各种信息的权重，并约简对提高信息接收者的划分能力没有帮助的信息，最终得到传递信息最有效的核心信息集。

1. 信息传递双方知识提炼

本文将采用传播领域中常用的内容分析法对信息表样本进行处理，目标是首先根据选定的考核标准结合所收集的信息表样本设计信息发送者希望通过信息表所传递的多维度信息提取标准。提取过程如下：通过对所有信息表样本的初步分析，根据12项已有考核标准考察是否所有信息发送者信息表中都出现过类似的信息种类，例如信息（1）。然后，统计每类信息的值域范围，使得对同一信息的值分类设计适当标准使其能够覆盖所有信息表，例如信息（1）的值域范围一般是3.0～4.0。第三步，根据每种信息的值域划分等级，确保信息出现的层次分类明确，逐级展开，不会出现越级和层次混淆的情况。为保证统计结构适合于后面模型处理，对信息层次划分后同种信息的值保证属于英文字母a～c或b～d之间。根据以上步骤，得出最初信息表信息集的评判记录标准。

根据内容分析法界定，本案例研究在分析多维度信息时是采用现成的维度分析指标系统。所以接下来，从信息表样本空间中抽取了总样本数量的20%进行可信度分析：引入另一位内容分析员，共同根据统一标准，独立编录信息表中出现的各种信息，然后分别计算两者之间的可信度，并据此共同探讨信息提取标准，再进行编录，直到对维度分析指标系统有基本一致的理解。

首先，对抽取的样本进行量化处理，包括做评判记录和信度分析两部分内容。评判记录根据信息提取之前确定的信息种类和信息统计单位对样本中的信息作分类记录，登记下每一个分析单位中某种信息是否存在和出现的频率。第一步，按照信息种类采用量化方式记录所抽取信息表样本在各分析维度下的量化数据（例如，有、无、数字形式、百分比）。第二步，采用之前设计好的评判记录标准把每一个信息种类出现在信息表中的情况一一记录。第三步，对比两个评判员根据相同评判记录标准做出的数字形式记录，进行信度检查。第四步，根据两份针对同一信息表评判记录按照其相符程度进行信度系数计算，即同种信息种类下的记录相同的项数，除以所有信息种类数量。第五步，如果两方关于抽取信息表样本评判记录的平均信度系数过低，则需要两方共同讨论记录不相符的相关信息表信息，修订评判记录标准，重复评判过程，直到取得可接收的信度为止。

在首次可信度计算中，由于发现两份独立评判记录有多处不符，故信度只有0.62。在通过以下几个方面可信度标准的进一步限定，可信度最后提升到0.93。首先，在评判标准中信息（2）的提取需要评判信息（6）的等级以及信息（2）的等级，这样设定是由于在得到信息（2）的等级一般越高其所反映的信息2的质量越高，而评判信息（6）的目的基本是为了考察信息发送者是否能够对信息（6）改变所引起的周围环境变化表现出快速的适应能力，所以同时收集信息（6）和信息（2）的等级是为了使那些信息（6）的等级很高而信息（2）的等级很低的信息发送者显现出来。在首次信度计算时，信息（6）等级多次不符，是由于对信息发送者的信息（2）中哪些属于信息（6）并不清晰，因此改进后的评判记录标准说明等级低于b的信息（2）即属于信息（6）。另外，其他导致第一次可信度较低的原因集中于对“信息（3），信息（11）以及信息（5）中的高等级信息”三个信息收集项中，由于高等级信息确实比较难确定，由于此次的信息表样本都是来源于同一领域，因此在改进的评判记录中说明：对信息（3）中的高等级信息只记录出现在信息发送者信息表中的某个具体项目，例如当这个具体项目的等级上升到一定程度时；信息（11）中的高等级信息只记录在与信息（11）有关的项目中获得等级较高的结果等；在完成以上改进，最终形成可用于所有信息表样本的评判记录规则。

2. 处理经验数据，形成决策表

根据选定的9类信息发送者信息以及对应的评判记录规则对27份信息表样本进行信息提取后，每一份信息表对应10项数值，其中9项数值都分别代表信息发送者的某一方面的特征，最后一项代表信息接收者对拥有这9项特征的信息发送者与需求是否匹配的决定，而决策的根据在于信息接收者根据9项特征判断信息发送者的类型是否与要求相符，相符的信息发送者即为“类型1”。为了方便接下来对信息发送者信息的处理，下面我将建立初始的信息决策表将9项数据归为一处。信息决策表应该包括信息发送者在信息表中传递的各种信息（各种信息的集合组成信息集R）以及信息接收者是否采取行动a_3所依据的决策信息（信息接收者用于决策的类型信息记作Q）；信息决策表以样本空间中所有信息表样本作为研究对象，所有研究对象组成一个信息发送者集合，记作U；通过上一步骤的信息收集，每一个信息发送者在其信息表中传递的信息都被赋予一个信息值，所有信息组成信息集的值域为 a ~ d；信息接收者用于决策是否采取行动 a_3 的依据——类型信息，其值域为 a ~ b；信息发送者信息集与信息接收者决策信息的赋值统一用集合 H 表示。综合上述所有符号表达，具有信息集和决策信息的传播博弈信息决策系统可表达为决策表，记作 $T=(U, H, R, Q)$（如表 7.1 所示）。

表 7.1　　　　传播博弈信息决策表

信息1	信息2	信息2	信息3	信息4	信息5	信6	信息7	信息8	信息9	信息10	信息11	信息12	能力
17	0	3	2	1	1	1	0	1	0	0	0	0	低
21	0	3	2	1	1	1	0	1	0	0	0	0	低
23	0	3	2	1	1	1	0	1	0	0	0	0	低
26	0	3	2	1	1	1	0	1	0	0	0	0	低
7	2	3	0	0	0	1	0	1	0	0	0	0	低
9	2	3	0	0	0	1	0	1	0	0	0	0	低
11	2	3	1	0	0	1	0	1	0	0	1	1	高
14	2	3	0	0	0	1	1	1	0	0	1	1	高
2	0	2	2	0	0	1	1	1	0	0	0	0	低
6	0	2	2	0	0	1	1	1	0	0	0	0	低
19	0	2	2	0	0	1	1	1	0	0	0	0	低
25	0	2	2	0	0	1	1	1	0	0	0	0	低
12	1	2	1	0	0	1	0	1	0	0	0	0	低
4	1	2	1	0	0	1	0	1	0	0	1	0	低
3	1	2	1	0	0	1	0	1	0	0	1	1	高
13	1	2	1	0	0	1	0	1	0	0	1	1	高
22	1	2	1	0	0	1	0	1	0	0	2	0	高
24	1	2	1	0	0	1	0	1	0	0	2	0	高
15	1	3	2	1	1	1	0	1	1	1	1	0	高
16	2	2	2	0	0	1	1	1	0	0	1	0	高
27	2	2	1	0	0	1	0	1	0	0	1	0	高
1	2	1	2	0	0	1	1	1	1	1	0	0	低
5	2	2	2	0	0	1	0	0	0	0	0	0	低
8	1	1	2	1	1	1	0	1	0	0	0	0	低
10	1	3	2	1	1	1	0	0	0	0	0	0	低
18	2	1	1	0	0	1	0	1	0	0	0	0	低
20	2	2	1	0	0	1	1	0	0	0	0	0	低

在建立了信息决策表后，需要检验此决策表是否具有协调性，即拥有同样赋值的信息集是否对应同一种信息接收者决策。在开始检验前，令 X_i 为根据信息集对信息发送者集合 U 的划分的等价类 $[X]_R$，Y_Q为根据决策信息对信息发送者集合 U 的划分的等价类 $[Y]_Q$，对每一个 $x \in U$，定义决策规则为 $Des_R(x) \Rightarrow Des_Q(x)$，即当 x 传递的信息为某一特定组值时，信息接收者在观测到这样的信息集就会做出相对应的特定判断，即一组信息集不会导致信息接收者做出两种不同的决策。

根据信息接收者经验建立的传播博弈信息决策表中传递给信息接收者拥有 9 项信息的信息集 $R = \{r_j | r_1 =$ 信息（1），⋯，$r_9 =$ 信息（9）$\}$，信息接收者的决策信息 Q = {类型}。为了检验建立的信息决策表是否协调，首先采用信息发送者在简历中传递的所有 9 种信息对所有信息发送者进行等价类 x 划分，划分结果如下：

$U | \{r_1, r_2, \cdots, r_9\} = \{X_i\} = \{\{x_{17}, x_{21}, x_{23}, x_{26}\}, \{x_7, x_9\}, \{x_{11}\}, \{x_{14}\}, \{x_2, x_6, x_{19}, x_{25}\}, \{x_3, x_4, x_{12}, x_{13}, x_{22}, x_{24}\}, \{x_{15}\}, \{x_{16}\}, \{x_{27}\}, \{x_1\}, \{x_5\}, \{x_8\}, \{x_{10}\}, \{x_{18}\}, \{x_{20}\}\}$ 可以就其中的三个分类来说明此类信息发送者特征，$X_6 = \{x_3, x_4, x_{12}, x_{13}, x_{22}, x_{24}\}$ 代表：信息（1）在 3.0 ~ 3.5 之间；信息（2）在 3 ~ 4 年之间，根据信息表在信息（3）等级为 b,，信息（4）的等级为 a，在信息（6）中的等级为 b；在信息（7）中的等级为 a，信息（8）的等级为 b，信息（9）的等级为 a。对于此类信息发送者，信息接收者根据以往的决策，其中既有曾经采取行动 a_1 的，也有选择采取行动 a_3 的，所以 $Des_R\{X_6\} = \{x_3, x_4, x_{12}, x_{13}, x_{22}, x_{24}\} \Rightarrow Des_R\{X_6\} = \{0\} \cup \{1\}$。除了这类不明确的决策规则外，另外两类信息发送者（包括刚才提到 X_1 等价类中的信息发送者）所传递的信息都足以让信息接收者马上做出决定。$Des_R\{X_1\} = \{x_{17}, x_{21}, x_{23}, x_{26}\} \Rightarrow Des_R\{X_1\} = \{0\}$ 代表：在信息表中没有提到信息（1）；信息（2）在 4 年以上，信息（3）等级为 c，信息（6）的等级为 b；信息（7）的等级为 a，有信息（8）的经验，但没有信息（9）的经验。$X_9 = \{x_{27}\}$ 代表信息

（1）在3.5－4.0之间；信息（2）仍然在3－4年之间，信息（3）等级为b，没有任何信息（5）的经验，信息（6）的等级为b；信息（7）的等级为a，有信息（8）和信息（9）的经验。对于此类信息发送者，根据以往的决策，是选择采取行动a_3的，故$Des_R\{X_9\}=\{x_{27}\}\Rightarrow Des_R\{X_9\}=\{1\}$。由上可知，与信息接收者选择采取行动$a_3$的信息发送者类别$X_9$相比，上面提到的属于$X_6$的信息传递者传递信息的差别在于：信息（1）低一个档次。而上面提到的属于X_5信息发送者与信息接收者决定采取行动a_3的信息发送者类别相比，信息发送者传递的信息差别在于：信息表中没有提到信息（1），也没有信息（9）的经验。故第一类信息发送者传递的信息不能让信息接收者完全决定是否采取行动a_3的原因有两种：在传递的同种信息中信息值不符合标准或者传递的信息种类不足以使得信息接收者区分该信息发送者类型是否与要求相匹配。而第二类信息发送者传递的信息让信息接收者决定采取行动a_1的原因只有一种：传递同种信息的信息值没达到信息接收者的要求。

第二个多元素信息发送者等价类$X_5=\{x_2, x_6, x_{19}, x_{25}\}$代表：信息发送者信息表中没有提到信息（1）；信息（2）同样在3－4年之间，信息（3）等级为b，信息（6）的等级为b；信息（7）的等级为a，有信息（8）的经验，但是没有信息（9）的经验。针对此类信息发送者，根据以往的决策，是坚决选择采取行动a_1的，故$Des_R\{X_5\}=\{x_2, x_6, x_{19}, x_{25}\}\Rightarrow Des_R\{X_5\}=\{0\}$。将这一类信息发送者所传递的信息与$X_9$所代表的被采取行动$a_3$的信息发送者所具有的特征相比，差别在于：这一类信息发送者虽然具有等级较高的信息（2）（4年以上）以及信息（4）的经验，且在信息（3）和信息（5）中均有等级较高的记录，但没有提及信息（1）。由于在信息（1）方面的劣势，这一类信息发送者在信息（2）指标上的优势似乎并不能弥补其在信息（1）的劣势，从而在此次信息传递中并不能给信息接收者做出决策提供本质上的帮助。所以，信息接收者在观测到这一类信息发送者所传递的信息时，信息接收者的决策规则为不能采取行动a_3。

另外，在单元素信息发送者等价类中，$X_{11}=\{x_5\}$代表：信息发送者信息表中信息（1）处于最高档次3.5～4.0；信息（2）同样在3～4年之间，信息（3）等级为c，信息（6）的等级为b；没有信息（7）的经验，也没有信息（8）信息（9）的经验。与信息接收者选择采取行动a_3的信息发送者等价类$X_9=\{x_{27}\}$相比，在信息（1）等级相同的前提下除了该类信息发送者没有信息（8）的经验外，其他条件都一致。另一个单元素信息发送者等价类$X_{14}=\{x_{18}\}$代表：信息发送者信息（1）处于最高档次3.5～4.0；信息（2）的年限在3年以下，信息（3）的等级为b，信息（6）的等级为b；没有信息（7）的经验，有信息（8）的经验而没有信息（9）的经验。与作为信息接收者采取行动a_3的标杆信息发送者等价类$X_9=\{x_{27}\}$相比，在信息（1）的档次较高以及有信息（8）的经验的前提下除了该类信息发送者信息（2）短于三年以外，其他条件都一致。在四类等价类X_{11}、X_{14}、X_1和X_5与同样的参照等价类X_9比较后可知，三种指标信息（1）、信息（8）以及信息（2）共同决定了$X_9=\{x_{27}\}$符合信息接收者判断为类型1且采取行动a_3的要求。因此根据信息传递中的决策环节可以推测这三类指标对于该需求来说属于相容性考核指标。

在根据信息接收者观测到的9种信息对信息发送者进行划分得到的等价类中，除了只包含一个元素的子集（由于一个元素只代表一个决策规则），另外4个包含多个元素的等价类都需要进行信息接收者决策规则协调性的测试：其中方才提到的信息发送者等价类X_6、X_5和X_1的决策规则为$Des_R\{X_6\}=\{x_3, x_4, x_{12}, x_{13}, x_{22}, x_{24}\}\Rightarrow Des_R\{X_6\}=\{0\}\cup\{1\}$、$Des_R\{X_5\}=\{x_2, x_6, x_{19}, x_{25}\}\Rightarrow Des_R\{X_5\}=\{0\}$和$Des_R\{X_1\}=\{x_{17}, x_{21}, x_{23}, x_{26}\}\Rightarrow Des_R\{X_1\}=\{0\}$，第四个多元素等价类$Des_R\{X_2\}=\{x_7, x_9\}\Rightarrow Des_R\{X_5\}=\{0\}$代表：信息表中信息（1）为最高档3.5～4.0，信息（2）时间在4年以上，信息（3）等级为a，没有信息（4）的经验，信息（6）的等级为b；没有信息（7）的经验，有信息（8）的经验，但没有信息（9）的经验。这一组信息发送者在信息（1）上没有X_5和X_1缺憾，在信息（8）的经验上没有X_{11}的缺乏以及在信息（2）上没有X_{14}的不足，但是与信息接收者采取行动a_3的X_3和X_4相比，或者缺乏信息（3）中高等级信息，或者没有信息（7）的经验。因此可以说明，如果前面通过将 X_{11}、X_{14}、X_1 和 X_5 与 X_9 比较得出该信息接收者的需求对信息发送者信息（1）、信息（8）以及信息（2）有一定要求，而且这三方面指标上的缺憾是不能以信息2方面的优秀成绩弥补，那么通过比较 X_2 和 X_3、X_4 而可以得知该职位要求信息发送者满足信息（1）要求的基础上，信息（3）中高级信息或者拥有信息（7）的经验两项指标对信息接收者决策会产生一定影响。因而根据信息传递博弈中的决策环节可以推测另外两类指标，信息（3）中的高级信息以及信息（7）的等级可能是该应聘岗位的最优性决策指标。

3. 信息传递双方知识约简

在以往的数据分析中，一般计量方法往往基于对大样本空间的中样本不同特征之间的关系进行数量分析，例如通过对众多信息发送者传递的某种信息的信息值与最终决策所代表的数值进行回归分析，可得到这种信息对于最终决策的影响程度即权重。而在粗集的信息权重计算方法中若需要判断某些信息或信息集的重要性，应该从信息决策表去掉该信息后再考察信息接收者根据简化后信息集划分的信息发送者类别如何变化；若去掉该信息种类会大大地改变信息接收者对信息发送者的分类，则说明该信息对于信息接收者来说重要性高、权重大；反之若去掉该信息种类不会改变信息接收者对信息发送者分类，则说明该信息对信息接收者来说没有任何作用。

在前面考察信息决策表协调性时，根据信息发送者决策表中 9 种信息对所有信息发送者进行等价类划分，划分结果如下：$U|\{r_1, r_2, \cdots, r_{10}\} = \{X_i\} = \{\{x_{17}, x_{21}, x_{23}, x_{26}\}, \{x_7, x_9\}, \{x_{11}\}, \{x_{14}\}, \{x_2, x_6, x_{19}, x_{25}\}, \{x_3, x_4, x_{12}, x_{13}, x_{22}, x_{24}\}, \{x_{15}\}, \{x_{16}\}, \{x_{27}\}, \{x_1\}, \{x_5\}, \{x_8\}, \{x_{10}\}, \{x_{18}\}, \{x_{20}\}\}$；而根据信息发送者根据对信息发送者类型而做出的决策对所有信息发送者进行等价划分，划分结果为：$U|\{r_1, r_2, \cdots, r_{10}\} = \{Y_j\} = \{x_3, x_{11}, x_{13}, x_{14}, x_{15}, x_{16}, x_{22}, x_{24}, x_{27}\}$，

$Y_2 = U - Y_1\}$；那么通过传递该信息集可以被信息接收者完全划入类型 1 的范围的信息发送者为 $pos_R(Q) = \{x_{11}, x_{14}, x_{15}, x_{16}, x_{27}\}$，即这 9 种信息组成的信息集相对于类型的逼进程度为 $k_R(Q) = 5/27$。

下面，我将逐一计算每种信息对于信息发送者做出决策的权重：

首先，若信息集中去掉“信息（1）”，信息接收者对信息发送者的划分为 $U|R - \{r_1\} = \{\{x_1\}, \{x_8\}, \{x_2, x_6, x_{19}, x_{25}, x_{16}\}\}, \{x_3, x_4, x_{12}, x_{13}, x_{22}, x_{24}, x_{27}\}, \{x_5\}, \{x_7, x_9\}, \{x_{15}, x_{17}, x_{26}, x_{21}, x_{23}\}, \{x_{11}\}, \{x_{14}\}, \{x_{10}\}, \{x_{18}\}, \{x_{20}\}\}$；去掉“信息（1）”后的信息集不能完全地将一个信息发送者划入类型 1 的范畴；因此，“信息（1）”的权重为 $k_{r1}(Q) = k_R(Q) - k_{R-r1}(Q) = 5/27 - 2/27 = 1/9$。若信息集中去掉“信息（2）”，信息接收者对信息发送者的划分为

$U|R - \{r_2\} = \{\{x_{17}, x_{21}, x_{23}, x_{26}\}, \{x_7, x_9\}, \{x_{11}\}, \{x_{14}\}, \{x_2, x_6, x_{19}, x_{25}, x_{20}\}, \{x_5\}, \{x_3, x_4, x_{12}, x_{13}, x_{22}, x_{24}\}, \{x_{15}, x_8\}, \{x_{27}, x_{18}\}, \{x_{10}\}, \{x_{16}, x_1\}\}$，故去掉“信息（2）”后的信息集同样不能完全地将一个信息发送者划入类型 1 的范畴；因此，“信息（2）”的权重为 $k_{r2}(Q) = k_R(Q) - k_{R-r2}(Q) = 5/27 - 3/27 = 1/9$。若信息集中去掉“信息（8）”，信息接收者对信息发送者的划分为 $U|R - \{r_8\} = \{\{x_{17}, x_{26}, x_{21}, x_{23}\}, \{x_7, x_9\}, \{x_{11}\}, \{x_{14}\}, \{x_2, x_6, x_{19}, x_{25}\}, \{x_3, x_4, x_{12}, x_{13}, x_{22}, x_{24}\}, \{x_{15}, x_{10}\}, \{x_{16}, x_{20}\}, \{x_{27}, x_5\}, \{x_1\}, \{x_8\}, \{x_{18}\}\}$ 故去掉“信息（8）”后的信息集与前两种信息一样不能完全地将一个信息发送者划入类型 1 的范畴；因此，“信息（8）”的权重也为 $k_{r8}(Q) = k_R(Q) - k_{R-r8}(Q) = 5/27 - 2/27 = 1/9$。

其次，若信息集中去掉“信息（3）中可记录的出色表现”，信息接收者对信息发送者的划分为 $U|\{R - r_2\} = \{X_i\} = \{\{x_{17}, x_{21}, x_{23}, x_{26}\}, \{x_7, x_9, x_{11}\}, \{x_{14}\}, \{x_2, x_6, x_{19}, x_{25}\}, \{x_3, x_4, x_{12}, x_{13}, x_{22}, x_{24}\}, \{x_{15}\}, \{x_{16}\}, \{x_{27}\}, \{x_1\}, \{x_5\}, \{x_8\}, \{x_{10}\}, \{x_{18}\}, \{x_{20}\}\}$；故去掉“信息（3）可记录的出色表现”后的信息集只能将一个信息发送者划入类型

1 的范畴；因此，“信息（3）中可记录的出色表现”的权重为 k_{r3}（Q）= k_R（Q）－ k_{R-r3}（Q）=5/27－4/27=1/27。若信息集中去掉“信息（7）的等级高”，信息接收者对信息发送者的划分为 $U|\{R-r_7\}=\{X_i\}=\{\{x_{17}, x_{21}, x_{23}, x_{26}\}, \{x_7, x_9, x_{14}\}, \{x_{11}\}, \{x_2, x_6, x_{19}, x_{25}\}, \{x_3, x_4, x_{12}, x_{13}, x_{22}, x_{24}\}, \{x_{15}\}, \{x_{16}\}, \{x_{27}\}, \{x_1\}, \{x_5\}, \{x_8\}, \{x_{10}\}, \{x_{18}\}, \{x_{20}\}\}$；故去掉“信息（7）的等级高”后的信息集只能将一个信息发送者划入类型 1 的范畴；因此，“信息（7）的等级高”的权重为 k_{r8}（Q）= k_R（Q）－ k_{R-r7}（Q）=5/27－4/27=1/27。

最后，若信息集中去掉剩下四个信息中任意一个，信息接收者对信息发送者的分类都不会有改变，即 $U|R-\{r_4\}=U|R-\{r_5\}=U|R-\{r_6\}=U|R-\{r_9\}=U|R$，故剩下的信息相对于信息接收者的决策信息“类型”来说对划分信息发送者没有作用，可以约去。约简后的信息集 R_1 为 = {信息（1），信息（2），信息（3）中高等级信息，信息（7）等级高以及有信息（8）的经验} 为核集。其中，根据上面的计算，可以得知信息（1），信息（2）以及信息（8）的经验对于信息接收者判断信息发送者是否为类型 1 的权重最高为 1/9；其次，信息（3）中的出色表现以及信息（7）的等级高权重排第二（1/27）；其余信息对信息接收者决策没有影响，权重为零。更进一步，就目前根据以往决策经验来分析，该需求的理想信息发送者应该在信息（1）档次较高，信息（2）3 年以上，并且有信息（8）的经验，说明该需求需要综合素质比较高的信息发送者；并且信息接收者也看中是否在信息（3）中拥有等级高的信息或者信息（7）的等级较高，说明信息接收者比较偏爱信息（1）等级较为突出的信息发送者；最后信息（4）等信息并没有受到信息接收者重视，说明该需求并不要求有信息（4）的经验，但是也应该注意到，在信息接收者的决策历史中，也有信息（1）档次中等，表现仅仅良好的信息发送者，当这类信息发送者出现时，就信息接收者目前所观测到的信息集来说，是不足以做出判断的。故这类信息发送者需要传递新的信息，使得信息接收者能够尽早做出判断。

第八章

知识传播的博弈模型构建

第一节　博弈论中传播模型

现实情况中，市场交易双方往往无法实现完全信息，即至少有一个交易参与人不了解其他交易参与人的私人交易信息（Self Information）。在阿劳克夫（Akerlof）开创的逆向选择理论中说明了交易双方的不对称信息会导致帕累托最优的市场交易不能实现①。例如在二手车市场中，买主可以了解到二手车的价格，外观，里程，但是汽车的真实质量（例如此车以前是否出过大型交通事故）无法得知。当买主在不知道二手车质量类型（Type）的情况下，只能根据市场中二手车的平均质量情况判断支付价格。这样一来，买主所出的价格一般不会高于市场中二手车的平均质量所对等的水平，市场中质量高于平均质量的卖主就会退出市场从而导致二手车平均质量进一步降低，买主愿意支付的价格也因此再次降低。依此推理，市场中只有中低质量档次的二手车成交，交易的帕累托改进不能实现。但是若交易双方如果能够进行有效的信息传递，例如高档车卖主能够出具二手车的维修历史，或者提供一定时间的维修保证，由于高质量的二手车保修的预期花费低于低质量的二手车，高档车买主自然会比低档车卖主更愿意提供保修服务。由于信息传递的存在，高档车卖主自动与低档车卖主区别开来，帕累托改进得以实现。

市场交易双方之间信息传递渠道的存在，使得市场中拥有无法直接观测优势的交易方利用渠道这个“激励机制”有积极性和可能性获得更高收益。在信息传播博弈创始人斯宾塞（Spence）提出的劳动力市场模型中，也可以

① Akerlof G A. The market for" lemons": Quality uncertainty and the market mechanism [J] . The quarterly journal of economics, Vol. 84, No. 3, 1970. pp. 488 – 500.

进行类似的分析。信息传播博弈中，如果信息接收者只根据信息发送者平均类型水平进行薪酬制定，那么类型1信息发送者就会退出竞争导致信息发送者平均类型水平再度下降，导致最后类型2信息发送者在博弈中获得胜利或者信息接收者无法得到合适人选。因此由于市场交易逆向选择的存在，信息传播模型孕育而生。

1. 信息传递博弈中的传播模型

（1）信息1不影响收益水平的信息传递模型

可以将信息传递博弈过程简化为信息发送者通过提供信息1$s\in\{0,1\}$来传递自己的类型信息，其中$s=0$代表不拥有信息1，而$s=1$代表拥有信息1；类型水平越低想要拥有某种程度的信息1所需付出的代价越大，即$C(s,\theta)=s/\theta$，其中θ代表信息发送者的私人类型信息：$\theta=1$代表类型2，$\theta=2$代表类型1；信息接收者观测到信息发送者传递的信息1s后决定信息发送者应获得的回报水平$w(s)$，信息传递者可以选择接收或者不接收。如果接收，信息接收者的期望产出为$y=\theta$。用博弈的扩展式可表述如下：

1. “自然”首先选择信息发送者的类型$\theta\in\Theta$，这里$\Theta=\{\theta=1,\theta=2\}$是信息发送者的类型空间，信息发送者知道$\theta$，信息接收者只知道属于$\theta$的先验信念是$p(\theta=1)+p(\theta=2)=0.5+0.5=1$（假设条件）。

2. 信息发送者在观测到自然分配的类型θ后选择传递的教育信息$s\in\{0,1\}$

3. 信息接收者在观测到信息发送者传递的信息s，通过贝叶斯法则从先验概率$p=p(\theta)$计算得到后验概率$\tilde{p}=\tilde{p}(\theta|s)$，然后选择行动$a\in A$，这里$A=\{a_1=w(s_1),a_2=w(s_2)\}$是信息接收者的行动空间。

4. 信息发送者与信息接收者的支付函数分别为$U(s,\theta)=w-s/\theta$和$\pi(s,\theta)=\theta-w(s)$。

如果信息接收者知道信息发送者的类型，即完全信息情况下，类型1和

类型 2 的信息发送者都会选择 $s=0$，因为信息 1 失去信息传递的作用，信息接收者会根据信息发送者的类型直接指定回报水平 $w(\theta)$，类型 1 信息发送者不需要传递信息使自己与类型 2 信息发送者区别开来。然而在更一般的不完全信息情况下，假定信息 1 不传递有关类型的信息，完全信息下的帕累托最优均衡是无法实现的。信息 1 不传递信息意味着信息接收者在信息传递中只能观测到一种信息值从而无法改变关于信息传递者类型的信念，即后验概率等于先验信念，$\tilde{p}(\theta=1|s=0)=p(\theta=1)=0.5$，$\tilde{p}(\theta=2|s=0)=p(\theta=2)=0.5$。在此后验概率基础上，在观测到信息 1$s=1$ 时信息接收者的期望回报为 $\theta=\tilde{p}(\theta=1|s=1)*1+\tilde{p}(\theta=2|s=1)*2=0.5*1+0.5*2=1.5$。假定信息发送者之间是完全竞争的，信息接收者的利润为零，信息发送者的回报等于其收益水平，即 $\theta-w=1.5$。给定信息接收者的后验概率以及回报决策，类型 1 信息发送者选择接信息 1$s=1$ 的回报为 $U(s,\theta)=w-s/\theta=1.5-1/2=1$，选择信息 1$s=0$ $U(s,\theta)=w-s/\theta=1.5$；对类型 2 信息发送者来说选择信息 1$s=1$ 为 $U(s,\theta)=w-s/\theta=1.5-1/1=0.5$，选择信息 1$s=0$ 的回报为 $U(s,\theta)=w-s/\theta=1.5-0/1=1.5$。因此，若信息接收者给予平均回报，类型 1 与类型 2 的信息发送者都将选择信息 1$s=0$。以上信息接收者与信息发送者的决策对称为混同均衡。然而需要注意的是，为了保证混同均衡的完备性，规定博弈没有到达的非均衡路径上后验概率为与均衡兼容的任意值（由于在混同均衡中没有观测到 $s=1$，可以推断 $p(s=1)=0$，则根据贝叶斯法则无法计算 $\tilde{p}(\theta=1|s=1)$）故规定信息接收者观测到 $s=1$ 时后验概率仍等于先验信念 0.5）。

在这个模型中同时也证明了另一种均衡状态的存在：类型 1 信息发送者选择通过一定途径获得信息 1，希望能与类型 2 信息发送者区别开，信息接收者观测到不同的信息 1 信息后采取行动 a_3，那么帕累托最优的分离均衡就会实现。首先，信息接收者观测到分离信息后会形成有两种后验概率以及相应的行动决策：信息接收者可以认为不拥有信息 1 象征类型 1$\tilde{p}(\theta=2|s=0)$

$=1$ 或者拥有信息 1 象征类型 1 $\tilde{p}$ （$\theta=2|s=1$） $=1$。代入信息接收者的收益函数，在第一种后验概率下信息接收者在观测到 $s=1$ 时采取行动 a_3 $w=\theta=2$，在第二种后验概率情况下信息接收者在观测到同种信息 1 信息时采取行动 a_1 $w=\theta=1$。

对于类型 2 信息发送者来说，如果信息接收者选择第一种分离回报策略，他选择传递拥有信息 1 时的收益为 U（s，θ） $=w-s/\theta=1-1/1=0$，选择不拥有信息 1 的收益为 U（s，θ） $=w-s/\theta=2-0/1=2$；如果信息接收者选择第二种区别回报策略，类型 2 信息发送者选择拥有用信息 1 的收益 U（s，θ） $=w-s/\theta=2-1/1=1$，选择不拥有信息 1 的收益为 U（s，θ） $=w-s/\theta=1-0/1=1$。因此，对于类型 2 信息发送者来说，选择拥有信息 1 为其劣战略。对于类型 1 信息发送者来说，如果信息接收者选择第一种分离回报策略，他选择传递拥有信息 1 时的收益为 U（s，θ） $=w-s/\theta=1-1/2=0.5$，选择不拥有信息 1 的收益为 U（s，θ） $=w-s/\theta=2-0/2=2$；如果信息接收者选择第二种区别回报策略，他选择拥有信息 1 的收益 U（s，θ） $=w-s/\theta=2-1/2=1.5$，选择不拥有信息 1 的收益为 U（s，θ） $=w-s/\theta=1-0/2=1$。因此，对于类型 1 信息发送者来说，有可能选择通过一定途径去获得信息 1。

因此，如果信息接收者选择第一种区别回报策略，由于类型 2 信息发送者都将选择不拥有信息 1，信息接收者仍然只能观测到一种信息 1 信息后验概率无法改进，他的回报为 π（s，θ） $=\theta-w$（s） $=1.5-0.5*$ w（$s=0$） $-0.5*$ w（$s=0$） $=1.5-1-1=-0.5$，信息接收者亏损，因此信息接收者的第一种差别回报策略并不构成均衡策略。由上可知这个模型中分离均衡，应该基于信息接收者的第二种差别回报策略：给定信息接收者观测到 $s=0$ 时认为信息发送者为类型 2 $\tilde{p}$（$\theta=2|s=0$） $=1$，采取行动 a_1，w（$s=0$） $=1$；观测到 $s=1$ 时认为信息发送者为类型 1 $\tilde{p}$（$\theta=2|s=1$） $=1$ 采取行动 a_3，w（$s=1$） $=1$。由上面分析可知类型 1 信息发送者的选择拥有信息 1 的收益 U

$(s, \theta) = w - s/\theta = 2 - 1/2 = 1.5$ 大于选择不拥有信息 1 的收益 $U(s, \theta) = w - s/\theta = 1 - 1/2 = 0.5$，即选择传递拥有信息 1 为其优战略，而类型 2 信息发送者无论信息接收者选择哪种差别回报策略，选择传递拥有信息 1 为其劣战略。反过来，给定信息发送者选择分离信息，当信息接收者观测到 $s = 1$ 时，信息接收者推断信息发送者必然为类型 1，后验概率根据贝叶斯法则修改为 $\tilde{p}(\theta = 2 | s = 1) = p(s = 1 | \theta = 2) * p(\theta = 2) / [p(s = 1 | \theta = 1) * p(\theta = 1) + p(s = 1 | \theta = 2) * p(\theta = 2)] = 1 * 1 / [1 * 1 + 1 * 0] = 1$，将后验概率代入信息接收者的收益函数 $\pi(s, \theta) = \theta - w(s) = 2 * 1 - 0 * w(s = 1) - 2 * w(s = 1) = 2 - 2 = 0$。当观测到 $s = 0$ 时，信息接收者可以断定信息发送者必然为类型 2，后验概率根据贝叶斯法则修改为 $\tilde{p}(\theta = 1 | s = 0) = p(s = 0 | \theta = 1) * p(\theta = 1) / [p(s = 0 | \theta = 1) * p(\theta = 1) + p(s = 0 | \theta = 2) * p(\theta = 2)] = 1 * 1 / [1 * 1 + 1 * 0] = 1$，将后验概率代入信息接收者的收益函数 $\pi(s, \theta) = \theta - w(s) = 1 * 1 - 0 * w(s = 1) - 1 * w(s = 1) = 1 - 1 = 0$。在市场完全竞争假设下，信息接收者在分离均衡中所得利润为零，分离均衡成立。

（2）信息 1 提高收益水平的信息传递模型

即使在信息 1 不能提高信息发送者收益水平的情况下，如果信息 1 具有传递信息发送者类型信息的作用，仍然可以通过提供信息使得信息接收者为不同类型的信息接收者提供适合的回报策略，从而提高了资源配置效率。但是在现实生活中，更实际的情况是信息发送者可以通过获取信息 1 来提高自己的收益水平。

仍然以 θ 代表信息发送者的私人类型信息：$\theta = 1$ 代表类型 2，$\theta = 2$ 代表类型 1。信息发送者的信息 1 水平 s 是一个连续变量，$s \in [0, \bar{s}]$。这样对于给定类型 θ 和信息 1 水平 s，类型 2 信息发送者的期望产出函数为 $y_1(s) = s$，类型 1 信息发送者的期望产出函数为 $y_2(s) = 2s$。意即假设在给定信息 1 水平的条件下，类型 1 信息发送者的收益水平是类型 2 信息发送者的两倍，而在类型固定的情况下，信息发送者信息 1 水平越高，其收益水平也越高。

设 $U_\theta(w, s)$是类型为 θ 的信息发送者的效用函数，其中 w 是信息发送者预期得到的回报。根据现实中的实际情况，随着信息发送者信息 1 水平的提高，他的支出成本必然加大，造成其效用递减。并且信息 1 水平越高，接收每单位信息 1 的成本也越大，即边际成本递增。而随着回报的提高，信息发送者的总效用也自然增加，但是根据马斯洛需求层次理论，其边际效用的递减（或不变）的。用公式的方法表示即为：

$\partial U/\partial w>0$，$\partial^2U/\partial w^2\leqslant 0$，$\partial U/\partial s<0$，$\partial^2U/\partial s^2<0$。此外，按照之前的假设，类型 2 的信息发送者获得信息 1 的成本要相对高于类型 1 信息发送者的成本，即$\partial U_1/\partial s>\partial U_2/\partial s$。根据以上这些假设，可做出两条属于不同类型信息发送者的无差异曲线，即在无差异曲线上各点所对应的信息发送者效用函数相等。由于类型 2 信息发送者获得信息 1 的成本要相对高于类型1 信息发送者，所以类型 2 信息发送者的无差异曲线要处处陡于类型 1 信息发送者的无差异曲线。这是因为为了保持给定的效用水平，类型 2 信息发送者每增加一个单位的信息 1 水平所需花费的成本都要高于类型 1 信息发送者，所以其需要的补偿回报，也要高于类型 1 信息发送者需要的回报，所以两条无差异曲线只有一个交叉点。

在这种时候，信息发送者需要考虑的问题是，如何在信息接收者给定预期回报 w 的基础上，选择自己的最优信息 1 水平 s，使得自己的效用函数 $U_\theta(w, s)$最大。在市场完全信息的条件下，信息接收者之间的竞争会使得自己的效用为零，即均衡回报等于信息发送者的收益水平，即 $w_1=y_1=s$，$w_2=y_2=2s$，所以最优化的条件为：类型 2 信息发送者：

$\frac{\partial w_1}{\partial s}=\frac{\partial y_1}{\partial s}=1=-\frac{\partial U_1/\partial s}{\partial U_1/\partial w}$，类型 1 信息发送者：$\frac{\partial w_2}{\partial s}=\frac{\partial y_2}{\partial s}=2=-\frac{\partial U_2/\partial s}{\partial U_2/\partial w}$，即最优解应该在信息发送者效用的无差异曲线与产出曲线的相切点。

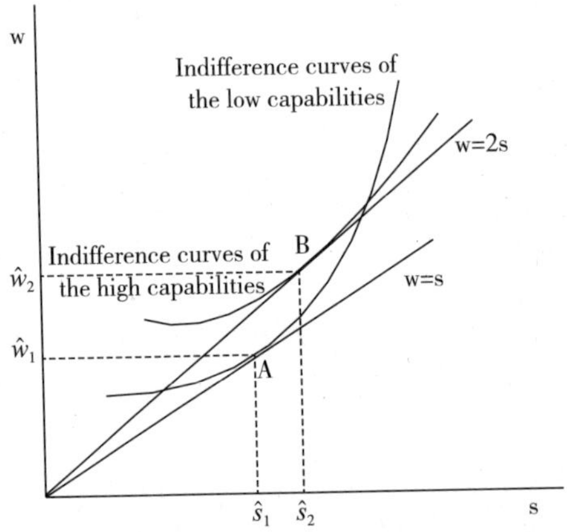

图 8.1　完全信息下的均衡

A 是类型 2 信息发送者的无差异曲线与类型 2 者产出曲线 $w=s$ 的相切点，B 是类型 1 信息发送者的无差异曲线与类型 1 者产出曲线 $w=2s$ 的相切点，A 和 B 分别对应的是类型 2 信息发送者和类型 1 信息发送者的均衡点：类型 2 信息发送者选择信息 1 水平为 $\hat{s}_1$，得到回报 $\hat{w}_1$；类型 1 信息发送者选择信息 1 水平为 $\hat{s}_2$，得到回报 $\hat{w}_2$。可以证明，在完全信息条件下，由于信息 1 可以提高信息发送者的收益水平，所以每个信息发送者都会选择拥有信息 1，并且类型 1 信息发送者选择的信息 1 水平高于类型 2 信息发送者。同样可以证明的是，在不完全信息条件下，（A，B）构不成均衡。

那么在不完全信息的条件下，信息接收者和信息发送者之间又是如何取得均衡的呢。假设在初始状况下，信息发送者属于类型 2 和类型 1 的先验概率相等，各为 0.5,；当信息接收者观察到信息发送者选择信息 1 水平 s 时认为其属于类型 2 信息发送者的后验概率为 $\mu(s)=\mu(\theta=1|s)$。在分离均衡中，不同类型的信息发送者选择不同水平的信息 1，信息接收者根据其信息 1 的水平判断信息发送者的类型，并给予相应的回报，回报等于其收益水平。即类型为 $\theta=1$ 的信息发送者选择 $s*(1)=s_1$，类型为 $s=2$ 的信息发送者选择 $s*(2)=s_2$，且 $s_1\neq s_2$；信息接收者认为信息 1 水平为 s_1 的信息发送者是类型 2 信息发送者，从而支付回报 $w(s_1)=s_1$，认为信息 1 水平为 s_2 的信息发送者

是类型 1 的，从而支付回报 $w(s_2)=2s_2$。而在混同均衡中，不同类型的信息发送者选择相同的信息 1 水平 $s*(1)=s*(2)=s*$，信息接收者无从分辨信息发送者的类型，因此只能支付相同的回报 $w(s*)=0.5s*+0.5\times 2s*=1.5s*$。

分离均衡的条件是类型 2 信息发送者宁愿选择($s=s_1$，$w=s_1$)，而不是($s=s_2$，$w=2s_2$)。类型 1 信息发送者正好相反。显然分离均衡不会是唯一的，对应不同的回报函数，将会得到不同的分离均衡。一般来说，无论回报函数如何，不完全信息条件下的均衡信息 1 水平与完全信息条件下的最优信息 1 水平是不同的。这是因为在完全信息条件下，信息发送者的类型是被信息接收者所知道的，所以他们通过一定途径获得信息 1 的原因是信息 1 可以提高收益水平，从而提高他们自己的回报水平。但是随着信息 1 水平的提升，单位信息 1 的成本也逐渐增加，并且最后将超过回报水平，即收益的增幅。当边际成本等于边际收益时，类型 2 信息发送者和类型 1 信息发送者分别达到均衡。在此过程中，可以认为信息 1 的成本完全是为使自己总效用提高的成本，亦即类型 2 信息发送者通过获得信息 1 $\hat{s}_1$ 使得自己的回报水平达到 $\hat{w}_1$，类型 1 信息发送者通过获得信息 1 $\hat{s}_2$ 使得自己的回报水平达到 $\hat{w}_2$，分别使自己的总效用函数最大化。但是在不完全信息条件下，前面已经提到过，由于类型 2 信息发送者可以预期到信息接收者会对信息 1 水平为 $\hat{s}_2$ 的信息发送者支付回报 $\hat{w}_2$，于是类型 2 信息发送者也将选择获得 $\hat{s}_2$ 程度的信息 1 水平，以期望得到回报 $\hat{w}_2$，所以完全信息条件下的均衡结果在不完全信息条件下不能构成均衡。而类型 1 信息发送者为了把自己与类型 2 信息发送者区分开，只好选择更高水平的信息 1，致使 $s_2>\hat{s}_2$。如果 s_2 在类型 2 信息发送者的无差异曲线和类型 1 信息发送者无差异曲线的交叉点左侧，通过前文的讨论得知，类型 2 信息发送者会选择跟进。这也是因为，由于类型 1 信息发送者选择的信息 1 水平不够高，使得类型 2 信息发送者选择高信息 1 水平，高回报水平的收益大于其获得更高水平信息 1 的成本。只有将信息 1 水平提高到类型 1

信息发送者可以接收的成本水平，而类型 2 者无法接收的时候（前面已经假设类型 1 信息发送者相比于类型 2 信息发送者，接收同等信息 1 的成本要低，$\partial U_1/\partial s > \partial U_2/\partial s$）。所以，$s_2$ 也必然会在两条无差异曲线交叉点的右侧。

这种与完全信息条件下最优信息 1 水平的偏离就是将不同类型的信息发送者区分开的信息成本，亦即信息发送者获得信息 1 的成本部分转化为回报提高的收益，部分变成让自己在与其他类型的信息发送者的比较中脱颖而出的成本。这也说明了不完全信息会导致市场效率下降。

尽管对应于不同的回报函数存在着不同的分离均衡，但是如果我们使用"直观标准"（intuitive criterion）把非均衡路径上劣战略剔出后，将会只剩下一个合理的分离均衡：类型 2 信息发送者选择信息 1 水平$\hat{s}_1$，使得自己的回报水平达到$w = \hat{w}_1 = \hat{s}_1$，类型 1 信息发送者通过获得信息 $1 s* > \hat{s}_2$ 使得自己的回报水平达到 $w = w*_2 = 2s*_2$。所以在信息 1 可以提高收益水平的情况下，信息 1 依然是可以区分信息发送者类型的信息（有关非均衡路径上劣战略剔除的方法和比精炼贝叶斯均衡更精练的其他均衡概念也是本论文中用到的重点理论，将在后面进行介绍）。

2. 信息传递博弈中的信息甄别模型

在前面两个信息传递模型中，都假定信息接收者选择的回报函数是确定的，而且也被信息发送者所知晓，而信息发送者的类型只有自己知道，信息接收者只能通过观察信息发送者的信息 1 水平来判断其类型的优劣。信息接收者与信息发送者之间的博弈顺序为，信息发送者首先根据回报函数和自己的类型优劣，选择合适的信息 1 水平，以期使自己的效用最大化。而信息接收者在观察到信息发送者的信息 1 水平后，判断信息发送者是属于类型 1 还是类型 2，以决定给予回报的水平。

而如果将信息接收者和信息发送者的博弈顺序交换一下，就会产生另外一种博弈模式，这就是信息甄别模型。在信息甄别模型中，信息接收者首先提出一系列的回报合同菜单 $\{w, s\}$，此回报合同菜单并不针对某一个信息发送者，而是任一信息发送者都可以根据自己的类型，选择接收菜单中的某个信息 1 水平 s，以得到相对应的回报水平 w。在此模型中，信息接收者不需要提前知道信息发送者的信息 1 水平和类型，即使在后期知道了信息发送者的信息 1 水平，也不会修改之前提出的回报合同菜单，也就没有了信息传递模型中有关后验概率的假设。这个模型的优点在于，信息接收者不用再对每一个信息发送者都进行一次博弈，根据其信息 1 水平支付相应的博弈均衡的回报，而改为把主要精力集中在提供一份合理的回报合同菜单，以使类型 2 信息发送者和类型 1 信息发送者主动选择最适合自己的信息 1 水平和相应的回报。

根据罗斯查尔德（Rothschild）和斯蒂格利兹（Stiglitz）对信息甄别模型的定义，在信息甄别模型中的均衡是指存在一组合同 $\{(w_1, s_1), (w_2, s_2), \cdots, (w_k, s_k)\}$，和一个选择规则（selection rule），$R: \theta \rightarrow (w, s)$，使得：①每一类型信息发送者都能在所有可选择的合同中选择一个最适合自己的合同，使自己的期望效用最大化（即类型为 θ 的信息发送者选择合同 (w_θ, s_θ)，并且使得相对于所有的合同 (w, s)，$U_\theta(w_\theta, s_\theta) \geqslant U_\theta(w, s)$）；②信息接收者的期望利润不能小于零（即不能让信息接收者亏损而选择退出）；③不存在一份新的合同，使得提供这份新合同的信息接收者得到严格正的利润（即大于原信息接收者的收益）[①]。

参与者行动顺序的改变造成信息甄别模型中不存在混同均衡，唯一可能存在的均衡是分离均衡。而且如果分离均衡存在的话，那么也是唯一的。当然也有可能模型没有均衡存在。造成信息甄别模型与信息传递模型均衡结果不同（信息传递模型中有多个分离均衡和多个混同均衡，虽然可以使用一些方法剔除掉那些“不合理”的均衡）的原因在于之前提到过的，在信息传递模型中，均衡依赖于信息接收者对信息发送者的后验概率，而在非均衡路径

① Rothschild M, Stiglitz J. Equilibrium in competitive insurance markets: An essay on the economics of imperfect information [J]. The quarterly journal of economics, 1976. pp. 629 –649.

上的后验概率可以任意指定，对应不同的后验概率，存在着不同的均衡。相比较而言，信息甄别模型中由于不存在后验概率的影响，均衡结果只会是合理的均衡，并且是唯一的，合乎逻辑的。当剔除掉信息传递模型中的不合理均衡后，剩下的唯一均衡就是信息甄别模型中的分离均衡（结果相同，殊途同归）。

但是在信息甄别模型中，有时甚至根本不存在均衡。在这种时候可能并不表示现实中也不存在均衡。而之所以出现模型与现实市场出现偏差的原因，可能在于之前关于均衡概念的假设：如果有另一个信息接收者可以提供一份新的更有利可图的合同时，模型中的均衡是不存在的。这也隐含假设了在出现“破坏者”采取行动破坏了原有均衡时，原有信息接收者没有采取相应的行动进行反击，以使得新的更有利可图的合同变得无利可图，以恢复原有的均衡。关于此方面的重要研究集中在瑞里（Riley）。瑞里提出了“反应均衡”（reactive equilibrium）的概念：为了破坏原有的均衡，新的合同不仅应该比原来的合同更严格有利，而且不存在更新的合同使其变得严格无利[①]。并且前面有关不存在混同均衡的论点依然成立。据此瑞里得出结论是反应均衡总是存在的，并且就是信息传递模型中的那个唯一的分离均衡。

第二节　构建基于粗交流的博弈模型

本小节中将利用上一节建立的信息决策表开始基于粗交流的双类型信息传递模型试验。本小节首先进行双信息值的改进信息传递博弈试验，由于双信息值信息传递模型与斯宾塞有同样的初始博弈条件，即双信息值与双类型

① Riley J G. Informational equilibrium [J]. Econometrica: Journal of the Econometric Society, Vol. 47, No. 2, 1979. pp. 331 -359.

信息发送者，可以为下一章比较两种模型得出改进模型相对于斯宾塞模型的优势提供实验结果支持。然后，将信息发送者所传递信息的信息值推广到三种，探讨在多信息值的信息传递模型中分离均衡如何实现。

1. 基于粗交流的双选决策过程

当信息接收者发现自己根据以往决策经验（或者博弈双方信息决策表）不足以支持自己对一名信息发送者做出决策时，信息发送者需要传递新信息使得信息接收者更精确地了解自己关于“类型”信息。自此基于粗交流的博弈开始，首先信息发送者若选择传递信息“r_{10} = 是否拥有信息（10）”，r_{10} = b 说明信息发送者拥有信息（10）而 r_{10} = a 说明信息发送者不拥有信息（10）。对于信息发送者来说，当观测到一种信息发送者传递的新型信息时，根据基于粗交流的信息传递模型，应该先将新信息纳入信息决策表，并利用以往信息发送者的相关信息进行判断，此种信息对以往决策的权重。因此，引入新的信息后 R_1 = {信息（1），信息（2），信息（3）中的高等级信息，信息（7），信息（8），以及是否拥有信息（10）} = {r_1，r_2，r_3，r_7，r_9，r_{10}}；而采用新的信息集对信息发送者进行分类得到 U|{r_1，r_2，r_3，r_7，r_9，r_{10}} = {X_i} = {{x_{17}，x_{21}，x_{23}，x_{26}}，{x_7，x_9}，{x_{11}}，{x_{14}}，{x_2，x_6，x_{19}，x_{25}}，{x_3，x_4，x_{13}，x_{22}，x_{24}}，{x_{12}}，{x_{15}}，{x_{16}}，{x_{27}}，{x_1}，{x_5}，{x_8}，{x_{10}}，{x_{18}}，{x_{20}}}}，根据引入新信息的信息决策表，其中 X_6 = {x_3，x_4，x_{13}，x_{22}，x_{24}} 代表信息（1）处于 3.0～3.5 区间内，信息（10）的等级都为 b，信息（2）为 3～4 年，信息（3）等级为 b，没有信息（7）的相关经验，拥有信息（8）的相关经验而不用有信息（9）的相关经验；X_7 = {x_{12}} 与 X_3 相比除了不拥有信息（10）（等级为 a）以外，其他条件值相同。

但是通过计算，引入新信息后原来的信息决策表中信息的权重却没有发生改变，例如去掉“信息（1）”后 U|R_1 − {r_1} = = {{x_{17}，x_{21}，x_{23}，

$x_{26}\}$， $\{x_7, x_9, x_{11}, x_{14}\}$， $\{x_2, x_6, x_{19}, x_{25}\}$， $\{x_3, x_4, x_{13}, x_{22}, x_{24}\}$， $\{x_{12}\}$， $\{x_{15}\}$， $\{x_{16}\}$， $\{x_{27}\}$， $\{x_1\}$， $\{x_5\}$， $\{x_8\}$， $\{x_{10}\}$， $\{x_{18}\}$， $\{x_{20}\}\}\}$，因此，引入新信息后“信息（1）”的权重仍然为 k_{r1}（Q） = k_R（Q） − k_{R-r1}（Q = 5/27 − 2/27 = 3/9。而如果去掉新信息“r_{10} = 信息（10）” $U|R = \{X_i\}$ = = $\{\{x_{17}, x_{21}, x_{23}, x_{26}\}$，$\{x_7, x_9\}$，$\{x_{11}\}$，$\{x_{14}\}$，$\{x_2, x_6, x_{19}, x_{25}\}$，$\{x_3, x_4, x_{13}, x_{22}, x_{24}\}$，$\{x_{12}\}$，$\{x_{15}\}$，$\{x_{16}\}$，$\{x_{27}\}$，$\{x_1\}$，$\{x_5\}$，$\{x_8\}$，$\{x_{10}\}$，$\{x_{18}\}$，$\{x_{20}\}\}\}$，故 k_{r11}（Q） = k_R（Q） − k_{R-r11}（Q = 5/27 − 5/27 = 0。

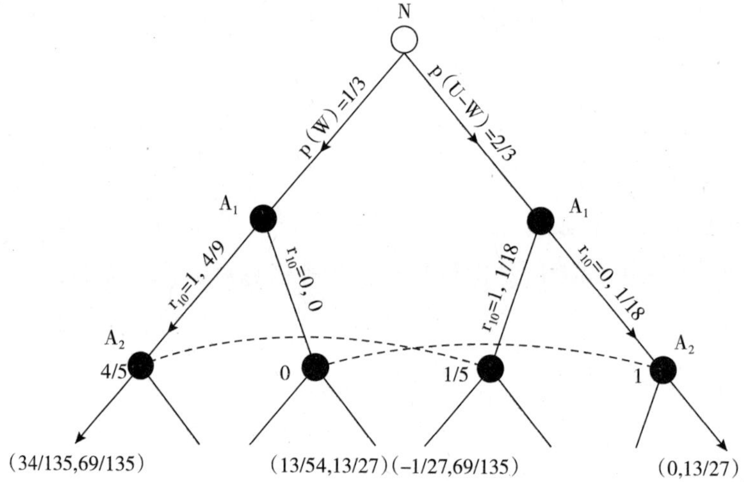

图 8.2　双值双类型的信号传递

（1）根据信息决策表计算先验与后验概率

首先自然选择信息发送者属于类型 1 及类型 2 的概率：直观上，信息接收者一般会根据自己的决策经验判断参与信息传递博弈的信息发送者中符合要求的比例，所以信息决策表中最后一项决策信息中说明在以往信息发送者中被信息接收者采取行动 a_1 的比例即先验信念 p（W） = card（W）/card（U） = 9/27 = 1/3（即往年信息发送者中有 1/3 是属于类型 1 的）。然后，信息传递后，在信息接收者根据信息发送者新传递信息“r_{10} = 信息（10）”进行进一步划分后，信息接收者所认为的“类型 1 和类型 2 信息发送者会选择

传递哪种信息”，即条件概率，可基于新的等价划分进行计算。如图 8.2 所示，若信息接收者观测到信息发送者传递的“信息（10）” $r_{10}=b$ 时，信息发送者与子集 $X_6=\{x_3, x_4, x_{13}, x_{22}, x_{24}\}$ 中的成员拥有一样的条件属性，那么根据信息决策表 R_1，信息接收者认为类型 1 信息发送者 $x_{i\in}X_6$ 选择传递 $r_{10}=1$ 使其被归类入 X_6 的概率即信息接收者认为类型 1 信息发送者选择 $r_{10}=1$ 的条件概率为 $\mu([X_6]_{R1}|W)=4/9$ 而类型 2 信息发送者选择 $r_{10}=b$ 的条件概率为 $\mu([X_6]_{R1}|U-W)=1/18$。（因为在信息决策表中共有 27 名信息发送者，9 个以前被信息接收者判断为类型 1 的信息发送者中有四位与新信息发送者条件相同，且选择传递信息 $r_{10}=b$，故信息接收者根据以往经验可认为类型 1 信息发送者选择传递 $r_{10}=b$ 的概率为 4/9；而剩下 18 个以往选择采取行动 a_2 的类型 2 信息发送者中有一位与新信息发送者条件相同，且选择传递信息 $r_{10}=b$，故信息接收者根据以往经验可认为类型 2 信息发送者选择传递 $r_{10}=b$ 的概率为 1/18）

在图 8.2 博弈树中信息发送者传递信息的右边路径上，信息接收者观测到信息发送者传递的“信息（10）” $r_{11}=a$ 时，在信息决策表中拥有同样信息的信息发送者等价类 $X_7=\{x_{12}\}$ 只包含一个元素 x_{12}，他在各个方面例如信息（1）、信息（2）以及其他方面的信息均属于刚刚符合条件，然而由于不拥有信息（10），信息接收者在以往的决策中选择采取行动 a_2。故根据信息决策表 R_1，信息接收者认为类型 1 信息传递者 $x_{i\in}X_6$ 选择传递 $r_{10}=0$ 使其被归类入 X_7 的概率即信息接收者认为类型 1 信息发送者选择 $r_{11}=0$ 的条件概率为 $\mu([X_7]_{R1}|W)=0$ 而信息接收者认为类型 2 信息发送者选择 $r_{11}=a$ 的条件概率为 $\mu([X_7]_{R1}|U-W)=1/18$。（因为在 X_7 中只有一名类型 2 信息发送者，因此在信息决策表中 9 个以前选择采取行动 a_1 的信息发送者中有没有一位与新信息发送者条件相同，且选择传递信息 $r_{11}=a$，故信息接收者根据以往经验可认为类型 1 信息发送者选择传递 $r_{11}=a$ 的概率为 0 而类型 2 信息发送者选择传递 $r_{11}=a$ 的概率为 1/18）。

在信息接收者根据信息决策表计算出条件概率（即关于“信息发送者

如果是类型 1 或者类型 2 的情况下选择传递某种信息”的概率）后，在做出是否采取行动 a_1 的判断前，信息接收者还需要利用条件概率根据基于信息集的贝叶斯法则计算达信息接收者每个决策点上的后验概率，即“在观测到某种信息之后，信息接收者认为信息发送者属于类型 1 或者类型 2 的概率”。

在信息发送者选择传递信息 $r_{10}=a$ 的路径后，信息接收者认为该信息发送者属于类型 1 的概率为

$\tilde{\mu}(W|[X_7]_{R1}) = \mu([X_7]_{R1}|W) * P(W) / \mu([X_7]_{R1}|W) * P(W) + \mu([X_7]_{R1}|U-W) * P(U-W) = [(0) * (1/3)] / [(0) * (1/3) + (1/18) * (2/3)] = 0$

信息接收者认为该信息发送者属于类型 2 的概率为：

$\tilde{\mu}(U-W|[X_7]_{R1}) = \mu([X_7]_{R1}|U-W) * P(U-W) / \mu([X_7]_R|W) * P(W) + \mu([X_7]_R|U-W) * P(U-W)) = 1$。

在信息发送者选择传递信息 $r_{10}=1$ 的路径后，信息接收者认为该信息发送者属于类型 1 的概率为

$\tilde{\mu}(W|[X_6]_{R1}) = \mu([X_6]_{R1}|W) * P(W) / \mu([X_6]_{R1}|W) * P(W) + \mu([X_6]_{R1}|U-W) * P(U-W) = [(4/9) * (1/3)] / [(2/9) * (1/3) + (1/18) * (2/3)] = 4/5$

信息接收者认为该信息发送者属于类型 2 的概率为：

$\tilde{\mu}(U-W|[X_6]_{R1}) = \mu([X_6]_R|U-W) * P(U-W) / \mu([X_6]_R|W) * P(W) + \mu([X_6]_R|U-W) * P(U-W)) = 1/5$。

由上面的计算可知在信息发送者选择传递任何信息，信息接收者都能根据信息决策表得到进行下一步决策的信息：当信息接收者观测到新信息值“信息（10）”$r_{10}=a$ 后，认为该信息发送者一定属于类型 2，而观测到信息值 $r_{10}=b$ 时，信息发送者属于类型 1 的概率为 4/5，属于类型 2 概率为 1/5。

（2）博弈双方的收益函数构造与计算

信息接收者在做出是否采取行动 u_1（$r_{11}=2$）的决策前将根据自己的收

益函数计算哪种决策才是对自己最有利的。在本模型中假设：信息接收者的收益是信息发送者提供的信息值的线性函数，而函数中每种信息的权重由该信息对信息决策表的划分类型决定。而由前面的权重计算可知，新信息“r_{10} = 信息（10）”只能将类型 2 信息发送者“x_{12}”划分出原信息发送者等价类 $X_6 = \{x_3, x_4, x_{13}, x_{22}, x_{24}\}$，故设该信息的权重为 1/27。

在前面的假设前提下，构造信息接收者的收益函数 $y = [(1/9) * r_1 + (9/1) r_2 + (9/1) r_8 + (1/27) * r_3 + (1/27) * r_7 + (1/54) * r_{10}]$ 代表信息发送者传递给信息接收者的信息集 R 后信息接收者选择接收该信息发送者可得到的收益。信息接收者有三种选择 $A = \{a_1$ = 采取行动 a_1 回报为 w_1，a_2 = 采取行动 a_2 回报为 $\bar{w}$，a_3 = 采取行动 a_3 回报为 $w_2\}$；信息发送者的收益函数 $u_1(y, w(r_{10}), \theta) = w(r_{10}) - y/\theta$，$w(r_{10})$ 为信息接收者观测到信息 r_{10} 后所决定信息发送者的回报水平；假设信息发送者之间是完全竞争的，从而均衡情况下回报等于预期的收益水平，信息接收者的期望利润为零，故 $w(r_{10}) = u_2$；而 y/θ 的构造是仿照斯宾塞原模型中假设，即类型 1 的信息发送者需要达到信息集 R_1 的要求所需要花费的成本比类型 2 的小。

给定信息发送者选择传递“信息（10）”$r_{10} = a$，由上一节可知信息接收者在观测到信息后将该信息发送者划入到等价类 $[X_7]$ 该等价类对应的各信息依次为：信息（1）档次中等 $r_1 = b$，信息（2）$r_2 = c$，信息（8）$r_8 = b$，信息（3）$r_3 = b$，信息（7）$r_7 = a$ 以及新信息 $r_{10} = a$。并且根据前面计算，信息接收者认为该信息发送者为类型 1 的后验概率$(W \mid [X_7]_{R1}) = 0$，认为该信息发送者类型 2 的后验概率为 $\tilde{\mu}(U - W \mid [X_7]_R) = 1$。将两种情况下的后验概率代入信息接收者的收益函数，信息接收者的收益为：

$u_2(a_1) = u_{21}(a_1, r_{10})\tilde{\mu}(W \mid [X_7]_{R1}) + u_{22}(a_1, r_{10})\tilde{\mu}(U - W \mid [X_7]_{R1}) = [1 * (1/9) + 2 * (1/9) + 1 * (1/9) + 1 * (1/27)] * 0 + 1 * [1 * (1/9) + (1/9) + 1 * (1/9) + 1 * (1/27)] * 1 = 13/27$。

由于均衡情况下回报等于信息接收者预期收益，故在信息接收者观测到“信息（10）”$r_{11} = a$ 时，信息接收者判断该信息发送者必为类型 2，故选择

采取行动 a_1w（r_{10}）= w_1 = 13/27。

给定信息发送者选择传递“信息（10）”r_{10} = b，该信息发送者将被信息接收者归类到即使改进后的信息决策表 R_1 也无法区别其中元素是否足以判别其为类型 1 的等价类［X_6］中，使得信息接收者以现有的信息集无法完全判断其是类型 1 还是类型 2。该范畴内各信息的赋值依次为：信息（1）档次中等 r_1 = b，信息（2）r_2 = c，信息（8）r_8 = b，信息（3）r_3 = b，信息（7）的等级 r_7 = a 以及新信息 r_{11} = b。并且根据前面计算，信息接收者认为该信息发送者为类型 1 的后验概率 $\tilde{\mu}(W\mid[X_6]_{R1}) = 4/5$，认为该信息发送者类型 2 的后验概率为 $\tilde{\mu}(U-W\mid[X_6]_{R1}) = 1/5$。将两种情况下的后验概率代入信息接收者的收益函数，信息接收者接收这个信息发送者的期望收益：

$u_2(a_2) = u_{21}(a_2, r_{10})\tilde{\mu}(W\mid[X_6]_{R1}) + u_{22}(a_2, r_{10})\tilde{\mu}(U-W\mid[X_6]_{R1}) = [1*(1/9)+2*(1/9)+1*(1/9)+1*(1/27)+1*(1/27)]*(4/5)+[1*(1/9)+2*(1/9)+1*(1/9)]+1*(1/27)]*(1/5) = (13*1+14*4)/5*27 = 69/135$。

由于均衡情况下回报等于信息接收者预期收益，故在信息接收者观测到“信息（10）”r_{11} = a 时，信息接收者判断该信息发送者必为类型 2，故选择采取行动 $a_2\bar{w}$ = 69/135。

对于信息发送者来说，给定信息接收者的后验概率及行动决策：即当观测到“信息（10）”r_{10} = b 时，虽然信息接收者认为该信息发送者为类型 1 的后验概率 $\tilde{\mu}(W\mid[X_6]_{R1}) = 4/5$，故观测到高信息值时只能采取行动 $a_3\bar{w}$ = 69/135；当观测到信息 r_{10} = a 时，信息接收者认为该信息发送者为类型 1 的后验概率 $\tilde{\mu}(W\mid[X_7]_{R1}) = 0$，因此采取行动 a_1 回报为 w_1 = 13/27。

若信息发送者为类型 2，且选择传递信息 r_{11} = a 时，根据信息发送者的收益函数

$u_1(y_0, r_{11}, \theta=1) = w_1 - y_0/\theta = 13/27 - [1*(1/9)+2*(1/9)+1*(1/9)+1*(1/27)]/1 = 0$；

选择传递信息 $r_{11}=b$ 时，根据信息发送者的收益函数

u_1（y_1，r_{11}，$\theta=1$）$=w_2-y_1/\theta=69/135-$［$1*$（$1/9$）$+2*$（$1/9$）$+1*$（$1/9$）$+1*$（$1/27$）$+1*$（$1/27$）］$/1=69/135-14/27=-1/135$。

故在给定的信息接收者的后验概率前提下，类型 2 信息发送者选择低信息值 $r_{11}=a$ 时的收益高于传递另一个信息值的收益。

若信息发送者为类型 1，且选择传递信息 $r_{10}=a$ 时，根据信息发送者的收益函数

u_1（y_0，r_{11}，$\theta=2$）$=w_1-y_0/\theta=13/27-$［$1*$（$1/9$）$+2*$（$1/9$）$+1*$（$1/9$）$+1*$（$1/27$）］$/2=13/54$；

选择传递信息 $r_{11}=b$ 时，根据信息发送者的收益函数

u_1（y_1，r_{11}，$\theta=2$）$=w_2-y_1/\theta=69/135-$［$1*$（$1/9$）$+2*$（$1/9$）$+1*$（$1/9$）$+2*$（$1/27$）］$/2=34/135$。

因此虽然根据信息传递后的信息决策表 R_1 中，信息接收者没通过高信息值“$r_{11}=b$”将类型 1 划分出不可分辨的区域，但是由于划分出了一个类型 2 信息发送者区域，且在给定的信息接收者后验概率的前提下，若信息发送者为类型 1 他会选择传递高信息值，若者为类型 2 他会选择传递低信息值，故分离均衡实现。

2. 基于粗交流的多选决策过程

在上一次信息传递后，类型 1 信息发送者得到区分，主要原因是因为类型 2 信息发送者主动选择低信息值。那么需要在什么情况下，类型 1 信息发送者才能主动从信息接收者无法判断的信息发送者类别中区别出来，下面考察是否存在这种情况：信息接收者将对能够证明自己是类型 1 信息发送者采取行动 R 而不是上一次信息传递中的采取行动 a_2，并且由于类型 1 信息发送者进一步传递信息的成本相对于类型 2 来说较低，类型 1 信息发送者将有动力继续传递新的信息种类。这一次，类型 1 信息发送者选择传递“信息

(11)" r_{11} = a，b，c（代表信息表信息中信息（11）的等级）。信息接收者在观测到这个信息种类后，将其纳入到信息发送者根据新的信息决策表 R_2 中，并对信息发送者分类得到 $U|\{r_1, r_3, r_4, r_{11}, r_8, r_9\} = \{X_i\} = \{\{x_{17}, x_{21}, x_{23}, x_{26}\}, \{x_7, x_8\}, \{x_{11}\}, \{x_{14}\}, \{x_2, x_6, x_{19}, x_{25}\}, \{x_3, x_4, x_{13}\}, \{x_{12}\}, \{x_{22}, x_{24}\}, \{x_{15}\}, \{x_{16}\}, \{x_{27}\}, \{x_1\}, \{x_5\}, \{x_8\}, \{x_{10}\}, \{x_{18}\}, \{x_{20}\}\}$，其中若信息接收者观测到信息发送者此次传递的信息 r_{11} = a 时，信息接收者将把他归入到等价类 $X_7 = \{12\}$；若信息接收者观测到信息值 r_{11} = b 时，信息接收者将把他归入到等价类 $X_6 = \{x_3, x_4, x_{13}\}$；若信息值 r_{11} = c 时，信息接收者将把他归入到等价类 $X_8 = \{x_{22}, x_{24}\}$。另外，引入新信息后原来信息决策表中信息的权重发生改变，如果去掉新信息"r_{11} = 信息（11）" $U|R_1 = \{X_i\} = \{\{x_{17}, x_{21}, x_{23}, x_{26}\}, \{x_7, x_8\}, \{x_{11}\}, \{x_{14}\}, \{x_2, x_6, x_{19}, x_{25}\}, \{x_3, x_4, x_{13}, x_{12}, x_{22}, x_{24}\}, \{x_{15}\}, \{x_{16}\}, \{x_{27}\}, \{x_1\}, \{x_5\}, \{x_8\}, \{x_{10}\}, \{x_{18}\}, \{x_{20}\}\}$，故 $k_{r11}(Q) = k_R(Q) - k_{R-r11}(Q) = 7/27 - 5/27 = 2/27$。

（1）第一次信息传递后的后验概率计算

在根据"信息（11）"的值进行进一步划分后，信息接收者所认为的"类型 1 和类型 2 信息发送者传递某一信息"的条件概率即可根据新的等价类进行计算。如下图 8.3 所示，若信息接收者观测到信息发送者传递的"信息（11）" r_{11} = b 时，信息发送者与子集 $X_6 = \{x_3, x_4, x_{13}\}$ 中的其他成员具有一样的条件，那么根据信息决策表 R_2，信息接收者认为类型 1 信息发送者 $x_{i\in}X_6$ 选择传递 r_{11} = b 使自己被划分归入信息发送者类别 X_6 的概率，即信息接收者认为类型 1 信息发送者选择 r_{11} = b 的条件概率为：$\mu([X_6]_{R2}|W) = 2/9$ 而 $\mu([X_6]_{R2}|U-W) = 1/18$（因为在信息决策表中共有 27 名信息发送者，9 个以前选择采取行动 a_3 的类型 1 信息发送者中有两位与新信息发送者条件相同，且选择传递信息 r_{11} = b，故信息接收者根据以往经验可认为类型 1 信息发送者选择传递 r_{11} = b 的概率为 2/9；而剩下 18 个以往选择采取行动 a_1 的类型 2 信息发送者中有一位与新信息发送者条件相同，且选择传递信

息 $r_{11}=b$，故信息接收者根据以往经验可认为类型 2 信息发送者选择传递 $r_{11}=b$ 的概率为 1/18）。

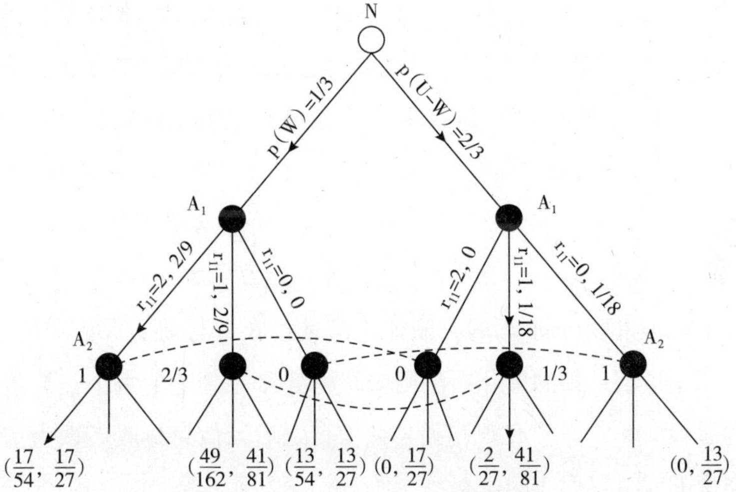

图 8.3　分离高能力应聘者的信号传递

在图 8.3 博弈树中信息发送者传递信息的左边路径上，信息接收者观测到信息发送者传递的“信息（11）” $r_{11}=a$，在信息接收者的信息决策表中拥有同样信息的信息发送者等价类 $X_7=\{x_{12}\}$ 只包含一个元素 x_{12}，他在各个方面例如信息（1），信息（2）以及其他方面均属于刚刚符合条件，但是由于没有拥有信息（11）的经验，信息接收者在以往的决策中选择采取行动 a_1。故根据信息决策表 R_2，信息接收者认为类型 1 信息发送者 $x_{i\in}X_7$ 选择传递 $r_{11}=a$ 使其被归类入 X_7 的概率，即信息接收者认为类型 1 信息发送者选择 $r_{11}=a$ 的条件概率为：$\mu([X_7]_{R2}|W)=0$ 而 $\mu([X_7]_{R2}|U-W)=1/18$（因为在 X_7 中只有一名类型 2 信息发送者，因此在信息决策表中 9 个以前选择采取行动 a_3 的类型 1 信息发送者中有没有一位与新信息发送者条件相同，且选择传递信息 $r_{11}=a$，故信息接收者根据以往经验可认为类型 1 信息发送者选择传递 $r_{11}=a$ 的概率为 0 而类型 2 信息发送者选择传递 $r_{11}=a$ 的概率为 1/18）。

在图 8.3 博弈树中信息发送者传递信息的右边路径上，信息接收者在观

测到信息发送者传递的“信息（11）”$r_{11}=c$ 时，信息接收者在搜寻以往信息发送者信息时发现与新信息发送者具有一样条件的类别为子集 $X_8=\{x_{22}, x_{24}\}$ 中成员，这个类别的信息发送者与前两个类别 X_6、X_7 相比其他条件都同属于刚刚满足信息接收者的要求，但这类信息发送者的优势在于他们有 c 级以上的信息（11），故根据信息接收者以往决策这类信息发送者属于类型 1。那么根据信息决策表 R_1，信息接收者认为类型 1 信息发送者 $x_{i\in}X_8$ 选择传递 $r_{11}=c$ 使其被归类入 X_8 的概率，即信息接收者认为类型 1 信息发送者选择 $r_{11}=c$ 的条件概率为：$\mu([X_7]_{R2}|W)=2/9$ 而 $\mu([X_7]_{R2}|U-W)=0$。

在做出是否采取行动 a_3 的判断前，信息接收者与前一次信息传递一样，还需要利用基于信息集的贝叶斯法则修正博弈所能到达的每个信息接收者决策点上的后验概率，即“在观测到某种信息之后，信息接收者认为信息发送者属于类型 1 或者类型 2 的概率”。

在信息发送者选择传递信息 $r_{11}=a$ 的路径后，信息接收者认为该信息发送者属于类型 1 的概率为

$\tilde{\mu}(W|[X_7]_{R2})=\mu([X_7]_{R2}|W)*P(W)/\mu([X_7]_{R2}|W)*P(W)+\mu([X_7]_{R2}|U-W)*P(U-W)=[(0)*(1/3)]/[(0)*(1/3)+(1/18)*(2/3)]=0$

在信息发送者选择传递信息 $r_{11}=a$ 的路径后，信息接收者认为该信息发送者属于类型 2 的概率为：

$\tilde{\mu}(U-W|[X_7]_{R2})=\mu([X_7]_{R2}|U-W)*P(U-W)/\mu([X_7]_{R2}|W)*P(W)+\mu([X_7]_{R2}|U-W)*P(U-W))=1$。

在信息发送者选择传递信息 $r_{11}=b$ 的路径后，信息接收者认为该信息发送者属于类型 1 的概率为

$\tilde{\mu}(W|[X_6]_{R2})=\mu([X_6]_{R2}|W)*P(W)/\mu([X_6]_{R2}|W)*P(W)+\mu([X_6]_{R2}|U-W)*P(U-W)=[(2/9)*(1/3)]/[(2/9)*(1/3)+(1/18)*(2/3)]=2/3$

在信息发送者选择传递信息 $r_{11}=b$ 的路径后，信息接收者认为该信息发

送者属于类型 2 的概率为：

$\tilde{\mu}$（U－W|［X_6］$_{R2}$）＝μ（［X_6］$_{R2}$|U－W）＊P（U－W）/μ（［X_6］$_{R2}$|W）＊P（W）＋μ（［X_6］$_{R2}$|U－W）＊P（U－W））＝1/3。

在信息发送者选择传递信息 r_{11}＝c 的路径后，信息接收者认为该信息发送者属于类型 1 的概率为

$\tilde{\mu}$（W|［X_8］$_{R2}$）＝μ（［X_8］$_{R2}$|W）＊P（W）/μ（［X_8］$_{R2}$|W）＊P（W）＋μ（［X_8］$_{R2}$|U－W）＊P（U－W）＝［（2/9）＊（1/3）］/［（2/9）＊（1/3）＋（0）＊（2/3）］＝1

在信息发送者选择传递信息 r_{11}＝c 的路径后，信息接收者认为该信息发送者属于类型 2 的概率为：

$\tilde{\mu}$（U－W|［X_8］$_{R2}$）＝μ（［X_8］$_{R2}$|U－W）＊P（U－W）/μ（［X_8］$_{R2}$|W）＊P（W）＋μ（［X_8］$_{R2}$|U－W）＊P（U－W））＝0。

由上面的计算可知在信息发送者选择传递任何信息，信息接收者都能根据信息决策表得到进行下一步决策的后验概率。

（2）第一次信息传递后的博弈双方的决策过程

根据上一次信息传递模型中构造的信息发送者和信息接收者的收益函数，信息接收者在做出是否采取行动 a_1 决策前将根据自己的收益函数计算那种决策才是对自己最有利的。给定信息发送者选择传递“信息（11）”r_{11}＝a，由上一节可知信息接收者在观测到信息后将该信息发送者划入到等价类［X_7］该等价类对应的各信息依次为：信息（1）中等档次 r_1＝a，信息（2）r_3＝c，信息（8）r_9＝b，信息（3）r_4＝b，信息（7）r_8＝a 以及新信息 r_{11}＝a 根据前面计算，信息接收者认为该信息发送者为类型 1 的后验概率 $\tilde{\mu}$（W|［X_7］$_{R2}$）＝0，认为该信息发送者类型 2 的后验概率为 $\tilde{\mu}$（U－W|［X_7］$_{R2}$）＝1。将两种情况下的后验概率代入信息接收者的收益函数，信息接收者的收益为：u_2（a_1）＝u_{21}（a_1，r_{11}）$\tilde{\mu}$（W|［X_7］$_{R2}$）＋u_{21}（a_1，r_{11}）$\tilde{\mu}$（U－W|［X_7］$_{R2}$）＝［1＊（1/9）＋2＊（1/9）＋1＊（1/9）＋1＊（1/27）］＊0＋［1＊（1/9）＋2＊（1/9）＋1＊（1/9）＋1＊（1/

第八章　知识传播的博弈模型构建

27)] ∗1 =13/27，假设信息发送者之间是完全竞争的，从而均衡情况下回报等于预期的收益水平，故在信息接收者观测到“信息（11）” r_{11} = a 时，信息接收者选择采取行动 a_1w（r_{11}） = w_1 =13/27。

给定信息发送者选择传递信息“信息（11）” r_{11} = c，新的信息值将以往信息接收者决策经验中的两个类型 1 信息发送者划入等价类［X_8］，该等价类中的信息发送者虽然在其他方面都和［X_7］中成员一样在各方面都比较一般，但相对于其他人的突出水平的信息（11）使他们在信息接收者以往的决策经验中被划分到类型 1 范畴。信息接收者认为该信息发送者为类型 1 的后验概率 $\tilde{\mu}$（W｜［X_8］$_{R2}$） =1，认为该信息发送者类型 2 的后验概率为 $\tilde{\mu}$（U －W｜［X_8］$_{R2}$） =0。将两种情况下的后验概率代入信息接收者的收益函数，信息接收者选择采取行动 a_3 的收益：

u_2（a_3） = u_{21}（a_3，r_{11}）$\tilde{\mu}$（W｜［X_8］$_{R2}$） + u_{21}（a_3，w_2）$\tilde{\mu}$（U－W｜［X_8］$_{R2}$） = ［1 ∗（1/9） +2 ∗（1/9） +1 ∗（1/9） +1 ∗（1/27） +2 ∗（2/27）］ +0 ∗［1 ∗（1/9） +2 ∗（1/9） +1 ∗（1/9）］ +1 ∗（1/27） +2 ∗（2/27）］ =17/27。

假设信息接收者之间的竞争使得利润为零，故在信息接收者观测到 信息“信息（11）” r_{11} = c 时，信息接收者选择采取行动 a_3w（r_{11}） = w_2 =17/27。

给定信息发送者选择传递“信息（11）” r_{11} = b，该信息发送者将被信息接收者归类到即使改进后的信息决策表 R_2 也无法区别是否为类型 1 的等价类［X_6］中，该等价类中信息发送者在“信息（11）”方面没有［X_8］突出，也没有［X_7］空缺，使得信息接收者以现有的信息集无法完全判断其中成员是类型 1 还是类型 2。根据前面计算，信息接收者认为该信息发送者为类型 1 的后验概率 $\tilde{\mu}$（W｜［X_6］$_{R2}$） = 2/3，认为该信息发送者类型 2 的后验概率为 $\tilde{\mu}$（U－W｜［X_6］$_{R2}$） =1/3。将两种情况下的后验概率代入信息接收者的收益函数，信息接收者给予采取行动 a_3 的收益：

u_2（a_2） = u_{21}（a_2，w_1）$\tilde{\mu}$（W｜［X_6］$_{R2}$） + u_{21}（a_2，w_2）$\tilde{\mu}$（U－W｜［X_6］$_{R2}$） = ［1 ∗（1/9） +2 ∗（1/9） +1 ∗（1/9） +1 ∗（1/27）］ ∗

(2/3) + [1 * (1/9) + 2 * (1/9) + 1 * (1/9)] + 1 * (1/27) + 2 * (2/27)] * (1/3) = 47/81，假设信息接收者之间的竞争使得利润为零，故在信息接收者观测到“信息（11）” $r_{11}=a$ 时，信息接收者选择采取行动 a_2w（r_{11}）$=\bar{w}=$ 47/81。

对于信息发送者来说，给定信息接收者的后验概率及相应的行动决策：即当观测到的“信息（11）” $r_{11}=c$ 时，信息接收者认为该信息发送者为类型 1 的后验概率 $\tilde{\mu}$（W｜ $[X_8]_{R2}$）=1，因此采取行动 $a_3w_1=17/27$；当观测到信息 $r_{11}=a$ 时，信息接收者认为 该信息发送者为类型 1 的后验概率 $\tilde{\mu}$（W｜ $[X_7]_{R2}$）=0，因此采取行动 $a_1w_1=13/27$；当观测到信息 $r_{11}=b$ 时，信息接收者认为该信息发送者为类型 1 的后验概率 $\tilde{\mu}$（W｜ $[X_6]_{R2}$）=2/3，因此采取行动 $a_2\bar{w}=47/81$。

若类型 1 信息接收者若选择传递信息 $r_{11}=a$ 时，根据信息发送者的收益函数 u_1（y_0，r_{11}，$\theta=2$） = w（r_{11}） − y_0/θ = 13/27 − [1 * (1/9) + 2 * (1/9) + 1 * (1/9) + 1 * (1/27)] /2 = 13/54；选择传递信息 $r_{11}=b$ 时，根据信息发送者的收益函数 u_1（y_1，r_{11}，$\theta=2$） = w（r_{11}） − y_1/θ = 47/81 − [1 * (1/9) + 2 * (1/9) + 1 * (1/9) + 1 * (1/27) + 1 * (2/27)] /2 = 49/162；选择传递信息 $r_{11}=c$ 时，根据信息发送者的收益函数 u_1（y_2，r_{11}，$\theta=2$） = w（r_{11}） − y_2/θ = 17/27 − [11 * (1/9) + 2 * (1/9) + 1 * (1/9) + 1 * (1/27) + 2 * (2/27)] /2 = 17/54；由于当类型 1 信息发送者选择 $r_{11}=c$ 时的收益高于传递其他两种信息值的收益。若信息发送者为类型 1，博弈进行到此结束，类型 1 信息发送者得以分离出来。

若信息发送者为类型 2，且选择传递信息 $r_{11}=a$ 时，根据信息发送者的收益函数 u_1（y_0，r_{11}，$\theta=1$） = w（r_{11}） − y_0/θ = 13/27 − [1 * (1/9) + 2 * (1/9) + 1 * (1/9) + 1 * (1/27)] /1 = 0；选择传递信息 $r_{11}=b$ 时，根据信息发送者的收益函数 u_1（y_1，r_{11}，$\theta=1$） = w（r_{11}） − y_1/θ = 47/81 − [1 * (1/9) + 2 * (1/9) + 1 * (1/9) + 1 * (1/27) + 1 * (2/27)] /1

$=2/27$；选择传递信息 $r_{11}=c$ 时，根据信息发送者的收益函数 $u_1(y_2, r_{11}, \theta=1)=w(r_{11})-y_2/\theta=17/27-[1*(1/9)+2*(1/9)+1*(1/9)+1*(1/27)+2*(2/27)]/1=0$；由于当类型 2 信息发送者选择 $r_{11}=b$ 时的收益高于传递其他两种信息值得收益，故类型 2 信息发送者会选择传递中间信息来获得更大收益。但是，类型 2 信息发送者选择中间信息的收益能够大于其他两种信息是由于：他选择高信息时带来得到信息接收者采取行动 a_3 而得到的回报已经不足以抵消他作为类型 2 信息发送者需要达到这些信息要求需要付出的努力；所以他退而求其次，选择中间信息。而信息接收者对中间信息采取的行动对类型 2 信息发送者来说，有吸引力的部分依赖于信息接收者认为类型 1 可能选择传递中间信息的概率。然后由于信息接收者在这次信息传递过程中认识到类型 1 者会主动选择传递高信息值使自己凸显出来，在决定采取行动 a_2 前，会要求类型 2 信息发送者继续传递信息，否则信息接收者会选择采取行动 a_1。在理想状态中，类型 2 信息发送者会预测到信息接收者会不断要求类型 2 信息发送者发出信息证明自己，直到类型 2 者选择高信息值的成本已经大于信息接收者采取行动 a_3 而带来的回报从而自动选择低信息值或者信息接收者得到的信息足以证明其是类型 2 而采取行动 a_1。所以理想状态下，类型 2 信息发送者在第一次信息传递无法选择最高信息时，就会选择最低信息。但是现实状态下，信息发送者往往不会主动放弃尝试的机会，下面就简略显示信息发送者尝试的这一过程。

（3）第二次信息传递的博弈过程

若类型 2 信息发送者继续选择传递信息，以下类型 2 的分离过程将会发生。假设此次，类型 2 信息发送者选择传递"信息（12）"r_{12}。信息接收者在观测到这个信息种类后，将其再次纳入到信息决策表 R_3 中，并对信息发送者分类得到 $U|\{r_1, r_3, r_4, r_{11}, r_8, r_9\}=\{X_i\}=\{\{x_{17}, x_{21}, x_{23}, x_{26}\}, \{x_7, x_8\}, \{x_{11}\}, \{x_{14}\}, \{x_2, x_6, x_{19}, x_{25}\}, \{x_3, x_{13}\}, \{x_4\}, \{x_{12}\}, \{x_{22}, x_{24}\}, \{x_{15}\}, \{x_{16}\}, \{x_{27}\}, \{x_1\}, \{x_5\}, \{x_8\}, \{x_{10}\}, \{x_{18}\}, \{x_{20}\}\}$，其中若信息接收者观测到信息发送者此次传递的信息 $r_{11}=a$ 时，信

息接收者将把他归入到等价类 $X_7=\{4\}$；若信息接收者观测到信息值 $r_{11}=b$ 时，信息接收者将把他归入到等价类 $X_6=\{x_3, x_{13}\}$。另外，新信息"$r_{11}=$ 信息（12）"由于在信息接收者的信息决策表中能区分出一个以往判断为类型1的信息发送者，故 $k_{r11}(Q)=k_R(Q)-k_{R-r11}(Q)=8/27-7/27=1/27$。与前面的计算方法类似，信息接收者首先根据信息决策表判断信息发送者类型1或者类型2选择某一信息的条件概率，然后据此计算后验概率，以用于后面收益函数的计算。此次信息传递后，信息接收者认为类型2信息发送者选择传递 $r_{11}=b$ 和 a 的条件概率分别为：$\mu([X_6]_{R3}|U-W)=0$ 而 $\mu([X_7]_{R3}|U-W)=1/18$；信息接收者认为类型1信息发送者 $x_i\in X_7$ 选择传递 $r_{11}=b$ 和 a 的条件概率分别为：$\tilde{\mu}([X_6]_{R1}|W)=2/9$ 而 $\tilde{\mu}([X_7]_{R1}|W)=0$。因此，在信息发送者选择传递信息 $r_{10}=a$ 的路径后，信息接收者认为该信息发送者属于类型2的后验概率为：$\tilde{\mu}(U-W|[X_7]_{R3})=1$。在信息发送者选择传递信息 $r_{10}=b$ 的路径后，信息接收者认为该信息发送者属于类型2的后验概率为：$\tilde{\mu}(U-W|[X_6]_{R3})=0$。

给定信息发送者选择传递"信息（11）"$r_{12}=b$，由上一节可知信息接收者在观测到信息后将该信息发送者划入到等价类 $[X_6]$ 该等价类对应的各信息依次为：信息（1）中等档次 $r_1=a$，信息（2）$r_3=c$，信息（8）$r_9=a$，信息（3）$r_4=b$，信息（7）$r_8=a$，信息（11）$r_{11}=b$ 以及新信息 $r_{11}=b$。根据前面计算，信息接收者认为该信息发送者为类型2的后验概率为 $\tilde{\mu}(U-W|[X_6]_{R3})=0$，为类型1的后验概率为 $\tilde{\mu}(W|[X_6]_{R3})=1$。将两种情况下的后验概率代入信息接收者的收益函数，信息接收者的收益为：

$u_2(a_2)=u_{21}(a_2, r_{12})\tilde{\mu}(W|[X_6]_{R3})+u_{21}(a_2, r_{12})\tilde{\mu}(U-W|[X_6]_{R3})=[1*(1/9)+2*(1/9)+1*(1/9)+1*(1/27)+1*(2/27)+1*(2/27)]*1+[1*(1/9)+2*(1/9)+1*(1/9)+1*(1/27)+1*(2/27)]*0=17/27$，故在信息接收者观测到 信息（11）"$r_{12}=b$ 时，信息接收者选择采取行动 $a_3w_2=17/27$。给定信息发送者选择传递"信息（11）"$r_{11}=a$，该信息发送者终于可以被信息接收者完全归

类到类型 2 的等价类 $[X_7]$ 中。根据前面计算，认为该信息发送者类型 2 的后验概率为 $\tilde{\mu}(U-W \mid [X_7]_{R3})=1$，类型 1 的后验概率为 $\tilde{\mu}(W \mid [X_7]_{R3})=0$。将两种情况下的后验概率代入信息接收者的收益函数，信息接收者采取行动 a_1 的收益：

$u_2(a_1)=u_{21}(a_1, r_{12})\tilde{\mu}(W \mid [X_7]_{R3})+u_{21}(a_1, r_{12})\tilde{\mu}(U-W \mid [X_7]_{R3})=[15/27]*0+[1*(1/9)+2*(1/9)+1*(1/9)+1*(1/27)+1*(2/27)]*1=15/27$，信息接收者选择支付低回报 $w_1=15/27$。

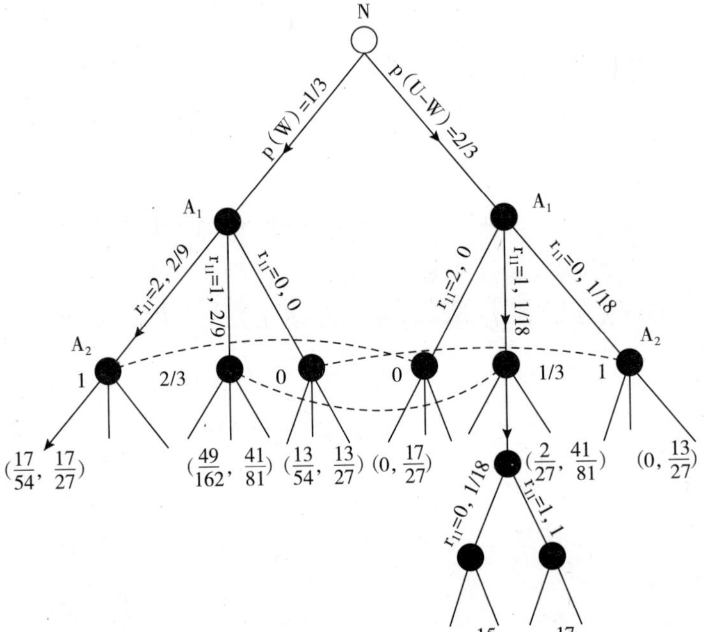

图 8.4　分离低能力应聘者的信号传递

给定信息接收者观测到低信息值时认为信息发送者为类型 1 的后验概率为零，且采取行动 $a_1$15/27；观测到高信息值时认为信息发送者为类型 1 的后验概率为 1，且采取行动 $a_3$15/27。若信息发送者为类型 2，且选择传递信息 $r_{11}=a$ 时，根据信息发送者的收益函数 $u_1(y_0, r_{12}, \theta=1)=w(r_{12})-$

$Y_0/\theta = 15/27 - 15/27/1 = 0$；选择传递信息 $r_{11} = b$ 时，根据信息发送者的收益函数 u_1（y_1，r_{12}，$\theta = 1$）$= 15/27 - [1 * (1/9) + 2 * (1/9) + 1 * (1/9) + 1 * (1/27) + 1 * (2/27)]/1 = 0$；在此模型中由于信息发送者收益函数构造以及最后一次信息传递的特殊性，使得类型 2 信息发送者选择 $r_{12} = a$ 时的收益等于在上一次信息传递中选择 $r_{11} = a$ 的收益，故类型 2 信息发送者在前一次信息传递中是不会主动选择低信息值，直到信息接收者通过信息集改进能够区分其类型 2 类型，类型 2 信息发送者才能被动将其区分开来。

由上图 8.4 的博弈过程可以看出，在第二次信息传递过程中，其实在传递信息"信息（11）"r12 时，又区分出一部分准"类型 1"信息发送者。这部分信息发送者虽然在第一次信息传递中，不能提供"信息（11）"r11 = c 的高信息值，所以按照斯宾塞的假设条件即信息接收者认为这部分信息发送者应该是类型 2，应该全部选择采取行动 a_1。但是相对于在第二次传递中区别出来的真正类型 2 信息发送者，其对信息接收者收益的贡献是大于类型 2 信息发送者的。所以如果仍然按照原有模型中简单地对信息发送者进行类型 2 的区分，能以最小成本传递最高信息值的信息发送者采取行动 a_3，而其余信息发送者只采取行动 a_1，那么在"其余区域"就会出现信息发送者流失。所以在信息接收者衡量信息发送者类型时，应采用多类型层次的考核机制，这样信息接收者不仅能得到类型 1 和类型 2，还有大量中间类型信息发送者，而这部分信息发送者往往是信息传递博弈中信息发送者最大的组成部分。为了使得中间类型信息发送者纳入考核范围，下一节将仍然沿用这一案例说明，如果对信息接收者关于信息发送者"类型"的信念加以改进，不仅使得信息传递模型更为实用，也可以提高信息传递效率。

第三节　构建基于粗交流的多类型博弈模型

在前面假设信息发送者为双类型的信息传递模型中，第一次传递信息“信息（11）”r11 = b 时，希望能对等价类｛x3，x12，x4，x13，x22，x24｝中的信息发送者进行两种类型信息发送者的清晰划分，但是第一次划分后 X6 = ｛x3，x4，x13｝信息发送者仍然不能提供给信息接收者清晰的类型信息，且根据信息发送者双类型的假设，信息接收者只能选择采取行动 a_2 而导致信息发送者亏损，故只有再一次传递的作用为“类型 2 区分”的信息 r12“信息（12）”，才能将双类型假设中的类型 2 信息接收者区分开来。然而在信息决策表中，可以发现某些以往选择采取行动 a_3 的信息发送者并不在第一次划分出去的类型 1 信息发送者范畴内，按照原来假设等价类 X6 中将没有类型 1 信息发送者，否则将与假设想悖。故为了真正区分类似 X6 等价类中“准类型 1”与类型 2 信息发送者，本节将原模型中“信息接收者认为信息发送者类型只有类型 1 和类型 2”的假设推广为“信息接收者将信息发送者根据类型划分为多个等级，信息发送者知道自己的类型级别而信息接收者不知道”。若信息接收者将信息发送者类型分为三级，原模型中斯宾塞的分离条件，即类型 1 信息发送者需要达到信息集 R 的要求所需要花费的成本比类型 2 信息发送者小将相应地改变为：信息发送者要为其向信息接收者提供与自己类型不符的信息付出代价，且提供的信息值与类型值差距越大所需付出的代价也越大。为了实现以上改变，需要对上个信息传递模型中信息发送者的收益函数进行改进。

在多类型信息传递模型中，假设信息接收者认为信息发送者中有类型 1、类型 3、类型 2 三档信息发送者，信息发送者自己知道是什么类型。在此假

设基础上，首先保持上个模型中信息接收者收益的构造：信息接收者的收益是信息发送者提供的信息值的线性函数，而函数中每种信息的权重由该信息对信息决策表的划分类型决定，即 $y = [k_1 * r_1 + k_2 r_2 + k_3 * r_3 + k_8 * r_8 + k_7 r_7]$ 信息接收者有三种选择 $A = \{a_1$ = 采取行动 a_1，a_2 = 采取行动 a_2，a_3 = 采取行动 $a_3\}$，其中 y 为信息发送者传递给信息接收者的信息集 R 后信息接收者选择接收该信息发送者可得到的收益。信息发送者的收益函数改 造为 $u_1(y, w(r), \theta) = w(y) - y * |r - \theta|$，w（r）为信息接收者观测到信息 r 后根据信息接收者的后验概率而制定的回报；而改进后的分离条件 $y * |r - \theta|$ 的构造是为了表示类型 2 者想要传递高信息值越高时需要付出的代价越高，而类型 1 信息发送者也将由于其没有积极传递高信息值而导致损失发生。

1. 多类型信息发送者假设下先验与后验概率的计算

由上一节分析可知，类型 1 信息发送者选择传递“信息（11）”r_{11}，信息接收者在观测到这个信息种类后，将其纳入知识库形成新的信息决策表 R_4 中，并对信息发送者分类。根据信息发送者决策表中 10 种信息对所有信息发送者进行等价类划分，划分结果如下：$U|\{+r_1, r_2, \cdots, r_{11}\} = \{X_i\} = \{\{x_{17}, x_{21}, x_{23}, x_{26}\}, \{x_7, x_9\}, \{x_{11}\}, \{x_{14}\}, \{x_2, x_6, x_{19}, x_{25}\}, \{x_3, x_4, x_{13}\}, \{x_{12}\}, \{x_{22}, x_{24}\}, \{x_{15}\}, \{x_{16}\}, \{x_{27}\}, \{x_1\}, \{x_5\}, \{x_8\}, \{x_{10}\}, \{x_{18}\}, \{x_{20}\}\}$；而根据信息发送者对信息发送者类型不同而做出的决策对所有信息发送者进行等价划分，划分结果为：$U|\{r_1, r_2, \cdots, r_{10}\} = \{Y_j\} = \{Y_3 = \{x_{11}, x_{14}, x_{22}, x_{24}\}, Y_2 = \{x_3, x_{15}, x_{15}, x_{16}, , x_{27}\}, Y_1 = U - Y_3 - Y_2\}$，其中 Y_1 代表信息接收者决策表中类型 2 信息发送者；Y_2 代表信息接收者决策表中类型 3 信息发送者；Y_3 代表信息接收者决策表中类型 1 信息发送者。故在多类型信息传递实验中，信息接收者关于信息发送者类型的先验信念为 $p(Y_3) = 4/27$，$p(Y_2) = 5/27$，$p(Y_1) = 2/3$。

若信息接收者观测到信息发送者此次传递的信息 $r_{11}=a$ 时，信息接收者将把他归入到等价类 $X_7=\{x_{12}\}$；若信息接收者观测到信息值 $r_{11}=b$ 时，信息接收者将把他归入到等价类 $X_6=\{x_3, x_4, x_{13}\}$；若信息值 $r_{11}=c$ 时，信息接收者将把他归入到等价类 $X_8=\{x_{22}, x_{24}\}$。另外，由于新信息“r_{11} = 信息（11）”可以在信息决策表中划分出两个类型 1 信息发送者，故该信息的权重为 $k_{r11}(Q)=k_R(Q)-k_{R-r11}(Q)=7/27-5/27=2/27$。但是，由于此模型中假设信息接收者关于信息发送者类型信念的改变，虽然传递的信息没有改变，博弈过程却发生巨大变化（见图 8.5）。

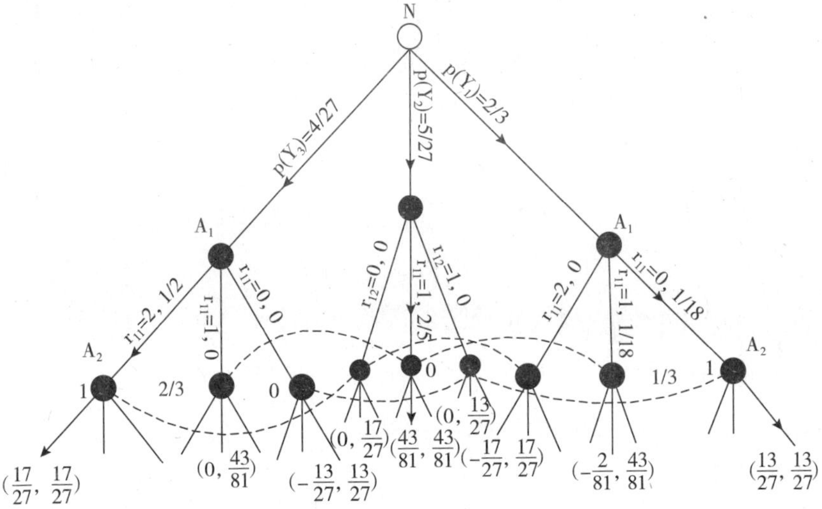

图 8.5　多类型应聘者的信号传递

首先，当信息接收者观测到信息发送者传递的信息 $r_{11}=b$ 时，信息发送者被划分为与 $X_6=\{x_3, x_4, x_{13}\}$ 一类，信息接收者认为类型 1、3、2 的信息发送者 $x_{i\in}X_6$ 选择传递 $r_{11}=b$ 的条件概率为：

$\mu([X_6]_{R4}|Y_3)=0, \mu([X_6]_{R4}|Y_2)=2/5, \mu([X_6]_{R4}|Y_1)=1/18$（基于信息接收者关于多类型信息发送者的信念，信息接收者根据新的信息决策表 R_4 可认为类型 3 信息发送者选择传递 $r_{11}=b$ 的概率为 2/5；而决策表中 18 个类型 2 信息发送者中有一位与新信息发送者条件相同，且选择传递信

息 $r_{11}=b$，故信息接收者根据以往经验可认为类型 2 信息发送者选择传递 $r_{11}=b$ 的概率为 1/18）。当信息接收者观测到信息发送者传递的信息 $r_{11}=a$ 时，信息发送者被划分为与 $X_8=\{x_{12}\}$ 一类，信息接收者认为类型 1 信息发送者 $x_i\in X_7$ 选择传递 $r_{11}=a$ 的条件概率为：$\mu([X_7]_{R4}|Y_3)=0$，$\mu([X_7]_{R4}|Y_2)=0$，而 $\mu([X_7]_{R4}|Y_1)=1/18$（根据信息决策表 R_4，在信息发送者类别 $X_7=\{x_{12}\}$ 中只有一个类型 2）。当信息接收者在观测到信息发送者传递的信息 $r_{11}=c$ 时，信息发送者被划分为与 $X_8=\{x_{22},x_{24}\}$ 一类，信息接收者认为类型 1 信息发送者 $x_i\in X_8$ 选择传递 $r_{11}=c$ 的条件概率为：$\mu([X_8]_{R4}|Y_3)=2/4$，$\mu([X_8]_{R4}|Y_2)=0$ 而 $\mu([X_8]_{R4}|Y_1)=0$（根据信息决策表 R_4，在信息发送者类别 $X_8=\{x_{22},x_{24}\}$ 中，4 个类型 1 信息发送者有两个与信息发送者其他方面条件相同且选择传递 $r_{11}=c$，故信息接收者根据以往经验可认为类型 1 信息发送者选择传递 $r_{11}=c$ 的概率为 1/2）。

由于前面条件概率的计算思路相对于分离条件修改前有所变化，在多类型的信息传递模型中，信息接收者关于"哪种类型的信息发送者会传递何种信息值"的后验概率也将发生改变。

在信息发送者选择传递信息 $r_{11}=a$ 的路径后，信息接收者认为该信息发送者属于类型 2 的概率为：

$\tilde{\mu}(Y_1|[X_7]_{R4})=\mu([X_7]_{R4}|Y_1)*P(Y_1)/[\mu([X_7]_{R4}|Y_1)*P(Y_1)+\mu([X_7]_{R4}|Y_2)*P(Y_2)+\mu([X_7]_{R4}|Y_3)*P(Y_3)]=[(1/18)*(2/3)]/[(0)*(5/27)+(1/18)*(2/3)]=1$。

信息接收者认为该信息发送者属于类型 3 的概率为 $\tilde{\mu}(Y_2|[X_7]_{R4})=\mu([X_7]_{R4}|Y_2)*P(Y_2)/P([X_7]_{R4})=[(0)*(5/27)]/[(0)*(5/27)+(1/18)*(2/3)]=0$。

信息接收者认为该信息发送者属于类型 1 的概率为 $\tilde{\mu}(Y_3|[X_7]_{R4})=\mu([X_7]_{R4}|Y_3)*P(Y_3)/P([X_7]_{R4})=[(0)*(4/27)]/[(0)*(4/27)+(1/18)*(2/3)]=0$

在信息发送者选择传递信息 $r_{11}=b$ 的路径后，信息接收者认为该信息发送者属于类型 2 的概率为：

$\tilde{\mu}$ （Y_1 | [X_6]$_{R4}$） = μ （[X_6]$_{R4}$ | Y_1） * P （Y_1） / [μ （[X_6]$_{R4}$ | Y_2） * P （Y_2） + μ （[X_6]$_{R4}$ | Y_3） * P （Y_3） + μ （[X_6]$_{R4}$ | Y_1） * P （Y_1）] = [（1/18） * （2/3）] / [（2/5） * （5/27） + （1/18） * （2/3）] = 1/3。

信息接收者认为该信息发送者属于类型 3 的概率为 $\tilde{\mu}$ （Y_2 | [X_6]$_{R4}$） = μ （[X_6]$_{R4}$ | Y_2） * P （Y_2） /P （[X_6]$_{R4}$） = [（2/5） * （5/27）] / [（2/5） * （5/27） + （1/18） * （2/3）] = 2/3。

信息接收者认为该信息发送者属于类型 1 的概率为 $\tilde{\mu}$ （Y_3 | [X_6]$_{R4}$） = μ （[X_6]$_{R4}$ | Y_3） * P （Y_3） /P （[X_6]$_{R4}$） = [（0/4） * （4/27）] / [（0） * （4/27） + （1/18） * （2/3）] = 0

在信息发送者选择传递信息 r_{11} = c 的路径后，信息接收者认为该信息发送者属于类型 2 的概率为：

$\tilde{\mu}$ （Y_1 | [X_8]$_{R4}$） = μ （[X_8]$_{R4}$ | Y_1） * P （Y_1） / [μ （[X_8]$_{R4}$ | Y_1） * P （Y_1） + μ （[X_8]$_{R4}$ | Y_3） * P （Y_3） + μ （[X_8]$_{R4}$ | Y_2） * P （Y_2）] = [（1/18） * （2/3）] / [（0） * （5/27） + （1/18） * （2/3）] = 1。

信息接收者认为信息发送者属于类型 3 的概率为 $\tilde{\mu}$ （Y_2 | [X_8]$_{R4}$） = μ （[X_8]$_{R4}$ | Y_2） * P （Y_2） /P （[X_8]$_{R4}$） = [（0） * （5/27）] / [（0） * （5/27） + （1/18） * （2/3）] = 0。

信息接收者认为该信息发送者属于类型 1 的概率为 $\tilde{\mu}$ （Y_3 | [X_8]$_{R4}$） = μ （[X_8]$_{R4}$ | Y_3） * P （Y_3） /P （[X_8]$_{R4}$） = [（0） * （4/27）] / [（0） * （4/27） + （1/18） * （2/3）] = 0

由上面的计算可知与双类型信息传递模型不同点在于对信息发送者的每一条路径，信息接收者需要推测三种信息发送者选择传递某种信息的可能性。

2. 多类型信息发送者假设下博弈双方的决策过程

根据上一次信息传递模型中构造的信息发送者和信息接收者的收益函数，

信息接收者在对传递不同信息值的信息发送者采用决策前须根据自己的收益函数计算哪种决策才是对自己最有利的。给定信息发送者选择传递“信息（11）” $r_{11}=a$，信息接收者在观测到信息后将该信息发送者划入到等价类［X_7］该等价类对应的各信息依次为：信息（1）$r_1=b$，信息（2）$r_3=c$，信息（8）$r_9=a$，信息（3）$r_4=b$，信息（7）$r_8=a$ 以及新信息 $r_{11}=a$。根据前面计算，信息接收者认为该信息发送者为类型 1 的后验概率 $\tilde{\mu}$（$Y_3|[X_7]_{R3}$）$=0$；认为该信息发送者为类型 2 的后验概率为 $\tilde{\mu}$（$Y_1|[X_7]_{R3}=1$；认为信息发送者为类型 3 的后验概率 $\tilde{\mu}$（$Y_2|[X_7]_{R3}$）$=0$。将三种情况下的后验概率代入信息接收者的收益函数，信息接收者的收益为：u_2（a_1）$=u_{21}$（a_1，r_{11}）$\tilde{\mu}$（$Y_1|$［X_7］$_{R4}$）$+u_{21}$（a_1，r_{11}）$\tilde{\mu}$（$Y_2|$［X_7］$_{R4}$）$+u_{21}$（a_1，r_{11}）$\tilde{\mu}$（$Y_2|$［X_7］$_{R4}$）$=$［$1*$（1/9）$+2*$（1/9）$+1*$（1/9）$+1*$（1/27）］$*1=13/27$。在信息接收者观测到信息“信息（11）” $r_{11}=a$ 时，认为该信息发送者一定属于类型 2 范畴，故选择采取行动 a_1w（r_{11}）$=w_0=13/27$。

给定信息发送者选择传递信息“信息（11）” $r_{11}=c$，新的信息值将两个以往信息接收者决策经验中的两个类型 1 信息发送者划入等价类［X_8］。信息接收者认为该信息发送者为类型 1 的后验概率 $\tilde{\mu}$（$Y_3|[X_8]_{R4}$）$=1$，认为该信息发送者为类型 2 的后验概率为 $\tilde{\mu}$（$Y_1|[X_8]_{R4}$）$=0$，认为信息发送者为类型 3 的后验概率 $\tilde{\mu}$（$Y_2|[X_8]_{R4}$）$=0$。将三种情况下的后验概率代入信息接收者的收益函数，信息接收者选择采取行动 a_3 的收益：u_2（a_3）$=u_{21}$（a_3，r_{11}）$\tilde{\mu}$（$Y_1|$［X_8］$_{R4}$）$+u_{21}$（a_3，r_{11}）$\tilde{\mu}$（$Y_2|$［X_8］$_{R4}+u_{21}$（a_3，r_{11}）$\tilde{\mu}$（$Y_3|$［X_8］$_{R4}$）$=$［$1*$（1/9）$+2*$（1/9）$+1*$（1/9）$+1*$（1/27）$+2*$（2/27）］$=17/27$。信息接收者观测到信息“信息（11）$r_{11}=c$ 时，认为该信息发送者一定属于类型 1 范畴，故选择采取行动 a_3w（r_{11}）$=w_2=17/27$。

给定信息发送者选择传递信息“信息（11）” $r_{11}=b$，该信息发送者将被信息接收者归类到的等价类［X_6］中。根据多类型的信息决策表，该类别中有两

个类型 3 和一个类型 2 信息发送者。所以根据前面计算，信息接收者认为该信息发送者为类型 1 的后验概率 $\tilde{\mu}$（$Y_3|[X_6]_{R4}$）=1，认为该信息发送者为类型 2 的后验概率为 $\tilde{\mu}$（$Y_1|[X_6]_{R4}$）=1/3，认为信息发送者为类型 3 的后验概率 $\tilde{\mu}$（$Y_2|[X_6]_{R4}$）=2/3。将两种情况下的后验概率代入信息接收者的收益函数，信息接收者采取行动 a_3 的收益：u_2（a_2）=u_{21}（a_2，r_{11}）$\tilde{\mu}$（$Y_1|[X_6]_{R4}$）+u_{21}（a_2，r_{11}）$\tilde{\mu}$（$Y_2|[X_6]_{R4}$）u_{21}（a_2，r_{11}）$\tilde{\mu}$（$Y_3|[X_6]_{R4}$）=［1 *（1/9）+2 *（1/9）+1 *（1/9）+1 *（1/27）］*（1/3）+［1 *（1/9）+2 *（1/9）+1 *（1/9）］+1 *（1/27）+1 *（2/27）］*（2/3）=43/81。根据信息决策表 R_4，故在信息接收者观测到信息“信息（11）”r_{11}=b 时，信息接收者选择采取行动 $a_2\bar{w}$ = 43/81。

对于信息发送者来说，给定信息接收者的后验概率及行动决策：即当观测到 信息“信息（11）”r_{11}=c 时，信息接收者认为 该信息发送者为类型 1 的后验概率 $\tilde{\mu}$（$Y_3|[X_8]_{R4}$）=1，因此采取行动 a_3w_2=17/27；当观测到信息 r_{11}=a 时，信息接收者认为 该信息发送者为类型 1 的后验概率 $\tilde{\mu}$（$Y_3|[X_7]_{R4}$）=0，因此采取行动 a_1w_1=13/27；当观测到信息 r_{11}=b 时，信息接收者认为该信息发送者为类型 3 的后验概率 $\tilde{\mu}$（$Y_2|[X_6]_{R4}$）=2/3，因此采取行动 $a_2\bar{w}$=43/81。

若类型 1 信息接收者若选择传递信息 r_{11}=a 时，根据信息发送者的收益函数 u_1（y_0，r_{11}，θ=2）= w（r_{11}）－ y_0 * $|r_{11}-\theta|$=13/27－（13/27）*2=－13/27；选择传递信息 r_{11}=b 时，根据信息发送者的收益函数 u_1（y_1，r_{11}，θ=2）= w（r_{11}）－ y_1 * $|r_{11}-\theta|$=43/81－（43/81）*1=0；选择传递信息 r_{11}=c 时，根据信息发送者的收益函数 u_1（y_2，r_{11}，θ=2）= w（r_{11}）－ y_2 * $|r_{11}-\theta|$=17/27－（17/27）*0=17/27；由于当类型 1 信息发送者选择 r_{11}=c 时的收益高于传递其他两种信息值得收益，若信息发送者为类型 1，他将有动力选择高信息值以避免“自动降级”（被划分为类型 2、类型 3）的损失。

若信息发送者为类型 2，且选择传递信息 r_{11}=a 时，根据信息发送者的

收益函数 u_1（y_0，r_{11}，$\theta=0$） = w（r_{11}） - $y_0/|r_{11}-\theta|$ = 13/27 - （13/27）*0 = 13/27；选择传递信息 r_{11} = b 时，根据信息发送者的收益函数 u_1（y_1，r_{11}，$\theta=0$） = w（r_{11}） - $y_1/|r_{11}-\theta|$ = 43/81 - 15/27 * 1 = -2/81；选择传递信息 r_{11} = c 时，根据信息发送者的收益函数 u_1（y_2，r_{11}，$\theta=0$） = w（r_{11}） - $y_2 * |r_{11}-\theta|$ = 17/27 - （17/27） * 2 = -17/27。与双类型信息传递模型相比，类型 2 的信息发送者若选择中间信息是无法得到更高收益的，故类型 2 信息发送者会主动选择传递低信息值。

若信息发送者为类型 3，且选择传递信息 r_{11} = a 时，根据信息发送者的收益函数 u_1（y_0，r_{11}，$\theta=1$） = w（Y） - $Y/|r_{11}-\theta|$ = 13/27 - （13/27）*1 = 0；选择传递信息 r_{11} = b 时，根据信息发送者的收益函数 u_1（y_1，r_{11}，$\theta=1$） = w（r_{11}） - $y_1/|r_{11}-\theta|$ = 43/81 - 15/27 * 0 = 43/81；选择传递信息 r_{11} = c 时，根据信息发送者的收益函数 u_1（y_2，r_{11}，$\theta=1$） = w（r_{11}） - $y_2 * |r_{11}-\theta|$ = 17/27 - （17/27） * 1 = 0。虽然类型 3 信息发送者得到的回报由于信息接收者对 $[X_6]_{R4}$ 等价类中信息发送者类别的不确定而采取行动 a_2 使其收益稍微低于其信息值对应的水平，但是由于他选择 r_{11} = b 时的收益高于传递其他两种信息值得收益，故类型 3 信息发送者会选择传递中间信息来获得更大收益。

第九章

知识传播的网络结构分析

第一节 知识传播的网络角色分析

1. 社会网络分析在传播领域的应用

社会网络分析是在20世纪60年代美国社会学家哈里森·怀特（（Harrison White）通过推导图形理论而得到的一种用于测量网络结构的数学分析方法。与网络分析相关的传播学研究可追溯到20世纪中期。该时期，心理学家勒温（Lewin）① 从结构性分析的视角所提出的群体动力学将群体看作内部互联的整体，即如果其中任何一个部分的变化，必将引起其他部分的变化。在勒温思想的影响下，勒温的学生巴弗拉斯（Bavelas）运用这种结构性视角对星型、轮型、链型等不同网络结构的传播规律进行了考察，并正式提出网络结构的中心度指标。拉扎斯菲尔德（Lazarsfeld）对于网络分析的贡献除了将其研究“建立在网络数据的基础上”并“利用基于矩阵重置的图表来展示数据”②，还包括将结构视角运用到二级传播理论的研究中，从而提出从意见领袖到被影响者是通过人际网络来实现。70年代，受拉扎斯菲尔德“两级传播”理论的启发，罗杰斯（Rogers）③ 从结构角度对知识创新进行解读，并撰写文章《传播与发展—统治范式的终结》，该文将社会网络看作未来传播研究的方向之一。

---

① 申荷永：《充满张力的生活空间：勒温的动力心理学》，湖北教育出版社2001年版，第63、64页。

② ［美］林顿·弗里曼 著，张文宏、刘军、王卫东译：《社会网络分析发展史：一项科学社会学的研究》，中国人民大学出版社2008年版，第88页。

③ E. M. Rogers, Communication and Development: The Passing of the Dominant Paradigm, Communication Research, Vol. 3, No. 2, 1976, pp. 213 – 240.

随着传播学与管理学等学科的融合，网络分析相关研究开始关注组织内外非正式社会关系网络是如何创造和传播信息和知识的。管理学家魁克哈特（Krackhardt）提出“强关系优势理论”[①]，就非正式关系即个体的社会关系网络，对其在组织中的行为，如离职意愿、工作满意度、团队协作意愿等方面的影响。社会学教授格兰诺维特（Granovetter）提出的“弱关系优势理论”[②]，从互动的频率、感情力量、亲密程度和互惠交换四个维度将联结分为强弱连接两种，并指出强连接和弱连接在知识传播过程中发挥着不同的作用：强关系是在性别、年龄、教育程度、职业身份、收入水平等社会经济特征相似的个体之间建立的，并且相似性较高的个体构成的群体内部所涵盖的知识往往是类似的，因而通过强关系获得的资源常是冗余资源；与之相比，弱关系则是在社会经济特征不同的个体之间发展起来的，并且包含弱关系的群体跨越了各类知识主体，因而可以发挥信息桥的作用在非直接联结的主体之间传播知识。运用弱关系的概念，他在研究中讨论了人关系网络对于应聘者在劳动力市场中进行工作信息搜寻中的作用。社会学家布迪厄（Bourdieu）于1985年运用社会网络分析的方法系统地提出社会资本的概念，认为社会资本是一种通过对关系网络的占有而获得的资源集合体，并将该概念应用到组织战略管理领域。1992年，社会学家博特（Burt）提出的结构洞理论是在将社会资本应用于企业内外部关系的基础上提出来的，该理论聚焦企业关系网络中的某些个体之间存在直接联系，而与部分其他个体无直接联系或关系中断的现象，将该现象称为网络中的结构洞，并提出处于结构洞中的企业在其关系网络具有控制优势。

21世纪初，随着社交媒体蓬勃发展，新媒体平台为传播领域研究者提供了获取社会网络数据的便利渠道，社会网络分析成为传播学研究中十分重要的分支。该分支相关研究聚焦于传播机制、效果、创新等广泛的研究方向，

① Krackhardt D, Hanson J R. 16 Informal Networks: The Company Behind the Chart. Creative Management, 2001. pp. 202 - 237.

② M. Granovetter. The Strength of Weak Ties [J]. American Journals of Sociology, 1973 (78). pp. 1360 - 1380.

很多学者将基于各类社会网络的传播模型作为研究主体，探讨各类网络结构在传播过程中发挥的作用。荣格（Jung）通过对比个体交互与群体交互下的信息传播过程，探讨了“群体交互下的信息传播机制”[①]。Jiang Yan[②] 在其研究中发现微博的网络结构与博客相比在整体上更加分散、局部网络效应更加明显，并且各个阶段的传播速度区别较大，因此微博的网络结构呈现出异配性，并具有更强的小世界特性、更高的聚集系数和较低的传播临界值。除了对社交网络传播机制的研究以外，该领域的传播效果研究主要集中在对信息传播各个阶段的传播速度以及传播范围的研究上。杨格（Young）[③] 在其研究之指出：社交网络中的传播初始阶段指传播范围到达一定规模即传播阈值之前的阶段；传播增长阶段指传播速度迅速提升的阶段，在此阶段参与传播的节点数量会迅速增长；传播稳定阶段指经过增长阶段后，参与传播的节点数量趋于稳定的后期阶段。还有部分学者从集中程度与连接程度的角度探索网络结构对创新扩散的影响。Hanool Choi[④] 在其研究中根据小世界模型算法构建仿真网络，探讨网络的两种指标即聚集程度与“桥”特性对创新扩散的影响，研究发现：在初始阶段，“桥”节点特性的减少或者聚集程度的增加会减少网络中的平均距离从而增加扩散速度，但是在增长阶段“桥”节点数量的增加有利于创新在更大范围的扩散。

2. 网络节点的特征参数

中心性是评估网络中节点位置的测量指标，该参数常用于度量节点在网

---

① Jung G. , and B. Lee. An Analysis of Network Competition with Changes of Network Topology through “Open API” . 2011.

② Jiang Yang, S. C. Comparing Information Diffusion Structure in Weblogs and Microblogs [A] . The Fourth International AAAI Conference on Weblogs and Social Media. North America. 2010.

③ Kitsak M. et al. Identification of Influential Spreader in Complex Networks [J] . Nature Physics. 6 (11) . 2010. pp. 888 – 893.

④ Choi, H. , S. Kim and J. Lee. Role of Network Structure and Network Effects in Diffusion of Innovations [j] . Industrial Marketing Management. 39 (1) . 2010. pp. 170 – 177.

络中的影响力。中心性指标通常用于连接方向不重要的无标度网络中，当节点间的联结方向扮演着重要角色时，也可利用该概念计算节点的出度与入度中心性。

（1）度中心性

度中心性是指与该节点直接相连的边的数目。该参数取值越大，表明该节点与其他节点的直接交互的能力越强。在无向网络中，度中心性大的节点通常会和多个群体相连，或者长期隶属于一个联系紧密、关系稳定的群体。在有向网络中，节点的度具有方向性，具有方向的联结采用出度和入度进行度量。其中，出度是指该节点指向其他节点的边的数量。出度中心性在微博中体现为节点的粉丝数或者转发、提及或者转发行为的数量，因此出度值较大的节点多为关系中主动性更强的主体，是关系的发起者，体现了节点的活跃程度；而入度则中心性是指从其他节点指向该节点的边的数量，在网络中体现为节点的朋友数或者信息接收行为的数量，因此入度值较大的节点受到更多节点的关注，往往成为信息扩散的来源。

（2）中介中心性

网络中节点间最短路径经过某个节点的数量称为该节点的中介中心性。该参数的目的在于度量节点出现在其他节点间最短路径上的频率。因此，该参数在某种程度上代表了特定节点对其他节点之间关系的一种控制能力。中介中心性建立在计算最短路径的基础上，因此在信息传播过程中它反映了网络传输的信息量，也就说该类节点往往承载了所连接群体之间的所有信息。具有较大中介中心性的节点通常与众多群体相连，并且这些节点拥有多条节点间的最短路径，因此它们对网络的连通性具有重要作用。中介中心性概念在社会网络分析中非常重要。例如，在结构洞理论中，判断某节点是否为桥节点的参数即为中介度中心性。换句话说，如果有某个节点将两个分离的子图相连接，这个节点就是两个子图的桥节点。对于靠桥节点连接的两个分离的子图而言，中介度取值较高的桥节点，掌握了子图间的信息流，因此可以通过操控这两个群体的交互而获得中间利益。

（3）接近度中心性

接近度中心性是以节点间距离为基础来衡量节点在网络中的中心程度。该指标一般用于度量连通网络中的节点，当节点与网络中其他节点的平均最短路径长度值越小，该节点的中心性取值越大。接近中心性建立在最短路径的基础上，因而比节点度指标更能反映节点在网络结构中的位置。因此，节点的接近中心性越高，它离网络中其他节点的距离越小，信息传播进行得越顺利。此外，以往研究发现该指标与度中心性指标相关度很高，即度中心性取值高的节点往往在网络中的接近度中心性取值也很高。与度量个体在传播过程中承载信息量的中介中心性相比，它更侧重于对拥有该种结构特征的节点在传播过程中对传播效率与便利性的影响。

（4）特征值中心性

特征值中心性的作用在于度量节点在网络中的重要性，该指标将单个节点的中心性看成是所有其他节点中心性的加权线性组合，以此得到的线性方程组最大特征值所对应的特征向量就代表该节点的重要性。节点的特征值中心性强调的是可到达性，即考察与目标节点已建立连接节点的特征值对该节点特征值的影响。与高特征值节点相关联对某节点的中心性特征值的贡献要大于与低特征值节点相关联的贡献。也就是说，特征值中心性的定义认定不是所有的连接都是等价的，当与目标节点所连接的节点特征值高时，该节点的特征值中心性也较高。

3. 网络结构的特征参数及模型

网络可以被大自然中所有的复杂系统所定义，其中网络的构成包括节点集合与节点之间的关系集合①。网络中关系集合的不同意味着网络在整体特征上的差异，这些差异包括网络的结构和规模等方面。其中，网络结构的一

① Dorogovtsev S N, Mendes J F F. Evolution of Networks［J］. Advances in physics, 51（4）, 2002. pp. 1079 – 1187.

种表达方式是通过矩阵来表示。关联矩阵与邻接矩阵是矩阵中的两个常用表示方法。网络节点与边的联系时通常需要关联矩阵来表示，而邻接矩阵表示法则常用来描述网络中两个节点间的联系。在矩阵表示方法的辅助下，复杂网络的结构特点可以用节点度分布、平均路径长度和聚类系数①、社区结构等基本特征参数进行描述。

与网络节点相关指标中最重要的指标是度。节点 i 的度 k_i 就是与这个节点连接的任意节点的数目。直观地看，在网络中重要节点的度会更大；而在网络中度越小的节点重要性也就越小。在节点度概念的基础上，评估整体网络的类似指标是网络的平均度 $<k>$，平均度 $<k>$ 是指该网络内所有的节点 i 的度 k_i 加和取均值。此外，与整体网络相关的另一个指标为节点度分布，该分布可表示为概率分布函数 $P\ (k)$，即分布函数值说定义为网络中任意节点的度值为 k 的概率。另一个表示节点度分布的方法是累计度分布，这种函数是通过节点度概念的累积绘制出的度分布状态。由于函数值是概率值加和形成，因此相对于节点度分布来说，累积度分布会是一个更加平滑的曲线。

平均路径长度 L 是表达网络全局特性的主要参数之一，该参数用于度量节点之间的紧密程度。在网络中从其中一个节点出发到达其他节点的过程中所经过的距离叫作节点之间的路径长度。在无权网络中平均路径长度代表一个节点到达另一个节点所经过的边的总数目。其中，最短路径长度是从节点 i 到节点 j 所需要经历的边的和的最小值，即为 $l_{i,j}$。

所谓网络的聚类特征，在现实生活中的写照为朋友圈子中一个人的多个朋友相互之间也是朋友。一般情况下，若 k_i 代表网络中的节点 k_i 的度，也就是说有 k_i 个节点与节点 i 相连，则这些邻居节点之间大约存在 $k_i\ (k_i-1)\ /2$ 条边，假设 e_i 是这 k_i 个邻居间实际存在的连接数，则它们的比值被称为节点的聚类系数。这个网络中存在的一切节点的聚类系数的平均值称为该网络的聚类系数 C。

---

① Newman M E J. The Structure and Function of Complex Networks [J]. SIAM review, 45 (2), 2003. pp. 167 - 256.

通过对复杂网络的性质及数字特征的了解，人们提出复杂网络的第四个重要参数，即社区结构。复杂网络的社区结构指的是说网络中由多个局部密集的网络组成。由于现实网络不仅具有小世界特性和无标度特征往往还表现出了社区性，因而这种社区结构的出现对复杂网络的发展有着重要的作用。社区结构比较常用的定义为网络中的顶点可以分成若干个社区，社区内的节点关系是跟紧凑的而社区间的节点连接的稀疏。因为稀疏和稠密没有明确的判断标准，所以学者们给出一个定量化的定义，即给定一个图 $G=(V, E)$，V 表示图的节点集合，E 表示图的边，图中节点 i 的度用 k_i 表示，假设有图 G 的子图 S，对于子图 S 中的节点 i，在其连向的 k_i 个节点中，有 $k_i^{in}(S)$ 个节点属于子图 S，$k_i^o(S)$ 个节点不属于子图 i；在这里我们得到两个定义来描述网络中的社区结构一个是强社区，其中把强社区定义为：在子图外部顶点连接的度都小于与子图内部顶点连接的度即表达式表示为：$k_i^{in}(S) > k_i^o(S)$。另一个是弱社区，其弱社区定义为子图内所有顶点与子图外部顶点连接的度之和小于子图中所有顶点与子图内部顶点度之和表示为：$\sum_i k_i^{in}(S) > \sum_i k_i^o(S)$。对于网络中的强社区的定义我们强调的是单个节点，其连向社区内部的边数大于社区外的边数；而弱社区只要求整个社区内的连接边数大于社区外的连接边即可，因此弱社区更适于大规模网络的分析与研究。

复杂网络的统计特征还包括网络结构的“健壮性”，该概念是除了上述基本统计特征之外的一种表述网络抵抗能力的特征参数。所谓健壮性，表示在随机删除或增加网络中的节点时，不会造成网络自身结构的毁坏，则网络结构越强壮。然而，当网络受到有目的的威胁时，例如依次删除网络中度较大的节点，实际网络会越来越脆弱，强的健壮性会非常迅速瓦解成非常小的连通子网络。

网络的度、平均路径长度和聚类系数是表达复杂网络特点的基本静态特征，也是呈现网络结构的本质的特征参数，大多研究者为了验证模型的有效性会提出各类网络演化模型来模拟并分析这三个参数变化的规律，以准确地判断模型是否有效。随着研究者对复杂网络研究的细化，BA 无标度网络、多社区网络等模型中提出了更多展现复杂网络动态特点的特征参数。

（1）BA 无标度网络

在现实社会中，复杂网络的小世界特性是普遍存在的，就像平时生活的社交网络中经常出现的情况：每个人与周围的人熟识并进行日常沟通，就代表着复杂网络中集群性特点；此外，个人又可以通过各种的渠道认识距离更远的人则体现了复杂网络中远距离连接的可能性；更突出的情景是某个人发现他的朋友相互之间也熟识。虽然小世界网络模拟了这些最普遍出现的现实场景，然而除了小世界的特性外复杂网络还应该体现真实世界中的一个非常重要的特征，即网络所包含的度较高的节点。根据前文中对节点度的定义可知，度较高的节点意味着该类节点相对其他节点拥有更多联结。更直观地说，虽然复杂网络在局部网络结构上会存在差别，然而根据网络中所有节点的度值大小排列形成的度分布曲线展现出各类复杂网络的度分布曲线的不均匀性。

针对度分布的不均匀特点，巴拉巴西（Barabasi）和艾伯特（Albert）研究表明真实世界中大部分复杂网络的节点度分布是服从幂律分布的，因而该研究在幂律分布的基础上提出了具有“增长”和“优先连接”机制的 BA 无标度网络模型①。该模型结构通过构造网络的规模增长及优先联结机制，对网络中部分节点拥有高度值得现象进行了模拟，同时又呈现出节点度服从幂律分布的无标度特征，即网络中不存在一个特征节点在度值上可以代表其他大部分的节点。所谓优先连接指的是新加入网络的节点会更倾向于先放弃度小的节点，而与度大的节点进行连接。增长特性是指随着新节点的加入，网络规模会逐渐增长。根据以上的两个特征机制，该模型通过以下方式进行 BA 无标度网络的构建。首先，在网络增长过程中构造一个规模为 N 的初始网络，每当新加入一个节点后，要和存在于网络中的 M 个节点相连（其中 $M \leqslant N$）。其次，在优先连接过程中，根据以下的概率来建立新加入网络中的节点和网络中存在节点 i 的连接：

① Barabási A L, Albert R, Jeong H. Mean - field Theory for Scale - free Random Networks [J]. Physica A: Statistical Mechanics and its Applications, 272 (1), 1999. pp. 173 - 187.

$$P_i = \frac{k_i}{\sum_j k_j}$$

上式子中，k_i 和 k_j 表示为节点 i 和节点 j 的度。i 是新节点，j 是原始节点。

（2）多社区网络

李（Li）和迈尼（Maini）[①] 提出了基于社区内外节点度优先连接机制并可以呈现社区内外节点连接紧密程度差异的演化模型。构造该模型的关键在于将每个节点的度从社区内的度和社区外的度两个方面进行考虑。社区内节点的度表示这个节点和它在同个社区中另外的节点之间存在连接的边数，而社区外的度则表示该节点在与不同社区的节点之间存在连接的边数。该种复杂网络的演化过程包括三个方面：①在网络初始化阶段，假设一个初始的网络，网络中含有社区结构，社区结构的数目为 M，表示该网络中有 M 个社区，这个 M 个社区中的每个社区都有 m_0 个全耦合的节点构成，并且这 M 个社区间两两相连，通过 M（$M-1$）/2 条边；②在增长阶段，每一步随机的选择一个社区加入一个节点，这个节点与它所在社区内的 m 个节点相连，而以概率 p 与其他（$M-1$）个社区内的 n 个节点相连；③在网络增长阶段的优先连接机制包括：根据社区内外的度优先选择与社区里的边连接还是与两个社区之间边连接。其中，社区内优先连接机制：当一个新的节点 n 从它所在的社区 i 内选择一个节点相连时，它选择社区 i 内节点 j 的概率 $P(s_{ij})$ 与节点 j 的社区内的度 s_{ij} 成正比，即 $P(s_{ij}) = \frac{s_{ij}}{\sum_k s_{ij}}$。社区外优先连接机制：当新的节点 n 从它所在的社区 i 外部选择其中的节点相连时，会选择社区 k 内节点 t 概率 $P(l_{kt})$ 与节点 t 的社区外的度 l_{kt} 成正比，即：$P(l_{kt}) = \frac{l_{kt}}{\sum_{m,n}(s_{mn})}$。与随机网络相比，基于该模型构造的复杂网络具有很强的社区结构性、较小的平

① Li C, Maini P K. An Evolving Network Model with Community Structure [J]. Journal of Physics A: Mathematical and General, 38 (45), 2005. pp. 9741.

均最短路径和相对较大的聚集系数，并且网络节点度服从幂律分布。

4. 网络角色分析

社交网络节点的角色分析，指的是结合节点行为的统计规律以及所处的网络结构，判断节点在网络中的角色与功能。由于根据传播网络中节点角色的划分可以对具有类似社会网络特征的节点进行信息设计及路径策划，因而该类分析在社交网络营销以及网络舆论引导等领域都具有较强的实践性。阿克社（Akshay Java）在研究推特（Twitter）的群体结构与用户传播动机时，用节点入度和出度分别定义权威性与居中性，并根据二者值的大小将节点的传播角色划分为信息源、朋友和搜寻者①。其中，信息源指的是以信息发布为主要传播动机的用户，朋友和搜寻者则是以跟随者或是信息接收者的心态进行传播。根据三种传播角色的划分标准，该研究可以识别出线营销活动需要达到的网络群体中信息发布动机较高的重要节点。邱（D. H. Qiu）在其研究中根据用户的行为特点，以节点的出度以及其所在的网络结构为标准，将网络中节点划分为群体核心、群体成员、中间人和边缘人共四种角色②，分别代表群体中度值较高的节点、群体中度值较小的节点、连接多个群体的节点以及群体中的边缘节点。其中，群体核心节点的行为较为稳定并在社交网络的传播活动中表现活跃。相比之下，其他节点由于在网络动态演化过程中受到与之相联个体的行为影响，会逐渐转换网络角色并带来较大的行为波动。斯瑞普（Jerry Scripps）在研究网络结构中的节点角色时，利用节点连接的群体数量作为衡量节点对网络中其他节点影响力的衡量指标，并根据节点的度和节点连接的群体数将网络中的角色划分为大使、明星、

---

① Java A, Song X, Finin T, et al. Why We Twitter: Understanding Microblogging Sage and Communities [C] //Proceedings of the 9th WebKDD and 1st SNA - KDD 2007 workshop on Web mining and social network analysis. ACM, 2007. pp. 56 - 65.

② Qiu D H, Li H, Li Y. Identify node role and track node evolution in temporal networks [C] //Soft Computing and Pattern Recognition (SoCPaR), 2011 International Conference of. IEEE, 2011. pp. 129 - 134.

桥和孤立者四类①。该种划分方法更加强调节点的连接属性，因此将比关注相邻节点更有效地研究信息的传播路径与效果。最后，目前学界常用的节点角度划分标准由爱尔曼（Edelman）提出，他将网络用户角色划分为三种：话题发起者、话题扩散者、话题整合者。其中，话题发起者在传播路径中负责提供原创性内容，该类用户一般拥有良好的信用，因而发起的话题通常具有较高的转发率。话题扩散者在传播路径中往往处于网络中心位置，具有较高度中心性，同其他用户联系密切。汇聚话题扩散者的网络被称为密集型网络，具有规模较小、密度高，用户间兴趣一致且信任程度较高等特征。话题整合者的职责在于将外部与内部网络群体的信息进行整合，具有较高中介中心性并能够引导话语方向。该类用户一般成为密集网络之间的联络桥梁。

第二节　知识传播的语义网络分析

1. 话语与语义

所谓"话语"是译自英文的"discourse"和法语的"discours"的舶来词。根据韦氏词典，英语词汇"discourse"出现于14世纪，而中文中的"话语"出现才不到一百年。实际上，"话语"一词在产生后的很长时间内并未受到重视，直到维特根斯坦（Wittgenstein）将注意力集中到话语的作用上找到了各种陈述的方法，从而提出语言的游戏就是话语的游戏。维特根斯坦之

① Scripps J, Tan P N, Esfahanian A H. Node roles and community structure in networks [C] //Proceedings of the 9th WebKDD and 1st SNA - KDD 2007 workshop on Web mining and social network analysis. ACM, 2007. pp. 26 - 35.

后的利科（Ricoeur）[①] 进一步提出，“话语”优于“语言”或“语言系统”，因为话语为语言的存在提供了基础，只有分享的、每时每刻都有所不同的话语行为才使信码得以实现。也就是说，话语将语言体现的符号维度以及语言没有体现的实践维度结合起来了。利科的“话语”观与福柯的话语理论可谓异曲同工，福柯也曾明确指出“话语虽由符号组成，但话语的功能比用这些符号去指物更广泛”。正是福柯的推动，“话语”才成为流行语，风靡于几乎所有的人文社会科学领域。当今，各个领域的研究者从各自的角度赋予了“话语”以丰富的含义。有的学者认为，话语是“句子组合的使用”[②]；也有学者将话语看作“过程的语言”[③]；甚至还有学者将该概念扩展为不仅是一种讲话、阅读和写作的方式，同时也是行为、交际和思维方式和价值理念。

基于“话语”的概念，哈里斯（Harris）于1952年首创“话语分析”一词时，采用的是一种“分布分析”的方法，即按照一定的标准把话语的内容切分成若干个基本成分后，只分析其形式而不管其意义。然而，这种话语分析方法未得到广泛应用，哈里斯随后与美国当代著名语言学家乔姆斯基一起研究转换生成语法理论，后者于1957年出版了著名的《句法结构》。乔姆斯基的转换生成语法，都把社会性的“话语”和个人化的“言语”区分开来，并认为后者是个禁不起研究的东西。他的理论对用现代认知心理学的观点来研究语言，包括研究支配语言使用的原则、创造和理解句子的原则，起了积极的推动作用。

60年代末，美国数学家蒙太格（Montague）首次采用现代逻辑的方法研究英语语义（Semantics），并提出一套语义理论模式，即蒙太格语法（Montague Grammar，简称MG）。1969年，柯林斯（Collins）和奎连（Quillian）首次构造出“语义网络”的层级模型。层级网络模型的基本成分是概念节点，而与每个概念共同储存的还有概念的属性。概念和属性直接连接，并根据类

① Ricoeur P. Interpretation theory: Discourse and the surplus of meaning [M]. TCU press, 1976. p. 9.

② Widdowson H G. Models and fictions [J]. Applied Linguistics, 1, 1980. pp. 165 – 178.

③ Brown G, Yule G. Discourse analysis [M]. Cambridge University Press, 1983. p. 89.

属关系组成一个层级语义网络。网络的上级概念包含下级概念，上下级概念节点之间用带箭头的线连接。在这个模型中，个体如果激活一个概念，需要沿着连线的方向去寻找该概念的属性特征，距离近的耗费时间短，远的耗费时间较长。两个概念的距离越远，被激活的可能性就越小并会耗费更多的时间。

20 世纪 70 年代是话语分析获得重大突破的时代。1975 年，柯林斯（Collins）和洛夫塔斯（Loftus）提出激活扩散模型，解决了层级模型难以描述语义隶属关系模糊的问题。激活扩散模型是在层级网络模型的基础上发展的，但两者存在三个重要区别：①概念与属性的地位差异。在激活扩散模型中，概念和属性具有同等的地位，概念和属性都是语义记忆结构的基本成分。语义层次网络模型的主要成分是概念，属性只是简单地附属于概念的节点。②概念与属性的联系差异。在激活扩散模型中，属性和概念之间的联系并非基于逻辑的、语义的关系，而只是基于个人的生活经验。③概念间语义距离的差异。在层级网络模型中，概念之间的距离由层级标示。但是在激活扩散模型中，概念的距离由之间连线的数量表示。20 世纪 80 年代以后，话语分析被修辞学、文学、人类学、语言学、哲学、社会学等各个领域的研究者所广泛采用。在自然科学领域，话语分析中注重分析人们理解话语过程的记忆模式很快就被吸收到计算机语言学中以抽象话语加工模式，极大地推动了语义网络的计算机语言建模研究。

2. 话语的认知功能

如前文所述，修辞和社会理论学家们早已认识到话语的功能不仅在于表达思想，还能维持甚至于改变发言者和他们的听众之间的社会和谐水平。话语的认知功能超越其表象的沟通功能与蕴藏其后的文化功能，深入人的认知过程与意义创建过程，即将词语与类别、图式、心理过程等知识的认知陈述联系起来，可以从更深层次揭示词汇对认知改变、组织逻辑的影响。理论学家将认知过程所创建的意义称为话语的符号。由于“符号”这个词的含义较为模糊，日常生活中“词汇”经常用于替代“符号”以表示“意义”。然而，两者存在较大差异。常见词汇是我们平常听到或看到的表达性的语言、交谈、句子、文章中的结构基石。与之相比，“符号”构建着社会认知性的基础结构，例如自然历史，经验、信仰，利益等范畴的知识。因此，“符号”通常被称为社会生活的“软组织”，起着连接社会的作用。从卡希尔（Cassirer）开始，语言学家们就认识到了象征性语言的特殊性质与其普通含义有关。葛瑞博（Graber）认为，文章中词汇的“符号”作用使得相互之间通过紧密联系形成具有丰富含义的语义网络。其中，具有象征作用的词汇被称作“表意符号”，其使用使得文中的阐述与读者形成了共鸣。麦克基（McGee）进一步补充“表意符号”与特定语境的关联性①。在描述语言的认知功能时，社会学家凯利（Kathleen M. Carley，1993）提出了语义网络②的构建方法。首先，将文章中具有重要连接功能的“符号”称为关键概念。在此基础上，镶嵌于特定语境中的关键概念相互连接所形成的网络即为更大规模的信息提供了语义表述。

（1）密度

关键概念获取意义和实现表述是通过与一定数量的概念连接而实现的。因此，关键概念的密度为与之直接相连的概念数量。核心概念的密度越大，其含义就越广泛。密度的概念可以用交通路线作为类比进行解释。大都市，例如波士顿和纽约，有许多条道路直接进出。其他城市，例如科罗拉多，只有一条或两条道路与之相连。关键概念就如同大都市一样由于其连接数而具有一定的重要性。

值得注意的是，方向并不是一个影响关键概念密度的因素。例如，交通路线图上的城际公路都是单向的。假设城市 A 有 10 条直接的路线通向其他

① McGee M C. The “ideograph”: A link between rhetoric and ideology［J］. Quarterly journal of speech, 66（1）, 1980. pp. 1－16.

② Carley K M, Kaufer D S. Semantic connectivity: An approach for analyzing symbols in semantic networks［J］. Communication Theory, 3（3）. 1993. pp. 183－213.

城市，还有11条路线从其他城市通向该城市。假设还有城市B，只有1条路线通向另一个城市，有20条路线通向该城市，城市A和B有相同的城际道路密度（21），但是两个城市的交通模式却是截然不同的，因为进入和离开城市A几乎同样容易，而城市B却如同像罗马一样，容易进入却很难离开。

（2）传导度

在语义网络中影响关键概念含义的第二种因素即连通路径的数量，即传导度。连通路径即既有进入又有出发的双向链接。连通路径的数量随着“进入连接”和“出发连接”数量的增加而增加。在语义网络中，具有高传导性的关键概念通过增加网络中介点而增加路径的方式，是无法采用密度是进行衡量的。关键概念的传导率是将直接导向它的概念数量和它直接导出的概念数量相乘得到的。关键概念的传导率与其携带的信息数量有关，就如同电流通过电线一样。如果关键概念是一个纯发出点（有导出链接无导入连接）或纯接收点（有导入链接无导出连接），那么该概念的传导率为零。因此，在网络中，关键概念获取密度和传导性的速度存在着巨大差异。前者是基于连接相加，而后者则是出入连接相乘。

（3）共识度

第三种影响关键概念在语义网络中含义的因素是获得多数人认可的进入或出发的概念连接或组合。认同关键概念相互连接的人数越多或者该连接出现的频率越高，对该概念组合的社会共识度就越高。继续先前的比喻，关键概念的共识度就如同城市间道路的宽度。也就是说，比起那些仅仅拥有土路的城市，拥有众多进入和离开它们的多车道高速公路的城市更重要。如果用道路进行类比，共识的程度等同于测量由大量的达到或超过一定阈值的多道路高速公路连接的城市的数量。

3. 语义网络分析工具

目前国内外普遍使用的是基于本体的语义信息处理方法。所谓本体

(Ontology)，在哲学领域中用来系统描述世界上的客观存在物，后来引入语义网络的计算机建模中。1993 年，格鲁伯（Gruber）采用概念化的形式把本体定义为 <D，R> 结构，解释成“共享概念化的明确的形式化规范”，其中 D 是领域，R 是 D 中概念及其属性相关的关系集合。领域是对象的集合，而概念是对特定领域中的实例的类别进行抽象描述，之间的约束给出明确的定义。在建立基于本体逻辑关系的语义网络之前，语义信息处理的基础部分为文本分词，即将文本切分为以词为单位的序列。

一般来说，词是单位最小并具有独立有意义的语言成分。在文本分析的过程中，如果没有分词环节，就难以在词汇基础上对文本进行句法以及语义分析。英文文本中的单词之间存在空格，因此词汇之间存在固定的分隔符。文本分词时只需把单词的形态变化还原为原型即可。而中文与英文不同，虽然中文里的词基本上没有形态变化，但是程序难以识别词汇间的边界，因此需要特殊的面向中文的文本分词方法来处理。中文分词，就是在没有固定分隔标志的中文文本中建立词汇之间的边界，将中文文本转换为符合语言实际情况的词汇序列。目前，中文分词算法通常可以分为三种类型：基于字符串匹配的分词方法、基于统计的分词方法以及基于理解的分词方法。

第一，基于字符串匹配的分词方法将待切分的中文字段与分词字典中的词汇进行字符匹配，如果能够匹配成功，则将该词汇切分出来。故而，这种分词方法也常被称为基于字典的分词方法。基于字符串匹配的分词方法有三个要素：分词词典、扫描顺序以及匹配原则。其中，扫描顺序包括正向（自左至右）、逆向（自右至左）、双向三种方式；匹配原则包括最大（长）匹配、最小（短）匹配、最优匹配等等。目前此类算法中占主流地位的是正向最大匹配法、逆向最大匹配法以及最少切分法。

第二，基于统计的分词方法认为词汇是字与字之间的一个稳定组合，如果相邻的字一起出现的频率越高，则它们组合成一个词的概率就越大。在基于统计的分词方法中，通常对这种相邻字的组合同时出现的频次进行统计，继而评估它们之间的紧密程度，如果达到预设的标准，则认为它们组成了一个词语。由于基于统计的分词方法只需要统计相邻字组合的出现频度，不需要依赖分词词典，故而它又常被称作无字典分词方法。基于统计的分词方法常用的统计模型包括隐马尔科夫模型、最大熵模型以及N元文法模型等等。

第三，基于理解的分词方法在对中文字段进行分词的过程中，同时还进行句法和语义分析，通过获取待切分字段中的句法、语义信息来解决歧义切分问题。这种方法让计算机来模拟人类对中文字段的理解，故而也被称为基于人工智能的分词方法。基于理解的分词方法依赖于大量的语言知识，由于中文的特殊性，目前很难将汉语中的语言信息转换成计算机能够直接利用的形式。基于理解的分词方法主要有专家系统分词法以及神经网络分词法等。

目前主流的分词方法是中科院研制的基于隐性马尔科夫模型的NLPIR分词系统。通过NLPIR中文分词系统的分词处理后，文档会被离散成具有特定意思的独立词语，词语和词语之间用空格隔开，并且每个词语后面还有每个词语的相关词性标注，这是很多相似度算法进行的前提条件。在形成语义网络后，进一步的分析可根据前一节所介绍的分词的密度、传导度和认同度等标准进行关键分词的识别。

案例篇

第十章

人际传播案例：结构式招聘的决策支持

为了检验第四章所建立基于粗交流的博弈传播模型的科学性和实用性，本研究选取某外国企业市场部门经理职位 2010 年招聘所接收的简历作为研究样本，收集、提炼应聘者信息并代入传递模型，以模拟招聘场景中的博弈决策过程。下面在进行具体的数据实验之前，首先对招聘相关文献进行梳理，寻找出一种收集简历信息的标准方法。

第一节　结构式招聘

如今，日新月异的企业组织结构、多种多样的工作环境、不断涌现的新型工作职位给招聘单位和应聘者双方的未来工作带来了巨大的不稳定性。因此，应聘者与工作的匹配度越来越受到招聘企业的重视。以往相关的文献中对应聘者与工作匹配度的定义包括三个层次：应聘者与工作职位、协作团队和企业的匹配。其中，应聘者与工作职位的匹配是应聘甄选中最传统的一个环节，具体定义为雇主首先进行职责分析确认招聘要求；然后通过简历搜寻确认信息发送者在知识，技能以及社交（KSA）三方面信息与招聘要求是否匹配；最后根据所搜寻的信息进行决策。应聘者与协作团队的匹配是通过群体面试考察信息发送者在小组协同合作时体现出的个人特质来确定该应聘者与将来合作团队的匹配程度。这个层次匹配程度的考量即包括互补性指标也包括辅助性指标。按照常理来说，工作小组中上下级以及组内成员的协调合作是企业高效运转的必要条件。乐于合作是考察这个层次应聘者匹配程度的辅助性指标。在小组合作中，更为重要的一点是成员角色的多样化，因为一个成员的弱势须有另一个成员的优势弥补。所以为了提高整个团队的工作效率，需要成员拥有能够有利于提高团队工作效率的互补优势。而应聘者与企业的匹配程度是通过个人面试考察应聘者在个人需求、目标以及价值观与企业运行规则、奖赏制度和观念上的匹配程度。这种层次的匹配目前越来受到研究者关注，这些研究使得对考察应聘者与企业文化兼容程度的探索得到进一步发展。其中，类似的研究主题有与应聘者价值观相容的企业文化是否能够迎合应聘者需要的企业奖赏制度。应聘者的需求与企业的奖赏制度越契合，目标和价值观与企业文化越一致，他未来努力为企业工作的可能性越大，对企业的满意度和忠诚度也会越高。

这些研究总结出评价应聘者与企业匹配程度的指标，并且说明这个层次的评价指标都是辅助性指标。但是，不同层次的匹配指标具有不同的特点。相对于个人与工作匹配指标的客观和非假设性，个人与协作小组以及企业的匹配指标就更为多样化以及难以数量化。瑞尼斯（Rynes）和格哈特（Gerhart）认为应聘者与企业的匹配度很大程度上取决于应聘者个人内在的目标导向，并且用于衡量个人与工作的客观匹配指标例如学习成绩以及信息 2 对于衡量个人与企业的匹配程度是没有任何帮助①。并且，企业由于规模边变化而导致制度、文化等方面的改变需要应聘者有较强的适应能力和学习能力。对于考核个人与协作小组匹配程度的指标进行分析，可以它们来自于完全不同于个人与工作匹配程度指标不同的分析框架。在个人与小组匹配层次，角色分析是作为遴选这一层次指标的工具。而角色分析的目标是为了了解团队中导致工作效率下降的人力资源劣势，例如团队工作效率的下降可能是因为团队缺乏完成任务中重要一环的人才或者没有协调团队其他成员工作进度的成员，对于前者来说，需要应聘者拥有与团队互补的才能，而后者要求应聘

① Rynes S, Gerhart B. Interviewer assessments of applicant "fit": An exploratory investigation [J]. Personnel psychology, 43 (1), 1990. pp. 13 – 35.

者拥有能对团队锦上添花的辅助性作用。因此，从上面的分析可知，组织分析得到对应聘者主观条件的考量，而角色分析得到的指标具有团队特性的主观或客观要求。

1. 结构式招聘中的三个步骤

由于不同层次应聘者与工作的匹配所需考察的指标不同，合适的考核步骤也会有很大区别。对个人与企业以及团队的匹配度的考察需要雇主和应聘者的直接接触，这两个层次匹配度的考核需要更多的灵活性，所以并不适合一成不变的结构式招聘程序。但是个人与工作的匹配度就需要结构式招聘综合考察应聘者的客观条件，给招聘程序带来灵活性，并不意味着要以牺牲可靠性与有效性为代价。如果非结构式性的招聘如果应用到个人与工作匹配层次将导致各种误差的出现，例如有的应聘者会倾向于招聘与自己类似的人，或者雇主会采取各种技巧获得工作。因此，适用于个人与工作层次的结构式招聘层次的指标将成为更适合本案例的研究对象。下面，对结构式招聘的定义将从招聘的三个步骤及招聘双方角度分别进行阐述。

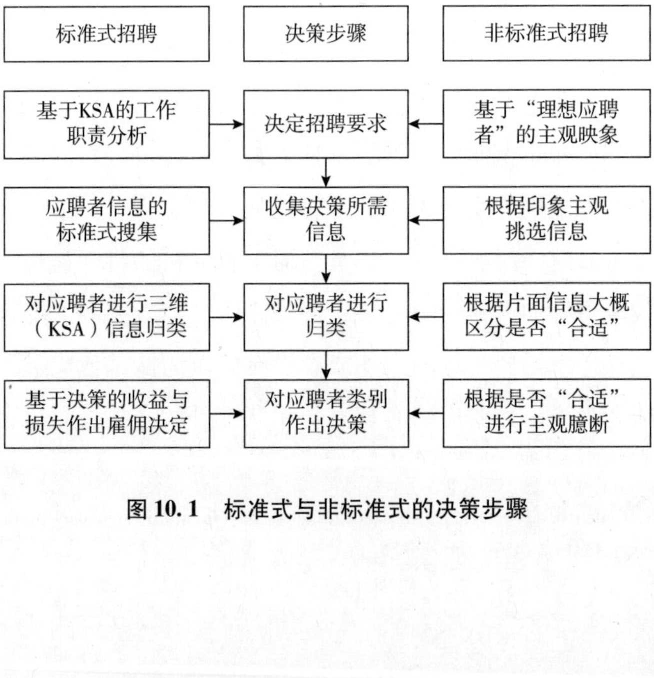

图 10.1　标准式与非标准式的决策步骤

（1）结构式招聘中的标准制定

结构式招聘开始于根据职位在专业知识、技能以及社交能力三方面制定应聘要求，而后面信息收集、分类以及决策均对该步骤完成的合理性提出要求。然后非结构式招聘中雇主根据经验形成的主观印象进行判断，一般没有固定标准说明“理想应聘者”应该具备的素质和条件。所以相对于结构式招聘中，正式的工作职责分析得出的具体要求，非结构式招聘在一开始就带上强烈的个人主观评判色彩。众多关于“职位固有映像”的研究表明，人们会对某种职位应聘者应该具有的某些突出特点有根深蒂固的映像。另外，在非结构式招聘中，虽然不同职位对应聘者要求的侧重不同，雇主却往往会依据“职位固有映像”判断“理想应聘者”，这样就导致职位不同但招聘要求却差别不大。哈克（Hakel）与舒（Schuh）在一个针对5000名应聘者的调查研究中发现，虽然他们招聘的岗位不同但是对于理想信息发送者的要求不尽相同，善于合作、值得信赖以及可靠成为一个“好员工”的共同考察指标①。科尔（Cole）认为非标准招聘在第一个步骤招聘要求标准性缺失的前提下，导致雇主无法准确形成关于应聘者的评价从而影响招聘决策的有效性②。在结构式招聘中，为了提高员工与职位的匹配度，制定考察应聘者关于知识、技能与社交三方面的标准以定义工作职责仅仅是结构式招聘的第一步。由于结构式招聘中雇主对应聘者的判断基于工作职责分析得出的标准，使得下一步的信息收集工作更加客观，不会关注与工作职责没有关系的应聘者信息。维尼蒙特（Wernimont）和坎贝尔（Campbell）的研究证实，结构式招聘比非结构式招聘得到的招聘结果与招聘目标更加匹配③。

① Hakel M D, Schuh A J. Job applicant attributes judged important across seven diverse occupations [J]. Personnel Psychology, 24 (1), 1971. pp. 45 –52.

② Cole M S, Feild H S, Giles W F, et al. Job type and recruiters´inferences of applicant personality drawn from resume biodata: Their relationships with hiring recommendations [J]. International Journal of Selection and Assessment, 12 (4), 2004. pp. 363 –367.

③ Wernimont P F, Campbell J P. Signs, samples, and criteria [J]. Journal of Applied Psychology, 52 (5), 1968. pp. 372 – 376.

（2）结构式招聘中的信息收集与分类

在针对信息发送者三个方面制定了各项指标后，应聘程序应该进入到与招聘者的沟通及根据收集的信息进行分类的阶段。在结构式招聘中，信息接收者只是根据KSA三方面的指标线性收集信息，然后对不同种类的信息进行多维度分类。具体来说，当雇主在筛选信息发送者简历时，只有根据工作职责制定的知识、技能以及社交活动三方面的标准进行信息收集；并且，不同的简历需要遵循相同的筛选思路；另外，应聘者在对雇主提供的各种信息进行分类时，应该只允许三个范围：条件差、条件中等以及条件良好。这样做的目的是为了限制应聘过程中雇主主观性导向的行为，使得收集的信息能够为雇主做出决策提供客观的与工作相关的应聘者信息。以往研究证明，这种严格的信息收集方式能够提高应聘者信息的可靠性，从而增强雇主对合格与不合格应聘者的区别能力[①]。在非结构式招聘中，这些行为限制的缺乏会导致信息收集过程产生诸多误差。例如，雇主的第一印象及态度常常会影响应聘者信息收集的数量和质量[②]；同时，大量证据说明许多与职位不相关的应聘者个人信息也在影响雇主招聘的客观性；另外，由于局部思维的局限性，雇主关于理想应聘者的定义在招聘进行前已经形成，招聘过程成为一系列潜意识寻找固定类型的人才，丧失遵循一定标准之外应该具备的灵活性；最后，非结构式招聘最大的误差在于，雇主往往会低估自己在收集信息时表现出的主观性。

在完成信息收集后，雇主开始判断每一个应聘者的特征并开始归类。在非结构式招聘中，雇主根据自己关于“理想职位候选人”的模糊概念大概将不符合主观映像的应聘者区别开来。根据费斯克（Fiske）和纽博格（Neuberg）的研究，除非雇主遇到自己不能确定的信息，非结构式招聘一般都是

① Langdale J A, Weitz J. Estimating the influence of job information on interviewer agreement [J]. Journal of Applied Psychology, 57 (1). 1973. pp. 23-27.

② Dipboye R L. Self-fulfilling prophecies in the selection-recruitment interview [J]. Academy of Management Review, 7 (4), 1982. pp. 579-586

下意识寻找以及处理与自己主观映像相符的应聘者信息[①]。当大多数雇主被问及如何做分类时，他们的回答仅仅是“应聘者合适或者不合适某个职位”，换句话说，雇主基本根据主观判断完成这一招聘步骤。并且，由于第一步对于“理想职位候选人”定义的不清楚，导致雇主形成各种各样的主观类别。许多研究发现雇主容易偏好与其特征相像的应聘者，例如，教育、工作态度等方面；另外应聘者的个人偏好，也常常导致信息接收者仅仅根据片面的信息对应聘者进行分类；最后无论有经验或者没有经验的雇主都有可能将私人信息，例如性别、人种、年龄等纳入决策依据，使得招聘过程中失去公平性。然而在结构式招聘中，由于多维分类标准的存在，雇主不会像非结构式应聘中一样还没有完成所有相关信息的收集就早下判断，并且提前定义好的应聘者信息分类标准，因此雇主更容易给予较为客观的综合评价，而不是非结构式招聘中雇主根据模糊的印象给予的模糊评价。

（3）结构式招聘中的雇主决策

在完成KSA指标制定以及应聘者的信息收集工作后，雇主进入到最终决策阶段。在非结构式招聘中，雇主的最终决策的制定基于选择雇佣或给予高薪带来的收益和损失。大量资料显示了非理性雇主策过程，其中比奇（Beach）提出的“映像决策”说明大多数决定只是某一个特殊环境下简单快速的映像判断[②]。根据蒂普柏（Dipboye）的研究，结构式招聘中雇主决策应该基于两个层次的考核：相容性与最优性[③]。所谓相容性，是指根据以往同一职位的招聘经验判断该职位要求应聘者必须具备的基本条件，即其中一条非常优秀并不能弥补信息发送者在另一个方面的不足。在非结构式招聘中，雇主所进行的直觉性判断中无视缺乏对应聘者的全方位考察，仅仅在简历中

① Fiske S T, Neuberg S L. A continuum of impression formation, from category - based to individuating processes: Influences of information and motivation on attention and interpretation [J]. Advances in experimental social psychology, 23, 1990. pp. 1 - 74.

② Beach L R. Image theory: Decision making in personal and organizational contexts [M]. Chichester: Wiley, 1990. p. 231.

③ Dipboye R L. Self - fulfilling prophecies in the selection - recruitment interview [J]. Academy of Management Review, 7 (4), 1982. pp. 579 - 586.

挑选一项或少数几项信息进行判断。在基本相容性要求满足的情况下，信息接收者将进入最优性决策的层次。最优性决策的目的是挑选出对于完成任务或者目标最有利的职位候选人。总体来说，结构式应聘不仅通过加和不同权重的应聘者信息，得到能够用于比较不同应聘者综合条件的评分，还会从收益与员工的报酬两方面来衡量什么决策才是最优选择。许多研究者比较基于直觉判断的结果以及通过统计预测（通常为线性模型）得到综合评价的精确性（例如，通过贷款申请判断申请人破产的可能性），证明统计预测往往要比直觉性判断更加精确①。

2. 招聘中的应聘者行为

前文从雇主方面讨论由于非标准招聘过程容易带来的种种误差，本节将考察应聘者的行为及动机。根据勒瓦辛那（Levashina）和坎皮翁（Campion）的研究，他们认为应聘者的“欺骗”行为根据程度轻重大致可分为三类：迎合、修饰和作假，其中修饰是希望通过对自身不足稍微夸张以弥补相对于其他应聘者的劣势但提供信息仍然趋于真实。对于信息发送者“修饰”类的行为，一般往往出现于没有指标可以衡量的职责要求，例如组织能力。马库斯（Marcoux）认为大部分的应聘者会选择修饰不可衡量的个人信息，因为他们知道对这些信息进行作假不会因为没有完全贴近现实而受到惩罚②。在马库斯建立的关于信息应聘者竞争同一职位的博弈模型中，选择“修饰”成为博弈的均衡解。对于应聘者会倾向于修饰“不可衡量”信息的情况，比索（Bishop）认为雇主可以选择加大对信息可信度的考察和对提供虚假信息的惩罚措施或者忽视和过滤信息发送者试图传递的此类信息③。勒瓦辛那（Le-

① Faust D. The limits of scientific reasoning［M］. U of Minnesota Press, 1984. p185.

② Marcoux A M. A counterintuitive argument for résumé embellishment［J］. Journal of Business Ethics, 63 (2), 2006. pp. 183 – 194.

③ Bishop J D. Moral intuitions versus game theory: A response to Marcoux on résumé embellishing［J］. Journal of business ethics, 67 (2), 2006. pp. 181 – 189.

vashina）和坎皮翁（Campion）证明在结构式招聘中，如果在工作职责分析阶段得到的考察标准都是关于应聘者、客观的和可以验证的信息，并且雇主按照线性方式收集此类信息，就可以避免非标准时招聘中由于设定，主观以及难以验证真假的考察依据以及招聘过程中的种种个人偏好导致的误差。

应聘者一般会试图向雇主传递自己是符合职位要求的信号。为了达到这一目的，当应聘者发现提供虚假或浮夸的信号带来的利益大于损失时，就会采取各种手段"蒙混过关"。勒瓦辛那（Levashina）和坎皮翁（Campion）认为作假的三个前条件是能力、意愿以及机会①。在特定的外部环境下，应聘者即使愿意并且有能力撒谎，招聘程序（例如：结构式招聘）也减少了其蓄意撒谎的机会。斯蒂文（Stevens）和克里斯托弗（Kristof）发现在非结构式应聘中，应聘者传递虚假信号的可能性更大②。在非结构式招聘中外部环境对招聘程序的控制力缺失，导致应聘者是否选择撒谎取决于个人原因。并且，研究发现招聘程序标准程度越低应聘者撒谎的机会就越大。梅尔（Mael）认为："远古竹对于简历信息的分类还包括下面几种：模糊的和清晰的；与工作相关和不相关；经验以及将来假设；外部与内部；主观与客观"③。非结构式招聘中，雇主如果关注应聘者传递的不可确定的信息将增加其选择撒谎的机会。所谓不确定的信息是指该信息不能得到第三方独立信息源的确认。例如，在招聘程序中在信息收集阶段，由于非结构式招聘容易关注与工作职责无关的信息，导致雇主容易基于以往关于"理想应聘者"的映象对应聘者进行分类，导致应聘者容易投其所好地在应聘时雇主传递信息。

结构式招聘在控制招聘各步骤上规范应聘者行为的要求，是为了保证雇主最终决策的有效性。在结构式招聘中，信息接收者注重收集应聘者曾经发

① Levashina J, Campion M A. A model of faking likelihood in the employment interview [J]. International Journal of Selection and Assessment, 14 (4), 2006. pp. 299 - 316.

② Stevens C K, Kristof A L. Making the right impression: A field study of applicant impression management during job interviews [J]. Journal of applied psychology, 80 (5), 1995. pp. 587 - 612.

③ Mael F A. A conceptual rationale for the domain and attributes of biodata items [J]. Personnel psychology, 44 (4), 1991. pp. 763 - 792.

生或者将持续发生的事件，例如突出的销售业绩，而不是他传递的将来可能发生的假设性信息；雇主希望了解应聘者过去经历中面对特殊情况曾经采取的行动，而不是会影响雇主的意见、态度和想法；雇主关注信息发送者客观的个人信息，例如专业水平、教育背景，而不是主观解释，比如对自己性格的描述。因此，基于前面提到的梅尔信息分类法，非结构式招聘中雇主由于关注信息发送者主观、假设、个人内在素质等不可确认信息，导致信息发送者作假的机会增多，决策的准确性降低。根据勒瓦辛那（Levashina）和坎皮翁（Campion），考核个人与团队以及企业匹配度的应聘过程“由于涉及信息发送者个人的性格、偏好、需求等内在因素，给应聘者提供的做假的机会更多”①。

3. 简历信息提炼

Brown 和 Campion（1994）提炼出 12 种应聘者信息，以考察每种信息对雇主最终决策的影响程度。这 12 种信息依次为专业平均分、正式工作时间、日常工作中的出色表现、曾经担任过的管理职位、管理工作中的出色表现、实习次数、“专业认证”或者“专业竞赛奖项”、专业社团经历、业余社团会员或者社区志愿者经历、获得奖学金的次数、团队协作中的出色表现和专业社团职务，可以根据结构式招聘 KAS 标准中的知识，技能和社交进行分类。（如表 10.1 所示）。根据前面关于结构式应聘模式的分析可知，关于信息发送者的知识、技能和社交（KSA）三方面指标的信息收集应该是招聘过程中的非常重要的一个步骤。许多研究致力于讨论雇主多维考察指标与最终雇佣决策的关系或者指标之间的相互联系是如何影响信息接收者的决策②。

---

① Levashina J, Campion M A. A model of faking likelihood in the employment interview [J]. International Journal of Selection and Assessment, 14 (4), 2006. pp. 299 - 316.

② Cole M S, Feild H S, Giles W F, et al. Job type and recruiters′ inferences of applicant personality drawn from resume biodata: Their relationships with hiring recommendations [J]. International Journal of Selection and Assessment, 12 (4), 2004. pp. 363 - 367.

表 10.1　　　　　　　　　应聘者简历信息提取指标

<table>
<tr><td>学术水平</td><td colspan="2">成绩平均分</td><td>所获得的学术奖励</td></tr>
<tr><td rowspan="2">工作经验</td><td>全职工作经验年数</td><td>日常工作中的出色表现</td><td>小组协同工作中的出色表现</td></tr>
<tr><td>实习的次数</td><td>管理工作中的出色表现</td><td>曾经担任过管理职位</td></tr>
<tr><td>课外交际（专业相关）</td><td>专业社团职务</td><td>专业社团会员</td><td>专业认证或者专业竞赛奖项</td></tr>
<tr><td>课外交际（专业不相关）</td><td colspan="3">非专业社团会员或者社区志愿者</td></tr>
</table>

资料来源：Brown 和 Campion，1994。

在招聘过程中，雇主对应聘者简历的筛选一直扮演着不可缺少的角色。很难想象，一个企业不需要通过简历传递的信息来考察应聘者在知识、技术以及社交方面是否符合职位的要求。虽然众多实践者与研究者致力于简历筛选的探讨，但是很少有研究能够提供雇主评价简历的思路。在招聘过程中，一位信息发送者同样的简历投递不同的企业，由于各种不得而知的原因，有些获得高薪录用，而有些只能获得低薪报酬，甚至没有被招聘单位考虑，原因是什么？不同雇主到底如何区别衡量应聘者透过简历传递的信息，雇主如何运用这些观测到的信息做出雇佣决策？

在以往关于雇主如何运用简历信息进行决策的研究中，一般倾向于用计量方法考察简历中信息与最终雇佣决定的关系。类似研究不仅仅测算单个信息项与雇佣决策的关系，并且还进一步章探讨多个信息项如何被雇主整合以用于决定应聘者是否与职位匹配，以此来区别哪些简历信息对决策的影响程度较强、哪些较弱。例如，在辛格（Singer）和布鲁恩（Bruhn）的研究中通过检验应聘者知识以及技能水平与雇佣结果之间的关系，证明："技能全面，知识丰富的信息发送者最容易得到雇主偏好，其次是技能不全面但是知识水平突出的人才"①。而奈曼尼克（Nemanick）和克拉克（Clark）将应聘者简

① Singer M S, Bruhns C. Relative effect of applicant work experience and academic qualification on selection interview decisions: A study of between - sample generalizability [J]. Journal of applied psychology, 76 (4), 1991. pp. 550 - 559..

历中体现出的社交能力也纳入研究范围，他们发现“社交活动的种类以及曾经担任的社团职位也会对雇佣决策产生很大影响”①。虽然所有的简历信息种类（知识、技能和社交活动）都呈现与雇佣决策正相关，但是“对于入门职位来说，雇主似乎更侧重于考察应聘者的知识水平”②。并且，在知识水平相关信息中，“专业成绩是最经常被雇主关注的考核标准”③。研究者认为专业成绩（GPA）的频繁使用是因为信息接收者一般认为专业成绩能够反映出信息发送者在工作中同样需要的智力水平以及工作态度④。以往研究发现，呈现专业成绩的简历比不呈现专业成绩的简历获得的工作机会更大，而专业成绩高的简历要比专业成绩低的获得雇佣的次数更多⑤。

虽然知识水平包含各项应聘者信息对雇佣决策影响巨大，但是有大量例子同样可以证明，应聘者简历中展现的社交方面的能力同样呈现与雇佣决策严格正相关。康皮翁（Campion）发现应聘者在专业以及业余社团中的经历与雇佣决策呈现正相关关系，这种关系的原因是雇主通常认为在应聘者关于社交活动的信息能够反映其团队协作以及领导能力⑥。除了上述三种简历信息与雇佣决策的线性关系外，科尔进一步证明应聘者这三种信息的值所处的档次在同样也影响着雇主的最终决策。根据他的研究，与预期一样，当应聘者简历信息中呈现高知识水平、技能全面以及高质量社交活动时，该应聘者被雇佣的可能性最大；与之相反，如果三个种类的简历信息值都呈现比较低的状态，可获得的雇佣机会最少；然而当音频这只呈现高知识水平而其他两

① Nemanick R C, Clark E M. The differential effects of extracurricular activities on attributions in resume evaluation [J]. International Journal of Selection and Assessment, Vol. 10, 2002. pp. 206 – 217.

② Brown B K, Campion M A. Biodata phenomenology: Recruiters' perceptions and use of biographical information in resume screening [J]. Journal of Applied Psychology, 79 (6), 1994. pp. 897 – 936.

③ Rynes S L, Orlitzky M O, Bretz R D. Experienced hiring versus college recruiting: Practices and emerging trends [J]. Personnel Psychology, 50 (2), 1997. pp. 309 – 339.

④ Roth P L, Bobko P. College grade point average as a personnel selection device: ethnic group differences and potential adverse impact [J]. Journal of Applied Psychology, 85 (3), 2000. pp. 399 – 424.

⑤ Norris R H, Thoms M C. What is river health? [J]. Freshwater biology, 41 (2), 1999. pp. 197 – 209.

⑥ Kinicki A J, Lockwood C A. The interview process: An examination of factors recruiters use in evaluating job applicants [J]. Journal of Vocational Behavior, 26 (2), 1985. pp. 117 – 125.

方面条件并不优越时，与之对应的雇佣决策相关系数仅仅为正；但是如果可以在其中两方面表现出高水平状态，那么很有可能获得与三方面占优同样的雇佣决策，例如，应聘者如果知识水平不高，但是拥有全面地技能和高质量的社交活动。因此，他认为知识水平、技能以及社交活动三项简历信息共同决定了应聘者的最终决策。

科尔（Cole）认为以往的研究能够较好地理解每个信息种类对雇佣决策的影响程度，但没有解释应聘者多维信息分类与雇主决策规则的联系："虽然这些研究提供一种理解简历筛选过程的理解方式，然而并没有完全清楚解释信息发送者在简历中传递的信息是如何导致雇主做出决策的"①。所以为了反映招聘场景中的信息传播过程，下面将采用基于粗交流的传播博弈进行一次案例分析。

第二节　结构式招聘的决策过程模拟

根据前一章对招聘相关文献的梳理可知，在结构式招聘中三方面指标：知识、技能以及社交活动，三项简历信息共同决定了雇主的最终决策。并且在雇主的决策信息中应该包括两个层次的指标：相容性与最优性。本节将在第八章数据分析基础上，进行招聘场景中传播博弈模型的构建与案例分析。从第八章模型中计算的各种信息的权重可知，在信息传播前的信息发送者信息决策表中，"成绩平均分"的权重为 $k_{r1}(Q) = k_R(Q) - k_{R-r1}(Q) = 5/27 - 2/27 = 1/9$；"正式工作时间"的权重为 $k_{r3}(Q) = k_R(Q) - k_{R-r3}$

① Cole M S, Feild H S, Harris S G. Student learning motivation and psychological hardiness: Interactive effects on students' reactions to a management class [J]. Academy of Management Learning & Education, 3 (1), 2004. pp. 64 - 85.

（Q）=5/27－3/27=1/9；“专业协会会员”的权重为 k_{r9}（Q）= k_R（Q）－ k_{R-r9}（Q）=5/27－2/27=1/9；并且在“成绩平均分”“正式工作时间”和“专业协会会员”在信息接收者信息决策表中是类型1信息发送者必须满足的条件，故证实第三章第一节推测属实，即这三项信息应该是此次招聘中的相容性指标。而最优性决策的目的是挑选出对于任务计划或者目标最有利的职位候选人。具体来说，结构式应聘通过加和不同权重的信息发送者信息来得到能够用于比较不同信息发送者综合条件的评分。并且，为了避免非标准招聘中信息接收者依靠直觉判断的不确定性，信息接收者会从收益与员工的报酬两方面来衡量什么决策才是最优决策。通过计算在信号传递前，信息发送者信息决策表中还有两项权重不为零的考核指标：“日常工作中可记录的出色表现”的权重为 k_{r4}（Q）= k_R（Q）－ k_{R-r4}（Q）=5/27－4/27=1/27，“专业竞赛中获得的奖励”的权重为 k_{r8}（Q）= k_R（Q）－ k_{R-r8}（Q）=5/27－4/27=1/27。信号传递后，通过改进后的信息发送者信息决策表在约简后的信号集可知，两次传递的信号在表中的权重也不为零：“r_{11}=领导团队的信息2” k_{r11}（Q）= k_R（Q）－ k_{R-r11}（Q）=7/27－5/27=2/27，“r_{12}=曾在专业社团担任过职务”故 k_{r11}（Q）= k_R（Q）－ k_{R-r11}（Q）=8/27－7/27=2/27。并且，这四项指标并不是信息决策表中每一个类型1信息发送者都满足的条件，故可以推断这三项信息应该是此次招聘中的最优性指标。此次招聘的职位是市场部经理，根据各项指标的权重大小可以推测这个职位除了对学习成绩、正式工作时间以及是否参加过专业社团三方面有基本要求外，尤其看重是否拥有小组领导经验以及是否在校担任过社团职位，其次专业竞赛以及以前日常工作中的出色表现也可为信息发送者评价加分，因此该职位的职责要求除了基本条件外应该需要拥有领导经验的信息发送者。

另外，在第二章模型构建中提到了可以通过信号传递后信息接收者的后信息逼近度以及分离均衡所需要的信号传递次数来考察信号传递的精确性和效率。由前一章双类型信号传递模型数据实验中第一次信号传递的结果可知，信息接收者通过信号“领导团队的信息 $2r_{11}$”的传递后信息接收者的信息发送者信息决策表中信号集对能力信息的逼近程度变为 $\gamma=(2+1)/6=0.5$；第二次信息接收者通过信号"r_{12} = 曾在专业社团担任过职务"的传递后信息接收者的信息发送者信息决策表中信号集对能力信息的逼近程度变 $r_R(Y_j)=4+2/6=1$。在多类型的信号传递模型中，通过一次信号传递"领导团队的信息 $2r_{11}$"，信息接收者拥有的信号集对信息发送者信息的逼近程度 $r_R(Y_j)=2+1/6=0.5$。故在实现同样信息传递精度的前提下，多类型多值与双类型双值的信号传递只需要一次信号传递，就能完成双类型信号传递模型两次信号传递达到的分离均衡。下面一章通过本章中多种模型的数据实验进行比较，说明如何对双类型多值信号传递模型进行改进，以提高其信息传播效率。

第三节 结构式招聘的多种决策过程的比较

通过第四章对信号传递模型数据实验进行总结，可得出信息发送者所传递信号以及信息发送者信息决策表中信息接收者所使用于决策信号的权重，以此推断数据实验中的信息接收者对于某特定职位的招聘条件，并且也可以计算不同权重信号的传递达到的信息精确度（信号集对能力信息的逼近程度）。本章中将首先比较斯宾塞模型与改进后的双值双类型信号传动模型的数据实验过程，证明第三章模型建立后所阐述的模型改进后的优势，然后分别比较双值双类型、多值双类型以及多值多类型信号传递模型的数据实验中类型 1 信息发送者积极从混合信号值的选择中退出选择高一级信号值以及类型 2 信息发送者主动从混合信号值的选择中退出选择第一级信号值时的决策过程，得出三种模型中信息接收者决策混沌区域不同后验概率范围的变化趋势。并结合后两种模型中同种信号的不同信息传播效率说明中间信号值引入不仅导致类型 2 信息发送者主动分离所要求的条件苛刻，并且信息接收者对信息发送者更细致的知识划分却导致传播效率的降低。其次证明对信息发送者收益函数的改进然后将“中档能力”引入信息接收者关于信息发送者类型的信念，会逐步扩大分离均衡实现所需满足的信息接收者观测到信号值的后验概率范围。最后，对多值多类型信号传递模型与信息甄别模型的信息传递效率以及精确性进行比较，并说明多值多类型信号传递模型在处理粗交流问题相对于甄别模型的优势。

1. 基于粗交流的双选决策过程的有效性

基于粗交流的双值信号传递与斯宾塞模型中拥有共同的起始博弈条件，信息发送者在签约之前首先选择传递信号，信号值有两种 $r_{11}=0$ 和 $r_{11}=1$；信息接收者在观测到信息发送者传递的信号值后决定信息发送者的工资水平 w（r_{11}）；雇员选择接收或不接收。两种在相同的博弈程序下得出不同结果原因何在？下面我将通过对比两种信号传递过程来说明基于粗交流的信号传递模型的优越性。

首先，在斯宾塞的信号传递模型中，信息接收者假设信息发送者中类型 1 的先验信念为 $p=1/2$。而基于粗交流的改进模型中信息接收者一般会根据自己的雇佣经历判断，应聘招聘职位的信息发送者中符合要求的比例，在上次双值信号实验中信息发送者信息决策表中最后一项决策信息 2 中说明在以往信息发送者中被信息接收者给予高工资的的比例 p（W） = card（W）/card（U） =9/27 =1/3（即往年信息发送者中有 1/3 是属于类型 1 的）。

其次，原模型中信息接收者关于信息发送者最优决策的信念（即条件概率）计算取决于是信号传递后否观到分离信号，例如“在混合均衡的前提下，由于类型 1 与类型 2 信息发送者都会选择同一种信号，所以在混合均衡的均衡路径上信息接收者认为高、类型 2 信息发送者选择传递该信号值的条件概率为 1；而在混合均衡的非均衡路径上，由于信息接收者没有观测到另一种信号的出现故无法判断高、类型 2 选择传递另一种信号值的条件概率。”

而在改进后的双值模型中，信息接收者根据以往雇佣经验建立的信息发送者信息决策表 R 来计算条件概率。由前面计算可知，决策 R 中根据决策属性划分的高、类型 2 信息发送者同样能被条件属性（传递新信号后的信号集）划分到同一个等价类的概率即为信息接收者的条件概率。

再其次，原模型中信息接收者在均衡路径上后验概率的计算虽然是根据贝叶斯法则，但是由于其中条件概率是根据均衡结果中假设的信息接收者观测到某种信号可能性粗略计算得到，故即使是均衡路径上的后验概率可以说是依赖于均衡结果。而原模型中非均衡路径上的后验概率由于路径上的条件概率无法计算故只能为了保持与均衡结果的兼容性而任意假设，例如原模型中均衡的定义是："给定信息接收者支付的工资与教育水平无关（$\bar{w}=1.5$）和信息接收者的后验概率 $\mu(\theta=1|s=1)=0.5$，雇员的最优选择是不接收教育（s=0）；给定雇员选择不接收教育，s=1 是不可能事件，故规定 $\mu(\theta=1|s=1)=0.5$"（由于"s=1 是不可能事件"，所以 p（s=1）=0，无法带入到贝叶斯法则计算 $\tilde{\mu}(\theta=1|s=1)=[\mu(s=1|\theta=1)*p(\theta=1)]/p(s=1)$。也正是因为非均衡路径上后验概率的任意假设，导致了原模型中混合均衡的存在。与原模型中信息接收者后验概率计算方法的缺陷相比，在新模型中无论何种信号值出现（即无论均衡路径和非均衡路径），信息接收者在观测到该信号值后采用基于信号集的贝叶斯法则进行计算。由上面数据实验中，后验概率的计算过程可知，信息接收者在高、类型 2 信息发送者都会选择传递的信号值上清楚地认识到其中类型 1 的概率为 4/5 而类型 2 的概率为 1/5，且可能选择另一个信号值的只可能是类型 2 信息发送者；而在原模型中，信息接收者认为类型 1 与类型 2 选择传递同样信号值（混同均衡中的均衡路径）的概率分别为 1，且通过确定假设选择另一个信号值的信息发送者属于高、类型 2 的概率；因此在改进后的模型，类型 2 信息发送者会自动选择低信号值，类型 1 信息发送者选择高信号值，而不会有混同均衡存在的可能性。

最后，改进后的模型由于粗交流的引入将在信息接收者与信息发送者博弈双方的收益函数上做出相应改动。在原模型中，企业的期望产出 $Y=\theta$，期望利润 $\pi(r,\ \theta)=\theta-\ w\ (r)$；信息发送者的收益函数为 $u_1\ (r,\ \theta)\ =w\ (r)-r/\theta$。因此，原模型中企业计算自己做不同决策的收益取决于类型 1 与类型 2 的劳动生产率，并且假设劳动力市场上完全竞争，从而在均衡情况下工资等于信息接收者预期的劳动生产率。也就是说，通过不同类型信息发送者的劳动生产率计算信息接收者给予的工资水平，这种方法放到现实情况是行不通的，因为信息接收者无法预期信息发送者的劳动生产率也无法根据劳动生产率给予工资。改进后模型对于信息接收者给予工资水平的计算思路是信息接收者根据传递的信号值计算高工资与低工资，并且只对完全确定为类型 1 的信息发送者给予高工资而对完全确定为类型 2 的信息发送者给予低工资，当无法确定时根据信息接收者后验概率计算处于高、与低工资之间的平均工资。这样当均衡形成后，同样假设原模型中的市场完全竞争假设，信息接收者期望收益等于给予的工资，并且既然信息接收者的工资决策取决于信息接收者收益而信息接收者收益取决于劳动生产率，那么劳动生产率就不应该通过简单用类型值 $\theta=1$、2 来代替，新的信息接收者收益函数利用信息发送者传递的信号值（即满足的职位要求）以及信号权重（要求的重要性）来计算信息发送者的劳动生产率以及信息接收者收益函数。

对于信息发送者的收益函数由于引入粗交流而做出的微小改动是将分离条件从原模型中“一个信号的实现成本呢对于不同类型信息发送者不同”改进为“信号集的实现成本对于不同类型信息发送者不同”。在完成博弈双方收益函数改进后，比较原模型与斯宾塞模型中不同的混合区域，可以发现混合区域不同对于分离均衡实现后验概率范围的影响。

按照常理推断，斯宾塞模型中对于类型 1 信息发送者的高工资低成本的收益函数设计导致信号传递后信息接收者只能观测到低信号值时，即类型 1 信息发送者没有积极性选择高信号值的发生概率应该是很小的，但是原模型中由于非均衡路径上后验概率无法计算，无法证明这种小概率事件。在改进的模型中，可以证明这一常理推论。假设给定信息接收者观察到混合低信号值后认为传递该信号的信息发送者类型为类型 1 的后验概率为 $\tilde{\mu}$（在以节计算中除非对后验概率条件的特别标识，$\tilde{\mu}$ 均代表信息接收者观测到低信号值后认为信息发送者为类型 1 的后验概率），信息接收者给予的混合工资为 $\bar{w} = \tilde{\mu}w_1 + (1-\tilde{\mu})w_0$；对于类型 1 信息发送者来说，他没有积极性选择高信号值的唯一原因是高工资相对于混合工资给予奖励不足以抵消传递高信号值相对于低信号值所需付出的额外成本。（注意：斯宾塞分离条件只说明了当信息发送者传递的信号值增加一个单位类型 2 信息发送者所需付出的成本比类型 1 信息发送者高，而没有涉及信息接收者观测不同信号值工资差别，并且在斯宾塞模型中类型 1 信息发送者选择低信号时所得到收益为混合工资减去成本为 1.5，而选择高信号值后所得高工资减去成本的收益同样为 1.5 ，所以无法充分说明类型 1 信息发送者在斯宾塞分离条件下不会自动降级选择低信号值）在改进后的模型中，类型 1 信息发送者选择高、低信号值的收益分别为：u_1（y_1，$\theta=2$）$= w_1 - y_1/2$ 和 u_1（y_0，$\theta=2$）$= \bar{w} - y_0/2 = \mu w_1 + (1-\mu)w_0 - y_0/2$。若 u_1（y_1，$\theta=2$）$< u_1$（y_0，$\theta=2$），即给定信息接收者后验概率为 $\tilde{\mu} > 1 -$（$y_1 - y_0$）/2（$w_1 - w_0$）。由于模型中对信息发送者收益函数中利润为零的假 设，$w_1 = y_1$ 且 $w_0 = y_0$，上不等式等价于 $\tilde{\mu} > 1/2$。但是此后验概率是否合理？假设给定高、类型 2 信息发送者都选择低信号值，那么信息接收者将观测到的信号纳入信息决策表对决策表中元素进行划分，发现该信息发送者所传递的信号应该归入等价类［X］中（令［X］中类型 1 元素为 a 个，类型 2 元素为 b 个），则根据贝叶斯公式，后验概率：$\tilde{\mu} =$（a/9 * 1/3）/（a/9 * 1/3 + b/18 * 2/3）= a/（a + b）> 1/2 ⇔ b < a，即在中［X］中以往选择传递低信号值的类型 1 信息发送者的个数大于类型 2 信息发送者个数或者信息接收者认为类型 1 信息发送者传递低信号值的条件概率是类型 2 信息发送者传递条件概率的 2 倍。虽然这种条件概率存在的可能性很小，但是采用直观标准是无法剔除的。

在低信号值混合均衡中，类型 2 信息发送者选择高、低信号值的收益分

别为：u_1（y_1，$\theta=1$）$=w_1-y_1$和u_1（y_0，$\theta=$）$=\bar{w}-y_0=\mu w_1+(1-\mu)w_0-y_0$。若$u_1$（$y_1$，$\theta=1$）$<u_1$（$y_0$，$\theta=1$），即给定信息接收者后验概率为$\tilde{\mu}>1-(y_1-y_0)/(w_1-w_0)=0$。对于类型2信息发送者来说，给定信息接收者在均衡路径上观测到低信号值时给予混合工资，在非均衡路径上无论信息接收者在观测到高信号值后形成任何后验概率以及工资决策，高信号值均是类型2信息发送者相对于均衡战略的劣战略。因此根据直观标准，信息接收者应该认为$\tilde{\mu}(y_0|r=1)=0$，此时给定信息接收者观察到高信号值时$\tilde{\mu}(y_0|r=1)=0$给予高工资以及观察到低信号值时$\tilde{\mu}(y_1|r=0)>1/2$给予混合工资，高、类型2信息发送者仍然会选择低信号值。因此，采用非均衡策略是无法剔除低信号值混合均衡的，因此在本模型采取的是依据均衡路径上后验概率的限制，以说明分离均衡实现的后验概率范围。

在前一节在数据实验中，双值信号传递的信号值以及信息发送者类型与斯宾塞模型一样，讨论的是更为常常出现的由于信息发送者不能完全识别传递高信号值的信息发送者类型而出现的高信号值混合均衡。若要保证此种高信号值混合均衡不会出现需要满足条件：给定在观察到高信号值后信息接收者认为他是类型1的后验概率为$\tilde{\mu}(y_1|r=0)$以及混合工资，观测到低信号值时，信息接收者能够判定该信息发送者为类型2；类型2信息发送者不会传递高信号值，且类型1信息发送者同样不能传递低信号值。根据上述要求后验概率$\tilde{\mu}(y_1|r=0)$需满足：类型1信息发送者传递高信号值的收益大于传递低信号值的收益，即$\tilde{\mu}(y_0|r=1)w_1+[1-\tilde{\mu}(y_0|r=1)]w_0-y_1/2>w_0-y_0/2\Leftrightarrow\tilde{\mu}(y_1|r=0)>(y_1-y_0)/2(w_1-w_0)=1/2$；且类型2信息发送者传递低信号值的收益大于高信号值的收益，即$\tilde{\mu}(y_0|r=1)w_1+[1-\tilde{\mu}(y_0|r=1)]w_0-y_1<w_0-y_0\Leftrightarrow\tilde{\mu}(y_0|r=1)<(y_1-y_0)/(w_1-w_0)=1$。即给定信息接收者观测到高、低信号值的后验概率分别为$\tilde{\mu}(y_1|r=0)=0$、$1>\tilde{\mu}(y_0|r=1)>1/2$，且在观测到高信号值时给予混合工资，观测到低信号值时给予低工资，高、类型2信息发送者的最优策略仍都为高信号值。

另外，如果进一步比较，可以发现混合区域（高、类型 2 信息发送者发送的同样信号值）的不同而造成的后验概率范围不同其原因是因为混合区域不同而造成的后验概率计算结构有所不同。通过总结，若信息接收者在观测到低信号值无法判断信息发送者类型时，分离均衡若要形成后验概率需要满足的不等式结构为 $1-2(y_1-y_0)/(w_1-w_0)>\tilde{\mu}>1-(y_1-y_0)/(w_1-w_0)$；而信息接收者在观测到高信号值无法判断信息发送者类型时，分离均衡若要形成后验概率需要满足的不等式结构为 $(y_1-y_0)/(w_1-w_0)>\tilde{\mu}>(y_1-y_0)/2(w_1-w_0)$；这两种不等式结构说明，当固定信号之差以及后验概率时，缩小高工资与低工资的差距或者固定信号之差、后验概率降低高工资与低工资的差距将有利于高信号值上分离均衡的实现，而不利于低信号值上分离均衡的实现。因为，无论对那种类型信息发送者的角度来说，当传递高信号值得到的高工资并不能比低工资带来太多收益时，其发送高信号值的动机也就越小，因此高信号值上的混同均衡不易实现，而低信号值上的混同均衡就更容易实现。

在双值信号传递的数据实验证明，虽然斯宾塞模型与改进后的模型开始于同样一个初始状态，双类型信息发送者以及两种信号值，当对后验概率以及收益函数的改进使得改进后，由于混合均衡可能出现的信息发送者信号值不同，而造成避免该种混合均衡出现而实现的分离均衡后验概率范围不同。在下面一节中，我们将考察当把信号值扩展到多值情况时，分离状态又是在什么限制条件下能够实现？

2. 双选双类型与多选双类型决策过程比较

由前面两小节试验双值信号与多信号值传递博弈时可知，信息发送者若传递“是否获得过奖学金”（$r_{10}=0$、1），信息接收者对信息发送者的化分为 $U|\{r_1, r_2, r_3, r_7, r_9, r_{10}\} = \{X_i\} = \{\{x_{17}, x_{21}, x_{23}, x_{26}\}, \{x_7, x_9\}, \{x_{11}\}, \{x_{14}\}, \{x_2, x_6, x_{19}, x_{25}\}, \{x_3, x_4, x_{13}, x_{22}, x_{24}\}, \{x_{12}\}, \{x_{15}\},$

$\{x_{16}\}$，$\{x_{27}\}$，$\{x_1\}$，$\{x_5\}$，$\{x_8\}$，$\{x_{10}\}$，$\{x_{18}\}$，$\{x_{20}\}\}\}$；若信息发送者传递“领导团队的信息2”（$r_{11}=0, 1, 2$），信息接收者对信息发送者的化分为 $U\{\{r_1, r_3, r_4, r_{11}, r_8, r_9\} = \{X_i\} = \{\{x_{17}, x_{21}, x_{23}, x_{26}\}, \{x_7, x_8\}, \{x_{11}\}, \{x_{14}\}, \{x_2, x_6, x_{19}, x_{25}\}, \{x_3, x_4, x_{13}\}, \{x_{12}\}, \{x_{22}, x_{24}\}, \{x_{15}\}, \{x_{16}\}, \{x_{27}\}, \{x_1\}, \{x_5\}, \{x_8\}, \{x_{10}\}, \{x_{18}\}, \{x_{20}\}\}\}$。后一种信号比前一种信号多一个赋值，而后一种划分就比前一种多一个信息发送者等价类：增加的信号值将等价类 $X_6 = \{x_3, x_4, x_{13}\}$，划分为 $X_6 = \{x_3, x_4, x_{13}\}$ 和 $X_8 = \{x_{22}, x_{24}\}$。按照常理，信号传递使信息接收者能够对信息发送者划分得更细致从而提高信息接收者的分辨能力，但是当双值信号传递模型仅需要一次就形成分离均衡的情况下，多值信号传递中反而需要两次信号传递才能实现分离均衡，是什么原因导致这一与常理相悖的结论出现？

首先比较在双值双类型以及多值双类型类传递模型型中，类型2信息发送者自愿选择比混合信号低一级的信号获得低工资时，后验概率范围的变化。在双值信号传递模型中高信号值分离均衡中（即高信号值混合均衡不成立的分离均衡），类型2信息发送者选择低信号值和高信号值分别获得的收益为：$u_1(y_0, \theta=1) = w_0 - y_0$，$u_1(y_1, \theta=1) = \bar{w} - y_1$。而多值信号传递模型中，类型2信息发送者选择低信号和中间信号值分别获得的收益为（在此模型中选择中间信号值是因为它所划分的区域与双信号值模型中高信号值所化分区域一样不能完全属于类型1或类型2范畴）：$u_1(y_0, \theta=1) = w_0 - y_0$，$u_1(y_1, \theta=1) = \bar{w}' - y_1$。并且两种模型中，类型2信息发送者传递不同信号的收益大小关系均为：$u_1(y_0, \theta) > u_1(y_1, \theta)$。将 $\bar{w} = \tilde{\mu}(W|r=1)w_1 + [1-\tilde{\mu}(W|r=1)]w_0$ 和 $\bar{w}' = \tilde{\mu}(W|r'=1)w_2 + [1-\tilde{\mu}(W|r'=1)]w_0$（在前面双值信号传递的均衡条件中 $r=1$ 代表高信号值，而在后面多值信号传递的均衡条件中 $r'=1$ 代表中间信号值）的带入两个不等式并加以整理，可以得到：$\tilde{\mu}(W|r=1) < (y_1 - y_0)/(w_2 - w_0)$ 和 $\tilde{\mu}(W|r'=1) < (y_1 - y_0)/(w_1 - w_0)$。故由此可看出，由于中间信号值的引入导致多值信号传递模型中类型2

信息发送者自动从混沌信号退出选择低一级信号值（双值信号值传递模型和多值信号传递模型中的信息发送者等价类 X_6）所需满足的后验概率范围缩小。

其次比较在多值双类型以及多值多类型中，类型1信息发送者有积极性选择比混合信号高一级的信号获得高工资时后验概率范围的变化。在双值信号传递模型中低信号值分离均衡中（即低信号值混合均衡不成立的分离均衡），类型1信息发送者选择低信号值和高信号值分别获得的收益为：$u_1(y_0, \theta=2) = \bar{w} - y_0/2$，$u_1(y_1, \theta=2) = w_1 - y_1/2$。而多值信号传递模型中，类型1信息发送者选择高信号值和中间信号值分别获得的收益为（在此模型中选择中间信号值是因为它所划分的区域与双信号值模型中低信号值所化分区域一样不能完全属于类型1或类型2范畴）：$u_1(y_1, \theta=2) = \bar{w}' - y_1/2$，$u_1(y_2, \theta=2) = w_2 - y_2/2$。并且两种模型中，类型1信息发送者传递不同信号的收益大小关系分别为：$u_1(y_0, \theta) < u_1(y_1, \theta)$ 以及 $u_1(y_1, \theta) < u_1(y_2, \theta)$，将 $\bar{w} = \tilde{\mu}(W|r=0)w_2 + [1-\tilde{\mu}(W|r=0)]w_0$（双值信号传递的均衡条件中 r = 0 代表低信号值）和 $\bar{w}' = \tilde{\mu}(W|r=1)w_2 + [1-\tilde{\mu}(W|r=1)]w_0$（多值信号传递的均衡条件中 r = 1 代表中间信号值）的带入两个不等式并加以整理，可以得到：$\tilde{\mu}(W|r=0) < 1 - (y_1 - y_0)/2(w_1 - w_0)$ 和 $\tilde{\mu}(W|r=1) < 1 - (y_2 - y_1)/2((w_2 - w_0))$。对比两不等式可看出，由于中间信号值的引入导致多值信号传递模型中类型1信息发送者积极从混沌信号退出选择高一级信号值（双值信号值传递模型和多值信号传递模型中的信息发送者等价类 X_6）所需满足的后验概率范围扩大。

3. 双类型多选决策过程与多类型多选决策过程的比较

在上一次比较双值与多值的信号传递模型时发现多值信号传递按照常理应高能够使信息接收者对信息发送者的划分更细致，但是实验结果证明当双值信号传递模型仅需要一次就形成分离均衡的情况下，多值信号传递中反而需要两次信号传递才能实现分离均衡。在本节扩展为多类型的信号传递数据实验中，可以发现传播效率似乎又回到了双值双类型信号传递的水平，下面将探讨什么原因导致当信号值与信息接收者对信息发送者的类型信念相对应时传播效率的提高。

在多值多类型信号传递模型中，信号“领导团队的信息 2”r_{11}被传递后，根据信息发送者决策表中 10 种信号对所有信息发送者进行等价类划分，划分结果如下：$U|\{r_1, r_2, \cdots, r_{11}\} = \{X_i\} = \{\{x_{17}, x_{21}, x_{23}, x_{26}\}, \{x_7, x_9\}, \{x_{11}\}, \{x_{14}\}, \{x_2, x_6, x_{19}, x_{25}\}, \{x_3, x_4, x_{13}\}, \{x_{12}\}, \{x_{22}, x_{24}\}, \{x_{15}\}, \{x_{16}\}, \{x_{27}\}, \{x_1\}, \{x_5\}, \{x_8\}, \{x_{10}\}, \{x_{18}\}, \{x_{20}\}\}$；而根据信息发送者根据对信息发送者能力高中低而做出的决策对所有信息发送者进行等价划分，划分结果为：$U|\{r_1, r_2, \cdots, r_{10}\} = \{Y_j\} = \{Y_3 = \{x_{11}, x_{14}, x_{22}, x_{24}\}, Y_2 = \{x_3, x_{13}, x_{15}, x_{16}, , x_{27}\}, Y_1 = U - Y_1 - Y_2\}$，其中 Y_1 代表信息接收者决策表中类型 2 信息发送者；Y_2代表信息接收者决策表中中档能力信息发送者；Y_3代表信息接收者决策表中类型 1 信息发送者。在双值双类型信号传递模型中，信号“获奖学金的次数”r_{110}被传递后，根据信息发送者决策表中 10 种信号对所有信息发送者进行等价类划分，划分结果如下：$U|\{r_1, r_2, \cdots, r_{10}\} = \{X_i\} = \{\{x_{17}, x_{21}, x_{23}, x_{26}\}, \{x_7, x_9\}, \{x_{11}\}, \{x_{14}\}, \{x_2, x_6, x_{19}, x_{25}\}, \{x_3, x_4, x_{12}, x_{13}, x_{22}, x_{24}\}, \{x_{15}\}, \{x_{16}\}, \{x_{27}\}, \{x_1\}, \{x_5\}, \{x_8\}, \{x_{10}\}, \{x_{18}\}, \{x_{20}\}\}$；而根据信息发送者根据对信息发送者能力高低而做出的决策对所有信息发送者进行等价划分，划分结果为：$U|\{r_1, r_2, \cdots, r_{10}\} = \{Y_j\} = \{x_3, x_{11}, x_{13}, x_{14}, x_{15}, x_{16}, x_{22}, x_{24}, x_{27}\}, Y_2 = U - Y_1\}$。两种信号传递后在这两种模型中划分的信息发送者等价类差别与之前比较的双值与多值信号传递模型（双类型）中两种信号传递后的等价类差别相同，只是在多类型模型中等价类 $X_6 = \{x_3, x_4, x_{13}\}$ 中，信息接收者无法分清的是中档能力还是类型 2 信息发送者。

首先比较在多值双类型以及多值多类型信号传递模型中，类型 2 信息发送者自愿选择比混合信号低一级的信号值获得低工资时，后验概率范围的变化。在多值双类型信号传递模型的中间信号值分离均衡中（即中信号值混合均衡不成立的分离均衡），类型 2 信息发送者选择低信号值和高信号值分别获得的收益为：u_1（y_0，$\theta=1$）$=w_0-y_0$，u_1（y_1，$\theta=1$）$=\bar{w}-y_1$。而多值多类型信号传递模型中，类型 2 信息发送者选择低信号和中间信号值分别获得的收益为：u_1（y_0，$\theta=1$）$=w_0-y_0$，u_1（y_1，$\theta=1$）$=\bar{w}'-y_1$。并且两种模型中，类型 2 信息发送者传递不同信号的收益大小关系均为：u_1（y_0，θ）$>u_1$（y_1，θ），将 $\bar{w}=\tilde{\mu}(W|r=1)w_2+[1-\tilde{\mu}(W|r=1)]w_0$ 和 $\bar{w}'=\tilde{\mu}(Y_3|r=1)w_2+\tilde{\mu}(Y_1|r=1)w_0$（前面多值双类型信号传递以及后面多值多类型信号传递的均衡条件中 r=1 均代表高中间信号值）的带入两个不等式并加以整理，可以得到：$\tilde{\mu}(W|r=1)<(y_1-y_0)/(w_2-w_0)$ 和 $\tilde{\mu}(Y_3|r=1)<y_1/(w_1-w_0)$。故由此可看出，由于信息发送者中间类型的引入导致多值多类型信号传递模型相对于多值双类型信号传递模型，类型 2 信息发送者自动从混沌信号退出选择低一级信号值所需满足的后验概率范围扩大。

其次比较在多值双类型以及多值多类型信号传递模型中，类型 1 信息发送者积极选择比混合信号高一级的信号值获得高工资时，后验概率范围的变化。在多值双类型信号传递模型的中间信号值分离均衡中（即中信号值混合均衡不成立的分离均衡），类型 1 信息发送者选择低信号值和高信号值分别获得的收益为：u_1（y_1，$\theta=1$）$=\bar{w}-y_1/2$，u_1（y_2，$\theta=1$）$=w_2-y_2/2$。而多值多类型信号传递模型中，类型 1 信息发送者选择低信号和中间信号值分别获得的收益为：u_1（y_2，$\theta=1$）$=w_2$，u_1（y，$\theta=1$）$=\bar{w}'-y$。并且两种模型中，类型 2 信息发送者传递不同信号的收益大小关系均为：u_1（y_2，θ）$>u_1$（y_1，θ），将 $\bar{w}=\tilde{\mu}(W|r=1)w_2+[1-\tilde{\mu}(W|r=1)]w_0$ 和 $\bar{w}'=\tilde{\mu}(Y_3|r=1)w_2$

$+\tilde{\mu}(Y_1|r=1)w_0$（前面多值双类型信号传递以及后面多值多类型信号传递的均衡条件中 r=1 均代表高中间信号值）的带入两个不等式并加以整理，可以得到：$\tilde{\mu}(W|r=2)<1-(y_2-y_1)/2(w_2-w_0)$ 和 $\tilde{\mu}(Y_3|r=1)<(w_2-w_0+y_1)/(w_1-w_0)$。故由此可看出，由于信息发送者中间类型的引入导致多值多类型信号传递模型相对于多值双类型信号传递模型，类型 1 信息发送者积极从混沌信号退出选择低一级信号值所需满足的后验概率范围同样扩大。

第四节　多选双类型决策过程的改进

在上一节中通过分别比较双值双类型、多值双类型以及多值多类型信号传递模型的数据实验结果，得出类型 1 信息发送者积极从混合信号值的选择中退出选择高一级信号值时，信息接收者决策混沌区域后验概率范围逐渐扩大；类型 2 信息发送者主动从混合信号值的选择中退出选择第一级信号值时，信息接收者决策混沌区域的后验概率范围先缩小再放大。信息接收者的决策混沌区域的后验概率放大意味着，就算混沌区域的平均工资对高、类型 2 信息发送者很有吸引力，但是高、类型 2 信息发送者仍然选择退出混沌区域。因此，先后引入中间信号值以及类型值对类型 1 信息发送者来说其后验概率要求是逐步放松，而对类型 2 来说是先收紧后放松。双值双类型与多值双类型信号传递模型的数据实验说明，中间信号值引入不仅导致类型 2 信息发送者主动分离所要求的条件苛刻，并且信息接收者对信息发送者更细致的知识划分却导致传播效率的降低。因此，这一节探讨如何对多值双类型信号传递模型进一步改进才能放松类型 2 对后验概率的要求以及提高信号传播效率。

1. 双类型决策过程中后验概率的总结

在双类型的信号传递模型中，当第一次信号“领导团队的信息 2”r_{11}传递之后，信息接收者不可能观测到低信号值的原因在于类型 2 信息发送者会选择中间信号来隐藏自己的类型：他选择高信号值时带来得到信息接收者的高工资已经不足以抵消他作为类型 2 信息发送者需要达到这些信号要求需要付出的代价；所以他退而求其次，选择中间信号值。而信息接收者在观测到中间信号值后支付的平均工资对类型 2 信息发送者来说，有吸引力的部分依赖于信息接收者认为“传递中间信号值的信息发送者为类型 1”的概率，即信息接收者观测到中间信号值的后验概率。在理想状态中，类型 2 信息发送者会预测到信息接收者会不断要求类型 2 信息发送者发出信号证明自己，直到类型 2 者选择高信号值的成本已经大于信息接收者给予的高工资带来的收益，从而自动选择低信号值，或者信息接收者得到的信号足以证明其是类型 2 而给予低工资。在前一章类型 2 信息发送者的分离是通过第二次信号传递后实现的，信息接收者要求信息发送者两次传递的信号在其信息发送者信息决策表中，能够完全区分类型 2 信息发送者。然而实现分离均衡，除了信息发送者被动识别外，也有另外一种情况：类型 2 信息发送者主动选择低信号值。然而什么情况下，类型 2 信息发送者会做出这种选择呢？下面我将对前一章的两种模型进行归纳，以说明后验概率在双类型和多类型的信号传递模型中所扮演的不同角色。

若类型 2 信息发送者继续选择传递信号，以下类型 2 的分离过程将会发生。假设此次，类型 2 信息发送者选择传递信号“领导团队的信息 2”r_{11}。信息接收者在观测到这个信号种类后，将其再次纳入到信息发送者信息决策表 R_5 中，并对信息发送者分类得到 $U|\{r_1, r_3, r_4, r_{11}, r_8, r_9\} = \{X_i\} = \{x_{17}, x_{21}, x_{23}, x_{26}\}, \{x_7, x_9\}, \{x_{11}\}, \{x_{14}\}, \{x_2, x_6, x_{19}, x_{25}\}, \{x_3, x_4\}, \{x_{12}\}, \{x_{13}, x_{22}, x_{24}\}, \{x_{15}\}, \{x_{16}\}, \{x_{27}\}, \{x_1\}, \{x_5\}, \{x_8\}$,

$\{x_{10}\}$，$\{x_{18}\}$，$\{x_{20}\}\}$，其中若信息接收者观测到信息发送者此次传递的信号 $r_{11}=0$ 时，信息接收者将把他归入到等价类 $X_6=\{x_{12}\}$；若信息接收者观测到信号值 $r_{11}=1$ 时，信息接收者将把他归入到等价类 $X_5=\{x_3, x_4\}$；若信息接收者观测到信号值 $r_{11}=2$ 时，信息接收者将把他归入到等价类 $X_5=\{x_{13}, x_{22}, x_{24}\}$。另外，新信号"$r_{11}$ = 领导团队的信息 2"由于在信息接收者的信息决策表中能区分出三个以往判断为类型 1 的信息发送者，故 $k_{r11}(Q)=k_R(Q)-k_{R-r11}(Q)=8/27-5/27=3/27$。与前面的计算方法类似，信息接收者首先根据信息决策表判断信息发送者类型 1 或者类型 2 选择某一信号的条件概率，然后据此计算后验概率，以用于后面收益函数的计算。

此次信号传递前，信息接收者认为高、类型 2 雇员 $x_i \in X_6$ 选择传递 $r_{11}=1$ 的条件概率分别为：$\mu([X_6]_{R5}|W)=1/9$ 而 $\mu([X_6]_{R5}|U-W)=1/18$；信息接收者认为高、类型 2 雇员 $x_i \in X_7$ 选择传递 $r_{11}=0$ 的条件概率分别为：$\mu([X_7]_{R5}|W)=0$ 而 $\mu([X_7]_{R1}|U-W)=1/18$；信息接收者认为高、类型 2 雇员 $x_i \in X_8$ 选择传递 $r_{11}=2$ 的条件概率分别为 $\mu([X_8]_{R5}|W)=1/18$ 而 $\mu([X_8]_{R1}|U-W)=1/18$。在信息发送者选择传递信号 $r_{10}=0$ 的路径后，信息接收者认为该信息发送者属于类型 1 的概率为

$\tilde{\mu}(W|[X_7]_{R5})=0$，信息接收者认为该信息发送者属于类型 2 的概率为：$\tilde{\mu}(U-W|[X_7]_{R5})=1$。在信息发送者选择传递信号 $r_{10}=1$ 的路径后，信息接收者认为该信息发送者属于类型 1 的概率为 $\tilde{\mu}(W|[X_6]_{R5})=[(1/9)*(1/3)]/[(1/9)*(1/3)+(1/18)*(2/3)]=1/2$，信息接收者认为该信息发送者属于类型 2 的概率为：$\tilde{\mu}(U-W|[X_6]_{R5})=1/2$；在信息发送者选择传递信号 $r_{10}=0$ 的路径后，信息接收者认为该信息发送者属于类型 1 的概率为 $\tilde{\mu}(W|[X_8]_{R5})=0$，信息接收者认为该信息发送者属于类型 2 的概率为：$\tilde{\mu}(U-W|[X_8]_{R5})=1$。

给定信息发送者选择传递信号"领导团队的信息 2"$r_{11}=0$，由上一节可知在观测到信号后信息接收者认为该信息发送者为类型 1 的后验概率 $\tilde{\mu}(W|[X_7]_{R5})=0$，认为该信息发送者类型 2 的后验概率为 $\tilde{\mu}(U-W|[X_7]_{R5})$

=1。将两种情况下的后验概率带入信息接收者的收益函数，信息接收者的收益为：u_2（a_1）$=u_{21}$（a_1，r_{11}）$\tilde{\mu}$（W｜［X_7］$_{R5}$）$+u_{21}$（a_1，r_{11}）$\tilde{\mu}$（U－W｜［X_7］$_{R5}$）=13/27，故在信息接收者观测到信号“领导团队的信息2”r_{11}=0时，信息接收者选择支付低工资w_1=13/27。给定信息发送者选择传递信号“领导团队的信息2”r_{11}=2，由上一节可知在观测到信号后信息接收者认为该信息发送者为类型1的后验概率$\tilde{\mu}$（W｜［X_8］$_{R5}$）=1，认为该信息发送者类型2的后验概率为$\tilde{\mu}$（U－W｜［X_8］$_{R5}$）=0。将两种情况下的后验概率带入信息接收者的收益函数，信息接收者的收益为：u_2（a_3）$=u_{21}$（a_3，r_{11}）$\tilde{\mu}$（W｜［X_8］$_{R5}$）$+u_{21}$（a_3，r_{11}）$\tilde{\mu}$（U－W｜［X_8］$_{R5}$）=19/27，故在信息接收者观测到信号“领导团队的信息2”r_{11}=2时，信息接收者选择支付高工资w_2=19/27。给定信息发送者选择传递信号“领导团队的信息2”r_{11}=1，该信息发送者将被信息接收者归类到等价类［X_6］中，使得信息接收者以现有的信号集无法完全判断其是类型1还是类型2。根据前面计算，信息接收者认为该信息发送者为类型1的后验概率$\tilde{\mu}$（W｜［X_6］$_{R5}$）=1/2，认为该信息发送者类型2的后验概率为$\tilde{\mu}$（U－W｜［X_6］$_{R5}$）=1/2。将两种情况下的后验概率带入信息接收者的收益函数，信息接收者雇佣的收益：

u_2（a_2）$=u_{21}$（a_2，r_{11}）$\tilde{\mu}$（W｜［X_7］$_R$）$+u_{21}$（a_2，r_{11}）$\tilde{\mu}$（U－W｜［X_7］$_R$）=［1＊（1/9）+2＊（1/9）+1＊（1/9）+1＊（1/27）］＊（1/2）+［1＊（1/9）+2＊（1/9）+1＊（1/9）］+1＊（1/27）+2＊（3/27）］＊（1/2）=32/54，假设信息接收者之间的竞争使得利润为零，故在信息接收者观测到信号“小组协作中可记录的优秀表现次数”r_{11}=1时，信息接收者选择支付工资$\bar{w}$=32/54。

给定信息接收者观测到低信号值时认为信息发送者为类型1的后验概率为零，且支付低工资；观测到中间信号值时认为信息发送者为类型1的后验概率为1/2，且支付平均工资32/54；观测到高信号值时认为信息发送者为类型1的后验概率为1，且支付高工资19/27。若类型1信息接收者若选择传递信号r_{11}=0时，根据信息发送者的收益函数u_1（y_0，w（r_{11}），$\theta=2$）= w

$(r_{11}) - y_0/\theta = 13/27 - [1*(1/9) + 2*(1/9) + 1*(1/9) + 1*(1/27)]/2 = 13/54$；选择传递信号 $r_{11} = 1$ 时，根据信息发送者的收益函数 $u_1(y_1, w(r_{11}), \theta = 2) = w(r_{11}) - y_1/\theta = 32/54 - [1*(1/9) + 2*(1/9) + 1*(1/9) + 1*(1/27) + 1*(3/27)]/2 = 16/54$；选择传递信号 $r_{11} = 2$ 时，根据信息发送者的收益函数 $u_1(y_2, w(r_{11}), \theta = 2) = w(r_{11}) - y_2/\theta = 17/27 - [11*(1/9) + 2*(1/9) + 1*(1/9) + 1*(1/27) + 2*(3/27)]/2 = 19/54$；由于当类型 1 信息发送者选择 $r_{11} = 2$ 时的收益高于传递其他两种信号值得收益。若信息发送者为类型 1，博弈进行到此结束，类型 1 信息发送者得以分离出来。

若信息发送者为类型 2，且选择传递信号 $r_{11} = 0$ 时，根据信息发送者的收益函数 $u_1(y_0, w(r_{11}), \theta = 1) = w(y_0) - r_{11}/\theta = 13/27 - [1*(1/9) + 2*(1/9) + 1*(1/9) + 1*(1/27)]/1 = 0$；选择传递信号 $r_{11} = 1$ 时，根据信息发送者的收益函数 $u_1(y_1, w(r_{11}), \theta = 1) = w(r_{11}) - y_1/\theta = 32/54 - [1*(1/9) + 2*(1/9) + 1*(1/9) + 1*(1/27) + 1*(3/27)]/1 = 0$；选择传递信号 $r_{11} = 2$ 时，根据信息发送者的收益函数 $u_1(y_2, w(r_{11}), \theta = 2) = w(r_{11}) - y_2/\theta = 19/27 - [1*(1/9) + 2*(1/9) + 1*(1/9) + 1*(1/27) + 2*(3/27)]/1 = 0$；由于当类型 2 信息发送者选择 $r_{11} = 1$ 时的收益等于传递其他两种信号值得收益，当信息发送者预测到若选择其他信号值时，信息接收者会要求进一步的信号传递导致信息发送者收益小于零，故此次信号传递后信息发送者会主动传递低信号值。

现在假设第一次信号传递后，信息接收者观测到中间信号值后认为该信息发送者属于类型 1 的后验概率为 $\tilde{\mu}$，属于类型 2 的后验概率为 $1 - \tilde{\mu}$，故给予的平均工资 $\bar{w} = \tilde{\mu}w_{高} + (1 - \tilde{\mu})w_{低}$（其中 $w_{高}$ 为信息接收者观测到高信号值给予的高工资，$w_{低}$ 为信息接收者观测到低信号值时给予的低工资，且令 $w_{中}$ 代表信息接收者观测到中间信号值根据信号值测算的收益或在多类型信号传递模型中中档能力人才的工作效率）。给定信息接收者的后验概率和工资策略，类型 2 信息发送者只有在其传递低信号值大于传递中间信号值的收益

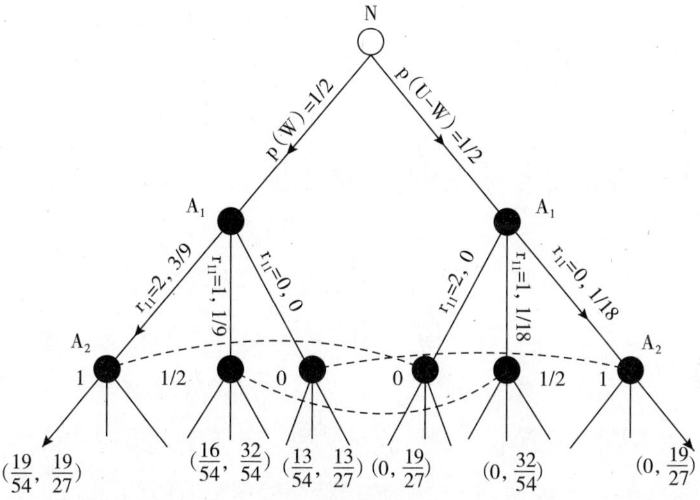

图 10.2　分离低能力应聘者的信号传递

时，才会主动选择披露自己的类型。由刚才计算可知，当类型 2 信息发送者选择传递低信号值时，类型 2 信息发送者的收益为零。故只要类型 2 信息发送者传递中间信号的收益 $u_1=\tilde{\mu}w_{高}+(1-\mu)w_{低}-w_{中}<0$，即 $\tilde{\mu}<w_{中}-w_{低}/w_{高}-w_{低}$，类型2 信息发送者就自然退出“混合均衡”。对于类型1 信息发送者来说，只有在其传递高信号值大于传递中间信号值的收益时，才会主动选择披露自己的类型。由刚才计算可知，当类型 1 信息发送者选择传递高信号值时，类型 1 信息发送者的收益为 $w_{高}/2$。故只要类型 1 信息发送者传递中间信号的收益 $w_{中}=\tilde{\mu}w_{高}+(1-\tilde{\mu})w_{低}-w_{中}/2<w_{高}/2$，即 $\tilde{\mu}<w_{高}+w_{中}-2w_{低}/2(w_{高}-w_{低})$，类型 1 信息发送者就会有积极性传递高信号值。将上一信号传递过程中 $w_{高}=13/27$，$w_{中}=32/54$ 和 $w_{低}=19/27$ 带入上面两个不等式可以分别得到：当信息接收者观测到中间信号时，若认为传递信号的信息发送者为类型 1 的后验概率 $\tilde{\mu}<(16/27-13/27)/(19/27-13/27)=1/2$ 时，类型 2 信息发送者就不会选择“隐藏”在中间信号，若信息接收者认为传递信号的信息发送者为类型 1 的后验概率 $\tilde{\mu}<(19/27+16/27-2*13/27)/2(17/27-13/27)=9/8$ 时，即只要信息发送者传递的信号在信息接收者的应聘这信息决策表中能够将以往信息发送者中的类型 1 区分出来，类

型 1 信息发送者也不会选择“屈就”于中间信号。故总的来说，当信息接收者的后验概率 $\tilde{\mu}<1/2$ 时，分离均衡形成。

2. 双类型的决策过程中对收益的改进

刚才仅仅比较了类型 1 信息发送者传递高信号值与中间信号值以及类型 2 信息发送者低信号值以及中间信号值的收益，由于信息发送者收益函数构造问题，在对信息发送者传递高信号值与低信号值收益比较时就会出现比较尴尬的情况。给定信息接收者的后验概率和工资策略，类型 1 信息发送者传递高信号值的收益为 $w_{高}-w_{高}/2$ 而传递低信号值的收益为 $w_{低}-w_{低}/2$，故当信息接收者给予高，类型 2 信息发送者工资差别有越大，类型 1 信息发送者在传递信号时的收益差别越大；不同的是，类型 2 信息发送者传递高信号值的收益为 $w_{低}-w_{低}/1$ 而传递低信号值的收益为 $w_{高}-w_{高}/1$，故无论信息接收者给予高，类型 2 信息发送者工资差别有多大，事实上类型 2 信息发送者在传递信号时的收益是没有差异的。在原始的信号传递模型中，斯宾塞构造的信息发送者收益函数会导致同样的问题：如果信息接收者认为不接收教育象征类型 2（因而 w（0）=1），接收教育象征类型 1（因而 w（1）=2），类型 2 雇员选择不接收教育时的效用为 U=1-0=1，而选择接收教育时的效用为 U=2-1/1=1，因此不接收教育仍然是类型 2 信息发送者的（弱）最优选择，换句话说，类型 2 信息发送者传递高信号值与低信号值是没有差别的。这一缺陷，对于注重求解均衡结果的经济学家来说只是小瑕疵，但是如果现实情况下出现同样的情况，就意味着信号传递失去效果，因为类型 2 信息发送者很有可能选择高信号值使得类型 1 信息发送者难以分离出来。故通过对信息发送者收益函数的构造，可以使类型 2 信息发送者选择传递高信号值成为劣策略。

原来双类型信号传递模型中，根据斯宾塞模型构造的信息发送者收益函数为：μ_1（y，w（r），$\theta=2$）= w（r）$-y/\theta$；改进后的收益函数为 μ_1（y，w（r），θ）= w（r）$-y*|r-\theta|$，这个收益函数用于多维信号传递模型初

始原因是信号传递模型中一般将类型 2 的值设为零，而用于这里却是为了增大传递高信号值与低信号值的收益差距，因此令类型 2 信息发送者的类型值 $\theta=0$ 而类型 1 信息发送者的类型值 $\theta=2$。根据前一章计算，若信息发送者选择传递信号“小组协作中可记录的优秀表现次数”$r_{11}=0$，信息接收者观测到低信号值后选择支付低工资 $w_{低}=13/27$；若信息发送者选择传递信号“小组协作中可记录的优秀表现次数”$r_{11}=2$，信息接收者观测到高信号值后选择支高低工资 $w_{高}=17/27$；给定信息发送者选择传递信号“小组协作中可记录的优秀表现次数”$r_{11}=1$，该信息发送者将被信息接收者归类到其中既有类型 1 又有类型 2 的等价类 $[X_6]$ 中，信息接收者认为该信息发送者为类型 1 的后验概率 $\tilde{\mu}$（W $|[X_6]_{R2}$） = 2/3，认为该信息发送者类型 2 的后验概率为 $\tilde{\mu}$（U－W $|[X_6]_R$） =1/3，将两种情况下的后验概率带入信息接收者的收益函数，信息接收者的期望收益为：u_2（a_2） $=u_{21}$（a_2，$w_{高}$）$\tilde{\mu}$（W $|[X_6]_{R5}$）$+u_{21}$（a_2，$w_{低}$）$\tilde{\mu}$（U－W $|[X_6]_{R5}$ =47/81。假设信息接收者之间的竞争使得利润为零，故在信息接收者观测到信号“小组协作中可记录的优秀表现次数”$r_{11}=0$ 时，信息接收者选择支付平均工资 w（Y） = 47/81。

给定信息接收者观测到低信号值时认为信息发送者为类型 1 的后验概率为零，且支付低工资 13/27；观测到中间信号值时认为信息发送者为类型 1 的后验概率为 2/3，且支付平均工资 47/81；观测到高信号值时认为信息发送者为类型 1 的后验概率为 1，且支付高工资 17/27。

若类型 1 信息接收者若选择传递信号 $r_{11}=0$ 时，根据信息发送者的收益函数 u_1（y_0，w（r_{11}），$\theta=2$） = w（r_{11}） $-y_0*|r_{11}-\theta|=13/27-13/27*2=-13/27$；选择传递信号 $r_{11}=1$ 时，根据信息发送者的收益函数 u_1（y_1，w（r_{11}），$\theta=2$） =47/81 －（15/27） ∗ 1 = 2/81；选择传递信号 $r_{11}=2$ 时，根据信息发送者的收益函数 u_1（y_2，w（r_{11}），$\theta=2$） =17/27 －（17/27） ∗ 0 =17/27。与之前信息发送者收益函数比较，原来类型 1 信息发送者传递高信号值时收益为工资的一半而现在类型 1 只要传递与自己类型相符的信号值就可以得到全部工资；原来类型 1 信息发送者传递低信号值时得到的收益仍为

工资的一半，但是新的收益函数反映出类型 1 信息发送者由于选择低信号值而造成的“机会成本”，故类型 1 信息发送者会有积极性传递高信号值。

若信息发送者为类型 2，且选择传递信号 $r_{11}=0$ 时，根据信息发送者的收益函数 u_1（y_0，w（r_{11}），$\theta=1$） = w（r_{11}） $-y*|r_{11}-\theta|=13/27-13/27*0=13/27$ 选择传递信号 $r_{11}=1$ 时，根据信息发送者的收益函数 u_1（y_1，w（r_{11}），θ） $=47/81-15/27*1=2/81$；选择传递信号 $r_{11}=2$ 时，根据信息发送者的收益函数 u_1（y_2，w（r_{11}），$\theta=2$） $=17/27-(17/27)*2=-17/27$；与之前信息发送者收益函数比较，原来类型 2 信息发送者传递高信号值时的收益为零而现在传递的信号值越高付出的代价越大，故类型 2 信息发送者会主动传递低信号值，分离均衡得以形成。

3. 改进后的双类型与多类型决策过程的比较

在前面两小节对第三章所实验的双类型信号传递模型的总结中可知，如果希望能在该模型中通过一次信号传递就能实现高、类型 2 信息发送者分离均衡，需要在信息接收者观测到信号值的后验概率的范围上加以限制或者在收益函数中增大类型 2 信息发送者传递高信号值所付出的代价。换句话说，对信息发送者收益函数改进应该能对分离均衡形成的后验概率范围有一定影响，故下面通过对信息发送者收益函数改进前与改进后的后验概率范围进行比较以说明收益函数改进的作用：

根据本章第二节第 2 小节对双类型的信号传递模型后验概率的总结可知，只要信息接收者在无法分辨信息发送者类型的 Bn_{R2}（W）区域，认为传递中间信号值的信息发送者为类型 1 的后验概率 $\tilde{\mu}<w_{中}-w_{低}/w_{高}-w_{低}$，类型 2 信息发送者就自然退出“混合均衡”；并且后验概率 $\tilde{\mu}<w_{高}+w_{中}-2w_{低}/2(w_{高}-w_{低})$，类型 1 信息发送者就会有积极性传递高信号值；从而分离均衡形成。

在信息发送者收益函数改进后的双类型信号传递模型中，类型 2 信息发送者传递中间信号值的收益 $u_1(r_{11}=1)=\tilde{\mu}w_{高}+(1-\tilde{\mu})w_{低}-w_{中}*1$；传递

低信号值的收益为 $u_1(r_{11}=0)=w_{低}-w_{低}*0$；传递高信号值的收益为 $u_1(r_{11}=2)=w_{高}-w_{高}*2$；通过对类型2信息发送者传递三种信号值的收益比较可知，选择高信号值的收益 $-w_{高}$ 最低；且当 $u_1(r_{11}=0)>u_1(r_{11}=1)$，即 $\tilde{\mu}<w_{中}/(w_{高}-w_{低})$ 时，类型2信息发送者将自动选择传递低信号值。

对于类型1信息发送者来说，只有在其传递高信号值大于传递中间信号值的收益时，才会主动选择披露自己的类型。类型1信息发送者传递中间信号值的收益 $u_1(r_{11}=1)=\tilde{\mu}w_{高}+(1-\tilde{\mu})w_{低}-w_{中}*1$；传递低信号值的收益为 $u_1(r_{11}=0)=w_{低}-w_{低}*2$；传递低信号值的收益为 $u_1(r_{11}=2)=w_{高}-w_{高}*0$；通过对类型1信息发送者传递三种信号值的收益比较可知，选择低信号值的收益 $-w_{低}$ 最低；且当 $u_1(r_{11}=0)>u_1(r_{11}=1)$，即 $\tilde{\mu}<(w_{高}+w_{中}-w_{低})/(w_{高}-w_{低})$ 时，类型1信息发送者将有积极性选择传递低信号值。

因此，信息发送者收益函数改进前类型2自动选择低信号值的信息接收者后验概率范围是 $\tilde{\mu}<w_{中}-w_{低}/w_{高}-w_{低}$；改进后后验概率的范围是 $\tilde{\mu}<w_{中}/(w_{高}-w_{低})$；改进前类型1积极选择高信号值的信息接收者后验概率范围是 $\tilde{\mu}<w_{高}+w_{中}-2w_{低}/2(w_{高}-w_{低})$；改进后后验概率的范围是 $\tilde{\mu}<(w_{高}+w_{中}-w_{低})/(w_{高}-w_{低})$；通过比较可知信息发送者收益函数的改造扩大了信息接收者在模糊区域 $Bn_{R2}(W)$ 中信息发送者为类型1的后验概率范围，也就是说信息接收者能够更快通过有效信号传递区分信息发送者类型。

在本章第二节第3小节中将双类型的信号传递模型的信息发送者收益函数由原来的 $\mu_1(r_{11}, w(y), \theta=2)=w(r_{11})-y/\theta$ 改进为 $\mu_1(r_{11}, w(r_{11}), \theta)=w(r_{11})-y*|r_{11}-\theta|$（令类型2信息发送者的类型值 $\theta=0$ 而类型1信息发送者的类型值 $\theta=2$），以增大传递高信号值与低信号值的收益差距。改进后的双类型信号传递模型与上一章阐述的多类型信号传递模型拥有了一样的后验概率计算方法以及同样的博弈双方收益函数。在此前提下，通过对信息接收者无法分辨区域 $Bn_{R4}(Y_2)$ 及 $Bn_{R3}(W)$ 上后验概率范围的比较，可以得知在多类型信号传递模型中增加一个信息发送者类型，即“中间档次”，对于信息接收者在模糊区域 $Bn_{R4}(Y_2)$ 内后验概率的影响。

在多类型信号传递模型中，由于在信息接收者无法分辨区域 Bn_{R4}（Y_2）上信息发送者类型为中档或低档，故下面 $\tilde{\mu}$ 代表 Bn_{R4}（Y_2）上信息发送者为中档能力的后验概率。因此类型 2 信息发送者传递中间信号值的收益 $u_1(r_{11}=1)=\tilde{\mu}w_{中}+(1-\tilde{\mu})w_{低}-w_{中}*1$；传递低信号值的收益为 $u_1(r_{11}=0)=w_{低}-w_{低}*0$；传递高信号值的收益为 $u_1(r_{11}=2)=w_{高}-w_{高}*2$；通过对类型 2 信息发送者传递三种信号值的收益比较可知，选择高信号值的收益 $-w_{高}$ 最低；且当 $u_1(r_{11}=0)>u_1(r_{11}=1)$，即 $\tilde{\mu}<w_{中}/(w_{中}-w_{低})$ 时，类型 2 信息发送者将自动选择传递低信号值。类型 1 信息发送者传递中间信号值的收益 $u_1(r_{11}=1)=\tilde{\mu}w_{中}+(1-\tilde{\mu})w_{低}-w_{中}*1$；传递低信号值的收益为 $u_1(r_{11}=0)=w_{低}-w_{低}*2$；传递高信号值的收益为 $u_1(r_{11}=2)=w_{高}-w_{高}*0$；通过对类型 1 信息发送者传递三种信号值的收益比较可知，选择低信号值的收益 $-w_{低}$ 最低；且当 $u_1(r_{11}=0)>u_1(r_{11}=1)$，即 $\tilde{\mu}<(w_{高}+w_{中}-w_{低})/(w_{中}-w_{低})$ 时，类型 1 信息发送者将有积极性选择传递高信号值。中档能力信息发送者传递中间信号值的收益 $u_1(r_{11}=1)=\tilde{\mu}w_{中}+(1-\tilde{\mu})w_{低}-w_{中}*1$；传递低信号值的收益为 $u_1(r_{11}=0)=w_{低}-w_{低}*1$；传递低信号值的收益为 $u_1(r_{11}=2)=w_{高}-w_{高}*0$；通过对中档能力信息发送者传递三种信号值的收益比较可知，$u_1(r_{11}=0)=u_1(r_{11}=2)=0$ 且 $u_1(r_{11}=1)>0$ 时，中档能力信息发送者无论信息接收者给予什么样的中档工资（即无论信息接收者关于 Bn_{R4}（Y_2）上信息发送者为中档能力的后验概率为多少）都将选择传递中间信号值。

因此，信息发送者收益函数改进后类型 2 自动选择低信号值的信息接收者后验概率范围是 $\tilde{\mu}<w_{中}/(w_{高}-w_{低})$；多类型信号传递模型中后验概率的范围是 $\tilde{\mu}<w_{中}/(w_{中}-w_{低})$；改进后类型 1 积极选择高信号值的信息接收者后验概率范围是 $\tilde{\mu}<(w_{高}+w_{中}-w_{低})/(w_{高}-w_{低})$；多类型信号传递模型中后验概率的范围是 $\tilde{\mu}<(w_{高}+w_{中}-w_{低})/(w_{中}-w_{低})$。通过比较由于 $w_{高}>w_{中}$，增加了一个信息接收者关于信息发送者类型的“中间档次”后，相对于信息发送者收益函数改进后的双类型信号传递模型来说，进一步扩大了信息接收者在模

糊区域 Bn_{R2}（W）中信息发送者为类型 1 的后验概率范围，也就是说信息接收者通过有效信号传递区分信息发送者类型的效率再一次提高。

相对于以往两种信号传递模型来说，多类型信号传递模型最大的改变在于信息接收者对与信息发送者中中档人才信念的确认。在原模型中，当信息接收者没有遇到高信号值时，就会根据高工资与低工资来计算混合工资，这也是为什么双类型信号传递模型中类型 2 信息发送者除非信息接收者所给的混合工资过低（或者说高工资所占的比例足够低），否则不会主动选择披露自己类型的低信号值。类型 2 信息发送者会一直传递高信号值获得混合工资，直到传递高信号值带来的成本抵消掉混合工资相对于低工资带来的收益。然而，在多类型信号传递模型中，由于信息接收者对中档能力信息发送者的信念确认，当信息接收者只观测到中间信号值而没有观测到低信号值时，会根据中档工资与低工资来计算混合工资（中档工资），从而降低了类型 2 雇员通过选择中间信号值获得的相对于低工资的收益，这时再加大信息发送者隐藏自己类型的成本就使得多类型信号传递模型工作效率大大提高。因此，多类型信号传递模型相对于斯宾塞模型来说，除了与双类型信号传递模型共有的基于信号集的后验概率以及改进后的信息发送者收益函数，还有一个优势就是信息接收者对与中间区域人才存在性的确认，中间区域的确认使得类型 1 人才能通过进一步传递信号升级到类型 1 范畴，而类型 2 人才也由于低“混合工资“和信号传递成本挡在中档人才范畴外，从而信号传递实现了高效率的分离均衡。

第十一章

组织传播案例：跨国企业知识转移与创新

国际化，是指跨国企业在进入某国市场后，努力融入东道国的经济体系，成为具有当地特色的经济实体的发展战略①。具体来说，企业在国际化发展的过程中，发展策略分为内部化与合作两种，而对策略的选择取决于企业能力、知识库与市场环境②。所谓知识，即可以在企业内外部传播网络中流动与共享的的企业资源③。以我国在非媒体的跨国化发展为例结合组织层面知识传播的理论框架说明我国在非媒体如何在跨国发展中形成传播优势。

近年来，在“文化走出去”及国际传播能力建设等国家战略的推动下，我国媒体加快了进入非洲媒体市场的步伐，一方面旨在提升在非国家形象与话语影响力，另一方面着力建设自身在非传播的能力与优势。然而，非洲国家民众对西方媒体的广泛认可以及中非媒体市场环境的巨大差异，成为我国媒体对非传播的挑战。为了适应环境差异并建立传播优势，国际化发展成为我国媒体进入非洲后的必经之路。

① 帕拉哈拉德伊夫·多茨：《跨国公司的使命——寻求当地化与全球一体化之均衡》，华夏出版社 2001 年版。

② 来特：《企业国家化成长的机理——超越内部化理论的分析》，中南大学硕士论文，2015 年 11 月。

③ 董小英：“知识优势的理论基础与战略选择”，载于《北京大学学报（哲学社会科学版）》，2004 年第 41 卷第 4 期。

第一节　中国在非媒体的国际化发展困境

1. 国际传播优势的欠缺

新闻传播是中国在非媒体参与国际竞争的重要场域，也是我国媒体外交战略实施的关键领域①。央视非洲分台的建立的目标之一就是在新闻传播领域形成传播优势②，从而实现“把真实的中国介绍给非洲，将真实的非洲呈现给世界”③ 的建台宗旨。然而，我国对非传播虽然设立了以促进中非关系、全面传播中国与非洲为目标的传播理念，但是大部分在非国有媒体由于而常常避免报道具有争议性的议题，例如“人权”“象牙”“专政”和“宗教”等，而在国际上引起业界与学界对其可信度的质疑。部分西方与非洲学者将该种报道策略称之为“正面报道”，并将其归因为对非洲精英阶层的偏倚。④其次，“过多的中国相关议题”⑤，如大量关于中国对非援助和孔子学院的报道，使得我国在非媒体的新闻报道难以引起非洲观众的兴趣。虽然央视在非洲普及率最高的卫星电视服务提供商多选集团（Multi – Choice）的平台上播

① Cobus van Staden, China' s Public Diplomacy in Africa: Challenging Our Idea of Public Diplomacy, Public Diplomacy in Sub – Saharan Africa, University of Southern California. Issue15 Winter 2016.

② 张建中：“中国对非洲的媒体外交与战略传播分析——以‘央视非洲分台’为例”，载于《中国电视》，2013 年第 3 期，第 87 ~ 90 页。

③ 《中央电视台非洲分台及“我爱非洲”手机电视正式开播》，http//news. cntv. cn/china/20120112/103685. shtml。

④ Herman Wasserman, Reporting China in Africa: Media Discourses on Shifting Geopolitics, Routedge, Mar 31, 2016.

⑤ X. Zhang, H. Wasserman, W. Mano. China' s Media and soft power in Africa: Promotion and Perceptions.

出[①]，并且在社交网站上开设了账号[②]，但是其影响力远低于CNN、BBC等西方媒体。再次，我国在非媒体大多依靠国家财政拨款，组织结构设置以国家在非传播需求而非国际市场需求为导向，导致各国记者站虽然规模渐成但是力量薄弱，不仅大多是“单兵作战”[③]，还需要时常进行跨国报道[④]。国际报道网络的欠缺导致央视及《中国日报》等我国媒体在内容编排方面，以非洲大陆为区域目标，没有针对具体国家的内容设置。

2. 国际环境适应性的不足

从长远来看，中国媒体在非发展的国际环境适应性决定了在未来是否能够获得可持续运营能力的关键。非洲国家传播环境与国内相比存在着两方面较为突出的差异：在行业体制方面，各国政府自20世纪90年代即开始商业化改革，国际媒体多采用商业运营体系，其媒体服务的价格设置及产品组合多以获取受众剩余价值为目标；在地域文化方面，长期的殖民历史使得非洲民众更为熟悉西方文化和价值观，对我国的文化认同度较低。面对环境差异，我国在非媒体一方面通过采用非洲国家母语译制或者配音电视剧等文化产品的方式消减文化隔阂；另一方面，以四达时代集团为代表在非私有媒体通过价格竞争、整体方案、支付担保、政府合作等商业运营策略迅速获得一定的市场份额。然而，上述举措并未能完全把握非洲国家媒体市场的差异性。以四达时代集团为例，该集团的低价策略使其在部分非洲国家获得与老牌国际媒体纳斯佩斯集团不相伯仲的用户规模，但是在运用资源整合等长期运营策略方面仍有欠缺。首先，该集团数字电视网络中的频道资源同质化程度较高，

---

① Cobus van Staden, China’ s Public Diplomacy in Africa: Challenging Our Idea of Public Diplomacy, Public Diplomacy in Sub－Saharan Africa, University of Southern California, Issue15 Winter 2016.

② Herman Wasserman, Reporting China in Africa: Media discourses on shifting geopolitics, Routedge, Mar 31, 2016.

③ 颜颖颖：“中国官媒悄然布局非”，载于《凤凰周刊》，2012年第449期。

④ Geoffrey York, Why China is making a big play to control Africa's media, The Global and Mail, Sep. 11, 2013.

以其优选频道包中的娱乐类节目为例，虽然其自制频道中已经整合大量非洲国际节目，但是频道包中仍然包含较多的非洲国际频道，例如四达乌干达的NBS、尼日利亚的WAP以及ORISUN、FARIN WATA等。其次，四达作为中国数字电视服务提供商，虽然在非传播中极力淡化其国别色彩，但是其自制频道在进行内容整合时却较为强调地域特征，例如中国电视剧频道、宝莱坞频道、非洲频道等，不仅不利于保持我国文化对非传播的隐蔽性，还难以建立清晰的频道定位。再次，四达时代国际化过程中所合作的对象多为频道提供商，因而外部关系网络中机构类型较为单一，难以支撑资源整合创新服务的需求。

第二节　他山之石

1. BBC在非传播优势的形成

由上可知，对于具备独特知识资源的媒体来说，依据国际需求获取集中化的知识以改进节目，是在国际化过程中形成传播优势的决定因素之一。以西方媒体在非洲的国际化发展为例：面对90年代非洲国家媒体行业在商业化改革后日益激烈的竞争，西方媒体凭借其多年对非传播经验迅速实现国际化转型，例如BBC形成的国际服务优势、VOA采用的多样化内容策略以及CNN遵循的精英路线等。其中，BBC的国际化发展较具代表性，该媒体在其国际化过程中借助媒体行动组织（BBC Action）准确把握国际受众需求，聚焦争议性议题，采用信息赋权视角，逐渐形成服务于国际的传播优势。

首先，BBC行动组织策划的节目议题与国际受众的需求息息相关。例如，在婴儿死亡率极高的埃塞俄比亚，BBC 媒体行动组织制作的广播节目《生命黎明》和《母爱之光》不仅邀请专家探析死亡率过高的原因，还会鼓励埃塞俄比亚妇女在节目中交流怀孕经验。其次，该组织在非洲国家制作专题节目，聚焦社会争议性话题，采用信息赋权视角，搭建社会各层次群体沟通的平台。例如，BBC 媒体行动组织曾在 2013 年肯尼亚大选期间播出一档名为《肯尼亚呼声》的辩论节目，该节目与 BBC 斯瓦希里语频道合作，邀请政府官员、公众人物与普通民众，面对面地就女性权利、种族共存、社会安保、就业、土地改革等社会焦点问题交流意见，获得不俗反响。最后，BBC 行动组织制作的节目对民众需求的敏锐感知，得益于其与国际报道团队在紧密合作过程中搭建的高密度国际传播网络，使得 BBC 的传播理念与经验在网络中顺畅传播。例如，该组织曾在 2010～2011 年期间培训了 200 多名记者以相对平衡的方式报道南苏丹的独立之路①。因此，BBC 行动组织遵循“利用媒介改变民众的生活”的理念，培育国际报道团队，构建国际化的内部传播网络，实现理念与经验等隐性知识的传递，逐步形成准确把握民众需求的传播优势。

2. DSTV 传播环境适应性的提升

在面对具备独特知识的传播环境时，获取多样化的知识以创新媒体服务，是媒体在国际化过程中提升传播环境适应性的决定因素之一。起源于南非的纳斯佩斯集团旗下媒体 DSTV 作为在非洲各国最具影响力的数字电视平台，在非洲各国国际化过程中所遵循的外部适应性提升路径具有较高的参考意义。

首先，DSTV 在设置基础、家庭、综合和精选共四档频道包时，依据相异性原则整合国际与西方频道资源，例如，在综合包里占据最大份额的娱乐

---

① 来源：BBC 网站，http：//www. bbc. co. uk/mediaaction/where_ we_ work/africa/south_ sudan。

类频道中国际频道的数量较国际频道而言明显偏多，一方面是由于国际频道内容制作精良，另一方面也为了避免国际频道与自制频道之间出现同质化现象。其次，DSTV 在设立自制频道时淡化国家色彩，在非洲区域范围内依据受众在内容的时效性、语言、类型等方面需求进行国际优势资源整合，创办了“非洲奇迹（AM）”系列旗舰频道，其中包括：以播出瑙莱坞（Nollywood）制作的英语电影、情景喜剧、纪录片为主的“非洲奇迹家庭频道”、汇聚了影视剧、真人秀、脱口秀等各类娱乐节目的“非洲奇迹娱乐频道”；以展现东非、南非、西非区域以往制作的国际知名电影为目标的“非洲奇迹经典电影频道”、以反映非洲国家现代影视作品风貌的“非洲奇迹现代电影频道”等。最后，DSTV 传播网络是媒体获取、整合、扩散多样化知识资源，提升传播环境适应性的另一个决定性因素。数字电视网络 DSTV 建立了整合全球优质内容资源的传播网络：一方面，该集团与众多西方媒体合作，例如 MTV、BBC、CBS 等，将大量境外内容引入到非洲国家；另一方面，与国际影视机构合作制作了众多非洲受众耳熟能详的作品，例如，播出 1000 多集的肥皂剧《Tinsel》是与尼日利亚最大的独立制作公司“雷埃尔工作室（Reel Studio）联合制作的。

第三节　中国在非传播的国际化发展策略

1. 内部运营策略：形成传播优势

根据前文中对媒体内部化传播优势形成路径的分析，我国在非媒体在国际化过程中需要通过触角敏锐、联系紧密的传播网络准确把握国际需求，从而改进报道理念与视角以克服之前在处理争议性议题、报道国际新闻以及构建传播网络三方面的短板，逐步形成传播优势。具体来说，我国媒体在传播中国及非洲时，以和平、发展、和谐、进步等具有正向价值理念为基础，呈现变化与发展中的非洲及中国。然而，正向的传播理念并不意味着对争议性问题的回避，而是需要我国媒体根据国际需求设置议题并对报道理念与视角进行拓展，以展现其与非洲国际语境的贴近性。BBC 行动组织所倡导的传播理念“通过媒体改变民众生活”以及所采用的信息赋权视角就是对以往“看门狗式”新闻理念及批判性视角的国际化拓展。以 BBC 行动组织为鉴，我国在非媒体的报道理念可以从“正向价值”理念扩展到“积极构建”，鼓励记者聚焦于公众所关注的议题，以求引导解决问题的话语讨论及思路。另外，我国在非媒体在形成传播优势时还可以借鉴 BBC 的国际团队培育方法，着重传播理念与报道视角在内部网络中的扩散，而非惯常采用的中方为主非方为辅的方式，从而调动国际记者积极性，挖掘服务于国际民众需求的议题与视角。

2. 外部适应策略：开展国际合作

由前文中对传播环境适应性提升路径的分析可知，我国在非媒体在国际化发展的过程中面对差异性较大的传播环境，需要通过触角广泛、联系松散的传播网络获得多样化的媒体资源，从而开拓全新的媒体服务，在解决资源同质化、市场定位不清晰、传播网络结构单一三方面问题的同时，提升环境的适应性。以四达时代集团为例，作为自负盈亏的私有媒体在国际化过程中面对非洲国家传播环境与中国的巨大差异，亟须获取相异性的内容资源，以便整合资源并形成特色鲜明的旗舰频道。纳斯佩斯集团旗下数字电视网络 DSTV 在聚集中、西、非内容资源时，一方面引入众多国际知名数字频道，提升服务品质，一方面整合非洲国际优质内容，打造系列旗舰频道，塑造具有区域特色的全球数字电视品牌。以 DSTV 为鉴，我国在非媒体应从自身品牌内涵“为观众提供看得起的数字电视”出发获取内容资源，以便于打造反映其大众定位的旗舰频道。另外，我国在非媒体在提升环境适应性时还可以借鉴 DSTV 的外部网络构建方式，不仅重视与知名频道联盟，还侧重与内容制作机构的合作，从而逐步形成与频道提供商和内容制作方等各类机构组成的多样化传播网络。

第十二章

网络传播：知识类微博的圈粉策略

在网络环境下，知识的传播具有实时性、多样性与互动性等特征，弥补了其在其他媒体中传播存在的内容易逝性、形式单一性等方面的局限。然而，新媒体中传受关系的变化也使得知识类微博在话语引导及粉丝培育方面面临挑战。应对挑战，本文针对该类微博的网络传播分别提出了基于价值与事实层面的内容策划策略以及贴合受众特性的路径规划策略，并以央视播出的原创科学实验节目“加油向未来”的官方微博为例，说明在微博策划及粉丝培育两方面的具体建议。

第一节　网络环境下知识类微博的传播特征

1. 传播内容的实时性与多样性

知识类微博最显著的特点是其较高的知识含量。该类节目在电视上播出时虽然能够通过画面与声音生动地呈现科学现象原貌，但是由于电视播放时段的固定性以及播放顺序的不可逆，导致该媒体在知识传播上的局限。观众往往难以理解与吸收电视中瞬时闪过的科学知识，还容易感到枯燥。此外，节目为了提升趣味性，常常将制作重点放在环节设计以及悬念铺设上，难以对知识点展开全面的阐述。与电视相比，微博作为新媒体的代表，其用户可以随时随地发布文字、图片、视频和短链接等形式的内容。因而，知识类微博通过新媒体进行传播，不仅可以实现节目信息的多样化实时发布，还有利于对电视画面中中易逝的科学知识进行再次传播与大范围扩散。

以央视原创科教节目“加油向未来”为例，根据对其官方微博开通两月以来发布微博的类型、时间与形式进行统计，发现该节目在运用微博进行传播时的内容特征：微博内容大致可划分为知识、明星、节目、转发以及互动共五个主题类型，其中节目与知识主题的微博比例最高，各占 35%；其次，在发布时间方面，明星类与互动类微博多在节目播出前发布，节目与知识类微博大多在节目播出期间与之后发布；最后，在形式方面，五种主题的微博均包含大量图片，而明星、节目与知识类微博经常附加视频，只有知识类微博经常使用链接。上述数据说明，微博弥补了电视节目在内容易逝性、形式单一性等方面的局限，显示出其在知识传播过程中的实时性与多样性特征。

2. 传播渠道的互动性

在新媒体环境下，科教节目在传播渠道上的重要特征是其与受众的直接互动。互动性是新媒体的普遍特征，而微博是传播与对话的结合体。微博用户公开发布内容，关注者通过转发或评论的方式公开发起对话。在交流过程中，微博发布者收获关注并聚拢人气，粉丝则在互动中获得信息并汇集成稳定群体。因而，微博的互动特征既促进了科教节目中知识在网络中的深度传播，又提升了节目粉丝群体的稳固性。“加油向未来”的官微设定了多种方式与粉丝直接互动，迅速扩大影响范围。例如，该节目在官微上发起“招募明星组队”活动，并设计了三种参与方式，巧妙引导互动：通过关注节目官方微博，提升粉丝数量；发布涵盖“科学一起嗨”标签的微博，提升节目主题讨论热度；转发或评论明星微博，借势提升关注度。其次，节目官微在每期节目结束后，都会发起活动“投票选出你最喜欢的实验”，获取受众对实验类型的偏好信息，以便及时对节目进行调整。

第二节　知识类微博在网络传播中面临的挑战

科普类节目传达的知识虽然有利于公众在日常生活中做出正确决策，但是对于大多数受众来说，该类节目的吸引力远不及娱乐节目。为了扩大收视群体，知识类微博开始尝试加入娱乐元素，以调和枯燥乏味的科学知识。然而，由于新媒体中传者与受众、受众与受众之间关系的转变，使得科教节目在整合娱乐元素之后将面临在话语引导及粉丝培育方面的挑战。在“加油向未来”的节目类与明星类微博中，“刘谦参与哈欠实验”和“TFBOYS 节目预告”两个微博的转发量最高，颇具代表性。本文通过对两者转发评论中高频关键词与传播路径的分析，以说明科教节目微博在话语导向及粉丝培育方面的状况。

1. 受众话语引导的不足

新媒体传播环境中，受众拥有传播及扩散信息的主动权，具有类似偏好的受众容易聚拢起来，导致传者与受者地位日趋平等，双方都拥有了决定话语走向的能力。因而，如果科教类节目的微博与节目或者其中的知识点相关性不高，则难以引导用户的转发评论走向。节目类微博“刘谦参与哈欠试验”邀请用户验证节目中的实验结果，并将过程拍成视频发布到微博上参与话题互动。根据对该条微博的转发评论进行高频关键词分析（如图 12.1 所示），发现用户回复中除了包含节目关键词如“主持人”“郎朗（郎桑）”，还意外多次出现了如“袜子”“狐狸”等与节目相关性较低的词汇。与之类似，在明星类微博“TFBOYS 节目预告”的转发评论中，关键词基本与明星高度关联，例如“凯源”“王源”“易烊千”等明星名字，“聪明”“骄傲”等对明星的评价以及“小王子”“哥哥”“宝宝”等粉丝对明星的昵称。因而，科普类节目微博在借助明星效应或者趣味时间获得大量关注与评论的同时，也将面临转发评论与节目或知识相关性较低，难以引导受众话语的挑战。

哈欠 hhh 魔术 郎朗	厉害 少年 王俊 tfboys
传染 精神 实验 儿子	易烊千 千玺 银幕 哥哥
魔性 大头 太萌 可爱	合理 科学 安全 岁月
结果 太帅 狐狸 视频	凯源 可爱 聪明 身高
主持人 魔术师 郎桑	宝宝 小王子 时候 节目
表情 表演 注意力	三部曲 答题 和易 精彩
老谦 袜子 屏幕 刘谦	骄傲 地方 微博 实验室
不行 老刘 节目 东方	游泳 王源

图 12.1 微博“刘谦参加哈欠实验”和“TFBOYS 节目预告”高频关键词集合

2. 粉丝群体培育上的短板

科教节目在新媒体中传播，除了增添娱乐元素之外，邀请娱乐领域意见领袖加入也是节目培育粉丝的常用手段。所谓意见领袖，指的是在每一个舆论事件的传播过程中，其话语能够影响其相关公众决策的少数群体①。借助意见领袖的影响力，科教类节目能够接触各种领域的微博用户，发掘潜在粉丝。但是，如果来自于其他群体的粉丝在与节目微博或者就设定话题进行互动的过程中，相互之间未能形成联系，则难以汇集成节目自身的粉丝群体。如图 12.2 所示，在微博“刘谦参与哈欠实验”与“TFBOY 节目预告片”的传播路径中，转发用户之间联系较少，未能形成以节目为传播核心的固定粉丝群体。两类微博中，虽然前者在转发和评论量上都不及后者，但是其传播路径中出现了社会、音乐与艺术等领域的意见领袖，是进一步培育节目粉丝群体的基础。

① 韩运荣、喻国明：“关于意见领袖的‘素描’”，载于《新闻知识》，2005 年第 6 期。

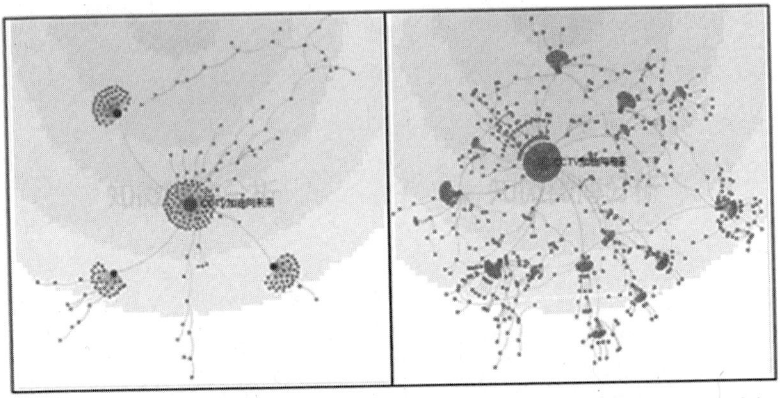

图 12.2　微博“刘谦参加哈欠实验”和“TFBOYS 节目预告”的传播路径

通过对比微博“刘谦参与哈欠实验”与“TFBOYS 预告片”的传播路径，可以发现两者的整体形态均呈现为发散型，即多数节点之间没有联系。其中，微博“TFBOYS 预告片”的传播路径中形成较少数量的用户连接实际上是来源于明星粉丝群体的原有联系。另外，进一步分析两个微博的转发用户可以发现，微博“刘谦参与哈欠实验”的传播路径中的用户群体具有较高异质性。在该微博的二级转发用户中，除了娱乐领域意见领袖以外，还出现了社会、音乐、魔术、足球领域的意见领袖。也就是说，在明星粉丝群体以外已出现了关注该节目微博的潜在粉丝。相比之下，微博“TFBOYS 预告片”的二次转发用户性质基本类似，除了播出该节目的央视一套频道微博以外，基本都是“TFBOYS”的粉丝群体，未能实现挖掘潜在粉丝的初衷。

第三节　知识类微博的网络传播策略

1. 统一价值与事实，设计主题与内容

节目微博设置标签的目的除了聚集话题相关的微博之外，还在于传递其

价值定位及外延事实。“加油向未来”官方微博设置的“科学一起嗨”和节目同名标签是所发微博中普遍出现的关键词，体现了该节目所倡导的“公众理解科学”的价值定位。但从事实层面来讲，节目标签在展现外延含义，拓展细分话题方面略有欠缺。为了形成统一的价值定位与丰富的外延事实，节目可根据微博类型设置子标签，聚类明星参与实验的趣闻微博以及推广日常科学知识的专业微博。

为了形成价值取向统一、事实含义丰富的节目标签与话题体系，节目还需在对微博内容进行策划时根据主题采用不同的策略，以实现对新媒体中受众话语的引导。例如，在“刘谦参与哈欠实验”以及“TFBOY 预告片”等主要面向业余用户的微博中，如果转发评论与节目及知识的相关度不高，则难以实现引导受众话语的目的。为了实现通过趣味事件与名人效应提升话语导向力的目的，建议在策划该类微博时，设置专门环节以吸引受众参与知识相关的互动与评论，例如针对实验原理或细节的有奖竞猜，从而形成受众对知识点与趣味事件的自然联想。与之相比，针对专业用户的微博内容，建议在回顾节目的实验过程中，不仅呈现刻板印象与科学认知的差异性，还需对两者进行整合，以满足专业受众的知识需求，寻求节目与受众之间的价值契合。例如在微博“锤子砸玻璃实验”中，除了对实验结果进行阐述，还可加入与固有认知的比较，通过澄清真相彰显节目价值取向，从而实现影响专业受众的目的。

2. 根据受众特性，培育粉丝群体

科教节目在新媒体环境中培育粉丝群体，可以首先借助科学和娱乐等领域意见领袖的影响力，构建由专业或业余粉丝群体组成的密集型传播网络。在密集型传播网络中，用户之间的联系不仅仅局限于话题发起者向周边受众发送信息，而是指用户之间存在广泛联系，从而形成规模稳定、兴趣一致的粉丝群体。其次，引入话题整合者，联结各类粉丝群体，整合信息以引导各个群体的话语方向。以微博“刘谦参与哈欠实验”与“TFBOYS 节目预告”为例，在娱乐类微博的传播路径中，明星官微将成为首批话题扩散者。当部分明星粉丝持续关注节目时，微博内容的设计可以以促进粉丝间互动为主，例如粉丝组团参与知识竞猜，从而逐步形成联系密切、规模稳定的业余粉丝群。与之相比，专业微博的粉丝群体建立除了借助相应领域的意见领袖影响力以吸引受众转变为粉丝以外，该类群体培育的重点在于引入话题整合者。因为该类用户一旦产生对特定话题的关注往往会主动参与对话与传播，所以粉丝间容易产生密切联系。然而，在群体内部传播的范围太过局限，不利于知识的扩散与节目宣传。因而，引入话题整合者，对专业群体中的知识与业余粉丝群体中趣味话题进行整合，再发送给各自群体中的意见领袖，一方面扩大知识传播的范围，一方面增强对业余粉丝群体中的话语导向力。

结　语

信息时代媒介的功能愈加强大，其“影响”和“效果”已经切实改变了我们与环境接触的方式。因为它已经切实地渗透进我们与环境接触的各个层面。本书在引入“动态认知”探讨知识传播有效性时发现，个体的能动性是决定传播是否有效的中介要素。简单地说，能动性高的个体经过动态认知的过程实现了有效的知识传播。本质上，效果研究处理的是媒介作为社会建制或社会中介与社会中的“人”之间的关系，这种关系的处理很大程度上依赖对社会中的“人”的能动性或者“使用动机”的界定及其视角的革新。这一点在以往的效果研究中均有体现：“议程设置”理论认为个体首先要有认知需求才会使用媒介；“第三者效果”理论提出个体的认知程度以及社会特征决定其使用动机；“知沟”理论则将个体的认知因素扩展到对议题的兴趣与关注度等。可以发现，以往认知效果研究中大多将个体使用动机的产生归因于其认知因素。

然而，当社会中的“人”面对功能多样化的媒介时，两者之间的使用关系就由被动接收转换为主动选择，同时在这对关系中“人”的“使用动机”的含义将扩展为接收、分享与构建知识等行为的动机。因而，本书在论述知识传播的有效性模型与框架时，“使用动机”或者“传播动机”被视作传播路径与效果之间的中间要素，同时由于“使用动机”含义的复杂化，导致动机产生的原因也拓展为结构因素、关系因素以及认知因素。具体来说，人际、组织与网络层面导致传播动机产生的因素各不相同：在人际层面的知识传播有效性模型中，利益互惠作为关系因素是导致传播行为发生的主要因素；在组织层面的传播框架中，利益、信任等关系因素，兴趣、愿景等认知因素以及密度、范围等网络结构因素是导致传播行为发生的因素；在网络层面的传播框架模型中，兴趣、愿景等认知因素以及密度、范围等网络结构因素是导致传播行为发生的因素。

综上所述，本书所探讨的知识传播的有效性问题实际上是人与媒介关系发生变革后，即人的能动性加强的前提下，对认知传播效果进行的拓展研究。效果研究的持续发展依赖于其他许多因素，特别是认知哲学、社会心理学、决策科学以及信息技术等“支撑学科”的理论进展，但是只要把握传播的本质和终极目的是为了人与人之间的理解，社会的维持和整合以及理想“共同体”的构建，更多新视角与理论将随着人与媒介关系的整合化和复杂化而不断涌现。

参考文献

[1]【美】E. M. 罗杰斯，殷晓蓉译．传播学史——一种传记式的方法．上海：上海译文出版社，2005

[2]【美】乔治·赫伯特·米德，霍桂桓译．心灵、自我和社会．上海：译林出版社，2012

[3]【美】丹尼斯·麦奎尔，崔保国、李琨译．麦奎尔大众传播理论．北京：清华大学出版社，2010

[4]【美】E·M·罗杰斯著，殷晓蓉译．传播学史——一种传记式的方法．上海：上海译文出版社，2005

[5]【美】林顿·弗里曼，张文宏、刘军、王卫东译．社会网络分析发展史：一项科学社会学的研究．北京：中国人民大学出版社，2008

[6]【美】帕拉哈拉德伊夫·多茨．跨国公司的使命——寻求当地化与全球一体化之均衡．北京：华夏出版社，2001

[7]【德】滕尼斯，林荣远译．共同体与社会．北京：商务印刷馆，1999

[8]【德】哈贝马斯著，郭官义、李黎译．认识与兴趣．上海：学林出版社，1999

[9]【匈牙利】阿格妮丝·赫勒，衣俊卿译．日常生活．重庆：重庆出版社，1990

[10]【瑞士】皮亚杰，英海尔德，吴福元译．儿童心理学．北京：商务印书馆，1980

[11] 韩运荣，喻国明．关于意见领袖的“素描”．新闻知识，2005.6

[12] 胡翼青．传播实证研究：从中层理论到货币哲学．新闻与传播研究，2010（3）

[13] 昝廷全，应思思．传播有效性原理的粗传递模型．中国传媒大学学报（自然科学版），2010（12）

[14] 中央编译局．马克思恩格斯全集（第二十卷）．北京：人民出版社，1995

[15] 乔纳森，郑太年等译．学习环境的理论基础．上海：华东师范大学出版社，2002

[16] 童清艳．信息时代媒介受众的认知结构分析．新闻与传播研究，2000（4）
[17] 胡百精．互联网、公关危机和社会认同．山东社会科学，2016（4）
[18] 胡百精．公共传播研究的基本问题与传播学范式创新．国际新闻界，2016（3）
[19] 胡百精．公共关系的话语形态与社会责任．国际新闻界，2009（11）
[20] 胡百精、杨奕．公共传播研究的基本问题与传播学范式创新．国际新闻界，2016（03）
[21] 任剑涛．公关与公共性：一个概念辨析．马克思主义与现实，2011（6）
[22] 刘仲林．认识论的新课题——意会知识——波兰尼学说评介．天津师范大学学报，1983（5）
[23] 官鸣．论认知结构——从康德到皮亚杰．学术问题研究，2006（02）
[24] 车丽萍．论皮亚杰认知学说与信息加工过程的内在一致性．前沿，1995（5）
[25] 宗刚、孙玮、任蓉．基于信任机制的复杂网络知识传播模型的研究．价值工程，2009（12）
[26] 张维迎．博弈论与信息经济学．上海：上海人民出版社，1996
[27] 王晓科．不同理性动机下的企业隐形知识共享博弈．情报杂志，2010（11）
[28] 常荔、邹珊刚．知识管理与企业核心竞争力的形成．科研管理，2000（21）
[29] 刘少杰．网络化时代的社会结构变迁．学术月刊，2012（10）
[30] 褚建勋．基于复杂网络的知识传播动力学研究．中国科学技术大学博士论文，2006
[31] 李金华、孙东川．复杂网络上的知识传播模型．华南理工大学学报，2006（6）
[32] 胡婉丽．知识在组织内传播的复杂网络模型：算法及模拟．运筹与管理，2008（10）
[33] 叶浩生．第二次认知革命与社会建构论的产生．心理科学进展，2003（11）
[34] 廖德明．动态认知逻辑视域下的知识与信念．毕节学院学报，2010（1）
[35] 申丹．叙事结构与认知过程——认知叙事学评析．外语与外语教学，2004（9）
[36] 申丹．语境、规约与话语——评卡恩斯的修辞性叙事学．外语与外语教学，2003（1）
[37] 郝丽．认识论研究要树立现代视野——对于现代自然科学喝西方哲学提出的一些新问题的思考．理论学刊，2003（1）
[38] 任平．广义认识论原理．南京：江苏人民出版社，1992

[39] 毛荐其．技术创新进化原理、个过程与模式．北京：经济管理出版社，2006
[40] 余光胜．一种全新的企业理论——企业知识理论．外国经济与管理，2000（2）
[41] 杜以芬．“元叙事”的危机与知识合法性的局限——浅谈利奥塔对后现代知识的社会学批判．理论学刊，2006（10）
[42] 王晓升．科学知识和叙事知识及其关系——利奥塔对后现代知识状况的分析及其启示．电子科技大学学报社科版，2001（1）
[43] 赵万里著．科学的社会建构．天津：天津人民出版社，2002
[44] 胡百精．公共关系的“元理由”与对话范式．国际新闻界，2007（12）
[45] 邬焜．信息哲学问题论辩．西安：西安交通大学出版社，2008
[46] 李庆宗．理性与价值的整合：可持续发展观的哲学透视．经济师，2001（1）
[47] 徐玲．价值取向本质之探究．探索，2000（2）
[48] 埃米尔·涂尔干；渠东译．社会分工论．北京：三联书店，2000
[49] 胡晓燕．论叙事语篇中的信息结构及焦点结构．合肥师范学院学报，2011（9）
[50] 董天策．要重视公关与新闻的联系——兼论“公关新闻”．理论争鸣，1998（2）
[51] 张爱民．毛泽东决策的全局观探析．河南社会科学，2012（4）
[52] 徐涛．哈贝马斯主体间性与群体意识形态之间的关系研究．华中师范大学博士论文，2014
[53] 袁祖社．“公共精神”：培育当代民族精神的核心理论维度．北京师范大学学报，2006（1）
[54] 申荷永．充满张力的生活空间：勒温的动力心理学．武汉：湖北教育出版社，2001
[55] 张建中．中国对非洲的媒体外交与战略传播分析——以“央视非洲分台”为例．中国电视，2013（3）
[56] Tichenor P J, Donohue G A, Olien C N. Mass media flow and differential growth in knowledge [J]. Public opinion quarterly, 34 (2), 1970. pp. 159 – 170.
[56] Kjell Norwak, From Information Gaps to Communication Potential [J], Current Theories in Scandinavian Mass Communication Research. Vol. 6, 1977. pp. 87 – 124.
[57] Carley K M, Kaufer D S. Semantic connectivity: An approach for analyzing symbols in semantic networks [J]. Communication Theory, 3 (3). 1993. pp. 183 – 213.
[58] Radicchi F, Castellano C, Cecconi F, et al. Defining and identifying communities in net-

works [J]. Proceedings of the National Academy of Sciences of the United States of America, 101 (9), 2004. pp. 2658 – 2663.

[59] Roger, E. M. Communication and development: The passing of the dominant paradigm [J]. Communacation Research, 1976. pp. 497 – 517.

[60] Yung – Ming Li, Jhih – Hua, Jhang – Li. Knowledge Sharing in Communities of Practice: A Game Theoretic Analysis [J]. EuropeanJournal of Operational Research, 207 (2), 2010. pp. 1052 – 1064

[61] Stephen W, Little John. Theories of human communication. Cengage Learning, 2003. p. 263.

[62] Cobus van Staden, China's public Diplomacy in Africa: Challenging our idea of public diplomacy, public diplomacy in Sub – Saharan Africa, University of Southern California. Issue15 Winter 2016.

[63] Herman Wasserman, Reporting China in Africa: Media discourses on shifting geopolitics, Routedge, Mar 31, 2016.

[64] X. Zhang, H. Wasserman, W. Mano. China's media and soft power in Africa: Promotion and Perceptions.

[65] Cobus van Staden, China's Public diplomacy in Africa: Challenging our idea of public diplomacy, Public Diplomacy in Sub – Saharan Africa, University of Southern California, Issue15 Winter 2016.

[66] Herman Wasserman, Reporting China in Africa: Media discourses on shifting geopolitics, Routedge, Mar 31, 2016.

[67] Geoffrey York, Why China is making a big play to control Africa's media, The Global and Mail, Sep. 11, 2013.

[68] Jehn, K. A., Northcraft, G. B., & Neale, M. A. Why differences make a difference: A field study of diversity, conflict, and performance in work groups. Administrative Science Quarterly, 44, 1999, 741 – 763.

[69] Hamel G. Competition for competence and interparter learning within international strategicalliances [J]. Strategic Management Journal, , 12, 1991. pp. 83 – 103.

[70] Ettema J S, Kline F G. Deficits, differences, and ceilings contingent conditions for understanding the knowledge gap [J]. Communication research, 4 (2), 1977. pp. 179 – 202.

[71] Ausubel DP et al . Educational : Psychology : A cognitive view . 1978. p265.

[72] Nelson R. R. , Winter S. G. . An evolutionary theory of economic change [M] . Belknap Press: Cambridge, MA, 1982. p. 189.

[73] Palla G, Derényi I, Farkas I, et al. Uncovering the overlapping community structure of complex networks in nature and society [J] . Nature, 435 (7043), 2005. pp. 814 - 818.

[74] Sohn D, Lee B K. Dimensions of interactivity: Differential effects of social and psychological factors [J] . Journal of Computer - Mediated Communication, 10 (3) . 2005. pp. 1083 - 6101.

[75] Bertram Gawronski , Laura A. Creighton. Dual Process Theories. In D. E. Carlston (Ed.) . The Oxford handbook of social cognition. New York, NY: Oxford University Press. 2013. pp. 282 - 312.

[76] Bartol K M, Srivastava A. Encouraging knowledge sharing: The role of organizational reward systems [J] . Journal of Leadership & Organizational Studies, 9 (1), 2002. pp. 64 - 76.

[78] Davenport T H, Prusak L. Working knowledge: How organizations manage what they know [M] . Harvard Business Press, 1998. p259.

[79] C. W. Holsapple, K. D. Joshi. An Investigation of Factors that Influence the Management of Knowledge in Organizations. The Journal of Strategic Information Systems, 9 (2000) . pp. 235 - 261.

[80] Gabriel Szulanski. Exploring Internal Stickiness: Impediments to the Transfer of Best Practice within the Firm. Volume 17, Issue S2, Winter 1996. pp. 27 - 43

[81] Xianjun Geng, Lihui Lin, and Andrew B. Whinsto. Effects of Organizational Learning and Knowledge Transfer on Investment Decisions Under Uncertainty. Journal of Management Information Systems, Vol. 26, No. 2, Fall 2009. pp. 123 - 145.

[81] Boone T, Ganeshan R, Hicks R L. Learning and Knowledge Depreciation in Professional Services [J] . Management Science, 54 (7), 2008. pp. 1231 - 1236.

[82] J Watts and S H Strogatz. Collective Dynamics of 'Small World' networks [J] . Nature, 393, 1998. pp. 397 - 498.

[83] Cowan R, Jonard N. Network Structure and the Diffusion of Knowledge [J] . Journal of e-

conomic Dynamics and Control, 28 (8), 2004. pp. 1557 – 1575.

[84] Barabási A L, Albert R. Emergence of Scaling in Random Networks [J]. Science, 286 (5439), 1999. pp. 509 – 512.

[85] Mita Sujan. Consumer Knowledge: Effects on Evaluation Strategies Mediating Consumer Judgments. Journal of Consumer Research, Vol. 12, No. 1, Jun., 1985. pp. 31 – 46

[86] Peter F. Drucker. The Discipline of Innovation [J]. Harvard Business Review, 1961, 7 (2): 105 – 117.

[87] Baum J A C, Li S X, Usher J M. Making the next move: How experiential and vicarious learning shape the locations of chains´acquisitions [J]. Administrative Science Quarterly, 45 (4). 2000. pp. 766 – 801.

[88] Owen – Smith J, Powell W W. Knowledge networks as channels and conduits: the effects of spillovers in the Boston biotechnology community [J]. Organization Science, 2004, 15 (1): 5 – 21.

[89] Nelson R R, Winter S G. An Evolutionary Theory of Economic Change [M]. Belknap Press: Cambridge, MA. 1982. p. 242.

[90] Leonard Barton D. Core Capacities and Core Rigidities: a Paradox in Managing New Product Development [J]. Strategic Management Journal, Vol. 13, 1992. pp. 112 – 125.

[91] Reeding S. Path Dependence, Endogenous Innovation and Growth [J]. International Economic Review, 43 (4), 2002. pp. 1215 – 1249.

[92] Becker, G. S. and Murphy. K. The Division of Labor, Coordination, Cost and Knowledge. Quaterly Journal of Economics, Vol. 107, No. 4, 1992. pp. 1137 – 1160.

[93] Janczak S. How middle managers integrate knowledge within projects [J]. Knowledge and Process Management, 11 (3), 2004. pp. 210 – 224.

[94] Meric S. Gertler. Tacit Knowledge and the Economic Geography of Context the undefinable of being. Journal of Economics Geography. 3 (1), 2003. pp. 75 – 99.

[95] Yoshiteru Nakamori. Designing, Utilizing, and Evaluating Technology – Creating Ba in a Japanese Scientific Institute Systems [J]. Research and Behavioral Science, 23, 2006. pp. 3 – 19.

[96] Nahapiet J., Ghoshal S. Social Capital, Intellectual Capital and the Organizational lAdvan-

tage. Academy of Management Review, 23 (2), 1998. pp. 242 – 266.

[97] Scott J. Social network analysis [M]. Sage, 2012. p83.

[98] Reagans R, McEvily B. Network structure and knowledge transfer: The effects of cohesion and range [J]. Administrative science quarterly, 48 (2), 2003. pp. 240 – 267.

[99] Granovetter, M., The Strength of Weak Ties. American Journal of Sociology, Vol. 78, 1973. pp. 1360 – 1380.

[100] Snowden D. Complex Acts of Knowing: Paradox and Descriptive Self Awareness. Journal of Knowledge Management, Vol. 6, 2002. pp. 100 – 111.

[101] Tsai W., Ghoshal S. Social Capital and Value Creation: the Role of Intrafirm Networks [J]. Academy of Management Journal, 41 (4), 1998. pp. 464 – 476.

[102] Lizardo O. How cultural tastes shape personal networks [J]. American Sociological Review, 71 (5): 2006. pp. 778 – 807.

[103] Rowley T, Behrens D, Krackhardt D. Redundant governance structures: An analysis of structural and relational embeddedness in the steel and semiconductor industries [J]. Strategic management journal. Vol. 10, 2000: 369 – 386.

[104] Hill C W L, Rothaermel F T. The performance of incumbent firms in the face of radical technological innovation [J]. Academy of Management Review, 28 (2), 2003. pp. 257 – 274.

[105] Inkpen, A. C. Creating Knolwedge through collaboration [J]. Califomia Mangagement Review. 39 (1), 1996. pp. 123 – 140.

[106] Henderson R. M., Clark K. B. Architectural innovation: The recon – figuration of existing product technologies and the failure of established firms [J]. Administrative Science Quarterly. 35, 1990. pp. 9 – 30.